코사무이
KOH SAMUI

차웽
라마이
코팡안
코타오

김정숙 · 임서연 지음

작가 소개

김정숙

첫 해외여행지였던 태국의 내음을 잊지 못해 사무실에 앉아 날아가는 비행기만 보아도 한숨이 나오던 시절이 있었다. 서른이 넘은 나이에 발견한 여행에 대한 뜨거움은 그 어떤 것도 그녀를 막지 못했으니! 10년 동안 태국 호텔과 리조트 700여 곳을 취재하고 8권의 여행 책을 만들어내며 여행 작가로서의 삶을 살아가는 중이다. 현재 여행 컨설팅 전문 여행사, 트래블레시피(www.travelrecipe.co.kr)에서 코사무이, 푸켓 지역 일대일 맞춤 여행 컨설팅 일을 신나게 하고 있다.

홈페이지 www.travelrecipe.co.kr   블로그 blog.naver.com/canny1220   저서 《허니문 100배 즐기기》(공저), 《태국 럭셔리 리조트 컬렉션 64》(공저)(알에이치코리아), 《방콕 셀프트래블》(상상출판사), 《하루 100$ 호텔 놀이》(공저)(시공사), 《방콕 프린세스》(공저)(중앙북스)

임서연

직장 생활을 하면서 짧은 휴가 기간에 맞추어 여행지를 고르다 보니 어느새 동남아시아의 매력에 빠져버렸다. 회사를 그만두고 장기 여행을 가면서 여행의 여유로움에 길들여져 버린 그녀는 그 경험을 바탕으로 여행 기자와 여행 컨설턴트라는 새로운 직업을 얻었다. 현재 그동안 가족들과의 여행 경험을 바탕으로 가족 여행 컨설팅을 구상 중이다. 멋진 동료이자 선배인 김정숙 작가에게 감사드린다는 그녀. 여행과 또 그와 관련된 일 덕분에 보다 많은 경험을 할 수 있음에 늘 감사하고 행복하다.

블로그 blog.naver.com/sahve   저서 《발리 100배 즐기기》(공저), 《허니문 100배 즐기기》(공저)(알에이치코리아)

Prologue

지나간 세월은 미화되기 마련인지 '코사무이가 변했다', '옛날 코사무이가 좋았다'라고 사람들은 이야기한다. 그러나 변하지 않는 그 무엇이 있을까. 코사무이에 부는 변화의 바람이 조금은 천천히 불어오기를 바라는 여행자이자 여행 작가이지만 지금 변화를 맞이하는 코사무이의 모습도 사랑한다. 코사무이에 애정이 가득하기에 예전 모습은 아름다운 기억으로, 현재 변화하는 모습은 기쁜 마음으로 받아들인다.

아무것도 하지 않을 자유가 있는 곳, 돗자리 하나 펴고 나무 그늘에 누워 '시리도록 아름다운 바다'를 보고 있노라면 남부러울 게 없는 곳. 단돈 2000원짜리 쌀국수로 한 끼를 때워도 든든한 곳, 현실에서 고단했던 일들을 잠시나마 잊게 해주는 곳. 코사무이는 그런 곳이다.

사랑하니까 가능한 일이었다. 거의 한 달 동안 매일 숙소를 옮기고, 가만히 있어도 땀이 줄줄 흐르는 날씨에 거리를 몇 번씩 왕복하며 지도를 그리고, 사진을 찍고, 기록하는 작업들의 연속 말이다. 한국으로 돌아와 원고를 쓰고, 수백 장의 사진 중 단 한 장을 고르기 위해 정성을 들이는 일들도 사랑하니까 가능한 일이었다. 가이드북을 만드는 일에는 왕도가 없음을 알기에 지도에 점 하나 찍는 일도 쉽지 않은 여정이지만, 그 길 끝에는 우리가 사랑하는 코사무이를 독자들과 함께 느끼고 싶은 뜨거움이 남아 있다.

사랑스러운 코사무이, 피셔맨스 빌리지의 인사가 마법의 주문처럼 실현되길 바라는 마음이다.
'Hope the wind would bring you back again!'

2018년 여름에 정숙, 서연

일러두기

이 책에 실린 정보는 2018년 2월까지 이루어진 정보 수집을 바탕으로 합니다. 정확한 정보를 싣고자 노력했지만, 끊임없이 변하는 현지의 물가와 여행 정보에 변동 사항이 있을 수 있습니다. 도서를 이용하면서 불편한 점이나 틀린 정보에 대한 의견은 아래 메일로 제보 부탁드립니다.

- 알에이치코리아 편집부 yhkim1@rhk.co.kr
- 작가 김정숙 canny1220@naver.com, 임서연 sahve.@naver.com

명칭 표기

본문에서 사용한 외국어 표기는 국립국어원 외래어 표기법에 맞추었습니다. 단, 코사무이, 코팡안, 코타오를 비롯한 현지어는 통용되는 표기 또는 소리나는 대로 한국어로 표기하고 영문 표기를 덧붙였습니다.

화폐 표기

가격 정보는 태국의 현지 화폐인 바트(Bath)로 표기했습니다. 금액 단위가 커지는 고급 리조트는 미국 달러(US Dollar)로 소개하기도 했습니다. 바트는 금액 뒤에 B를 붙이고, 미국 달러는 금액 앞에 US$를 붙였습니다.

숙소 요금

숙소의 경우 성·비수기나 요일에 따라 표기된 금액과 다소 다를 수 있습니다. 숙소에 따라 조금씩 다르지만 1~2월과 7~8월은 코사무이의 성수기 시즌으로, 숙소 비용이 높은 때입니다.

지도 읽기

본 책의 지도는 해당 도시의 앞부분에 배치하였으며, 스폿과 지도 페이지를 연동해 쉽고 빠르게 위치를 파악할 수 있도록 했습니다. 지도에 사용된 기호는 아래 항목들을 나타냅니다

볼거리	숙소	우체국
쇼핑	랜드마크	병원
레스토랑	공항	세븐일레븐
나이트라이프	선착장	패밀리마트
마사지·스파	주유소	맥도날드

본문 구성

Hello! Koh Samui
코사무이 매력 탐구

코사무이에 대한 기초적인 내용을 비롯해 여행자들이 궁금해 하는 핫한 정보가 모여 있습니다. 여행의 기본이라 할 수 있는 지역적 이해는 기본이고, 휴양지의 중요 요소인 숙소 정보, 수많은 태국 음식 등을 일목요연하게 정리했습니다.

Koh Samui Transportation
코사무이 교통

코사무이는 직항편이 없기 때문에 그곳으로 가는 다양한 방법을 소개합니다. 이를 비롯해 섬 내에서 이용할 수 있는 대중적인 교통수단 정보를 세심하게 수록 헤매지 않고 다닐 수 있도록 도와줍니다.

Koh Samui Guide
코사무이 가이드

여행자들이 가장 많이 가는 지역을 기준으로, 차웽, 코사무이 북부, 라마이, 코사무이 남부 지역으로 나누어 소개합니다. 그리고 코사무이에서 선박으로 이동해야 하는 섬인 코팡안과 코타오는 플러스로 소개합니다.

Travel Checkpoints
코사무이 여행 준비

여행의 기본인 여권 만들기부터 시작해 항공권과 숙소, 투어 예약하기, 환전하기, 짐 꾸리기까지 여행 준비 항목을 D-day로 정리해 차근차근 준비할 수 있도록 했습니다.

CONTENTS

작가 소개 **002**
일러두기 **004**

싱크하고 맛좋은 열대 과일 **052**
더운 날씨를 극복하는 음료와 술 **054**
피로가 풀리는 마사지 & 스파 **056**
놓칠 수 없는 쇼핑 아이템 **060**
밤을 보내는 즐거움, 나이트라이프 **062**
이것만은 꼭! 필수 버킷리스트 **064**
코사무이 베스트 여행 코스 **068**

Hello! Koh Samui
코사무이 매력 탐구

코사무이 한눈에 보기 **016**
알아두면 쓸모 있는 코사무이 상식 **018**
코사무이가 매력적인 이유 **020**
코사무이의 아름다운 대표 해변 **024**
여행이 풍성해지는 대표 볼거리 **026**
휴양지의 핵심, 숙소 파헤치기 **028**
코사무이에서 즐기는 액티비티 **034**
코사무이 주변 일일 투어 **038**
알고 먹으면 더 맛있는 태국 음식 **040**
SPECIAL 코사무이 최고의 로컬 식당 **050**
SPECIAL 로맨틱 파인 다이닝 레스토랑 **051**

Koh Samui Transportation
코사무이 교통

코사무이로 가는 방법 **074**
시내로 가는 방법 **078**
섬 내 돌아다니기 **079**

Koh Samui Guide
코사무이 가이드

차웽 **088**

SIGHTSEEING / ACTIVITY / SHOPPING
RESTAURANTS / NIGHTLIFE / SPA / STAYING

SPECIAL 차웽의 워킹 투어 **094**
SPECIAL 트렌디한 클럽 문화, 젊음의 나이트라이프 **116**

코사무이 북부 **136**

SIGHTSEEING / ACTIVITY / SHOPPING
RESTAURANTS / NIGHTLIFE / SPA / STAYING

라마이 **168**

SIGHTSEEING / SHOPPING / RESTAURANTS
NIGHTLIFE / SPA / STAYING

코사무이 남부 **190**

SIGHTSEEING / ACTIVITY
RESTAURANTS / STAYING

SPECIAL 나톤, 코사무이의 또 다른 관문 **196**
SPECIAL 드라이브로 즐기는 코사무이 **203**

PLUS AREA 코팡안 **204**
SPECIAL 풀문 파티 **220**
SPECIAL 하프문 파티 & 블랙문 파티 **223**

PLUS AREA 코타오 **232**

Travel Checkpoints
코사무이 여행 준비

여권 만들기 **264**

항공권 예약하기 **265**

숙소 & 투어 예약하기 **266**

여행 정보 수집하기 **267**

면세점 쇼핑하기 **268**

환전하기 **269**

짐 꾸리기 **270**

출국하기 **271**

알아두면 편리한 태국어 **273**

많이 사용하는 영어 표현 **274**

INDEX **276**

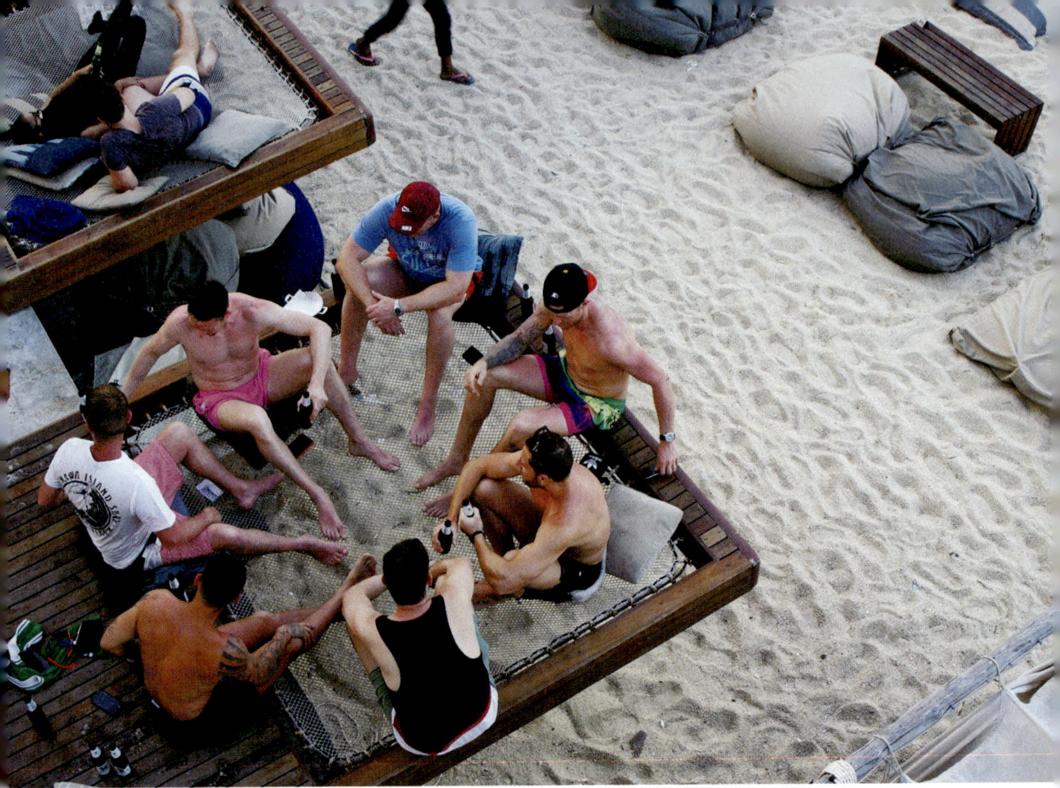

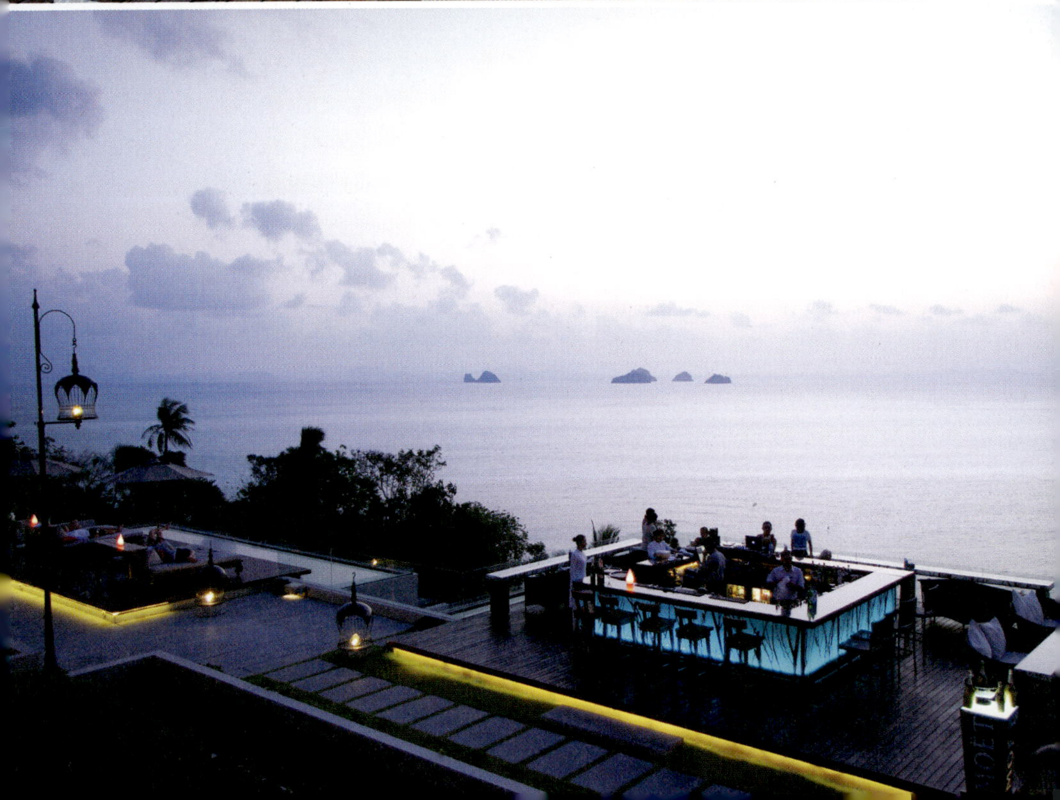

Hello!
Koh Samui

코사무이 매력 탐구

01 Hello! Koh Samui
코사무이 한눈에 보기

코사무이는 푸껫, 코창에 이어 태국에서 세 번째로 큰 섬으로 동서로 21km, 남북으로 25km 정도 크기이다. 섬 둘레 어디라고 할 것 없이 항상 에메랄드빛 해변을 만날 수 있다는 것이 코사무이의 가장 큰 매력이다. 코코넛 섬이라는 별명이 붙을 정도로 야자수가 무성해 아름다운 열대 바다의 이미지를 그대로 간직한 곳이 많다.

코사무이의 핵심, 차웽 Chaweng

코사무이의 중심가이자 가장 유명한 해변의 이름이다. 코사무이 동쪽에 자리하며 숙소와 레스토랑, 쇼핑, 나이트라이프 관련 업소가 집중되어 있다. 해변은 길이가 7km에 달하고 고운 백사장으로 되어 있다. 밤이 되면 낮과는 180도 다른 모습을 보여주기도 한다. 어떤 숙소를 이용하고, 무엇을 즐기느냐에 따라 여행의 성격과 일정이 전혀 달라진다. 차웽을 마스터하는 것이 코사무이 여행의 첫 번째 관문이라 할 수 있다.

대형+고급 숙소의 격전장, 보풋·매남·총몬 비치
Bophut·Maemam·Choengmon Beach

코사무이 북쪽에 있는 해변으로, 파도가 거의 없어 평화로운 모습을 간직하고 있다. 차웽과는 다르게 유흥업소가 적어 조용하고 한적한 편이다. 해변을 따라 대형 리조트와 고급 리조트가 드문드문 자리하고, 숙소 앞 해변은 해당 숙소의 전용 해변처럼 활용된다. 멀리 코팡안의 모습을 감상하면서 조용한 휴식을 즐기기에 안성맞춤이다. 코사무이의 매력적인 스폿, '피셔맨스 빌리지'가 있어 더 유명하다.

원시적인 아름다움,
딸링암 비치 & 나톤
Taling Ngam Beach & Nathon

후아타논부터 시작되는 남쪽의 해안과 딸링암 비치로 통용되는 서쪽의 해안, 행정의 중심지인 나톤을 포함한 지역을 말한다. 아직까지 개발의 손길이 더딘 덕분에 원시적인 아름다움을 간직하고 있다. 코사무이 내 최대 야자수 농장이 자리해 무성한 야자수 숲을 만나볼 수도 있다. 나톤은 코사무이 행정의 중심지로 육지와 연결되는 선착장이 있다. 밤이면 현지인이 주로 이용하는 먹거리 야시장이 열려 서민적인 음식을 맛볼 수 있다.

소박한 로컬의 정서,
라마이 Lamai

코사무이의 남동쪽에 자리한 해변이자 작은 시내로, 저렴한 숙소가 밀집해 있다. 점점 고급 휴양지로 변신을 꾀하지만 아직까지 현지인과 배낭여행객의 소박한 정서로 그 색깔을 유지하고 있다. 전체적인 물가도 코사무이 내에서 저렴한 편이다. 군데군데 바위가 많은 해변의 모습과 병풍처럼 둘러싼 숲이 자연 그대로의 아름다움을 보여준다. 차웽이 너무 복잡하게 느껴진다면 이곳이 대안이 될 수 있다.

02 Hello! Koh Samui
알아두면 쓸모 있는 코사무이 상식

코사무이 여행을 검색하다가 한 번쯤 가져봤을 법한 의문들. 잘 정리된 코사무이 상식이 있다면 더 이상 헤매지 않아도 좋다!

아직까지 직항이 없어요!

한국에서 코사무이까지 직항편은 없다. 반드시 방콕, 싱가포르, 홍콩 등 다른 지역을 경유해서 들어가야 한다. 방콕-코사무이 구간은 방콕에어웨이와 타이항공을, 싱가포르-코사무이 구간은 싱가포르항공을 이용하면 된다. 다만 홍콩-코사무이 구간은 방콕에어웨이의 독점 노선으로 스케줄도 열악하고, 금액도 상당히 비싸다. 방콕이나 싱가포르까지 보통 6시간 정도 소요되고, 다시 코사무이까지 1~2시간 정도 더 비행해야 한다. 중간 경유지에서 대기시간까지 합치면 대략 10~11시간 정도 소요되는 셈이다. 하지만 일정에 여유만 있다면, 경유지에서 체류하면서 도시 여행도 겸할 수 있다.

순도 높은 휴양을 위한 섬

코사무이는 이렇다 할 관광거리도, 다양한 액티비티도 없다. 느긋한 마음으로 리조트 수영장과 해변에서 하루 종일 놀멍 쉬멍 하는 곳이다. 저녁에 리조트 밖으로 나와 식사하고, 마사지를 받고, 바에서 칵테일 한잔하는 정도가 일정의 전부이다. 여행 내내 바쁘게 다녀야 하는 여행자라면, 코사무이는 너무나도 심심하게 느껴질 것이다. 마음을 내려놓고 오롯이 휴양을 즐기려는 여행자에게 적합한 곳이다.

주목해야 할 코사무이의 날씨

동남아시아 지역의 휴양지들은 대부분 11월부터 이듬해 2월까지 건기 시즌이다. 하지만 코사무이는 이 기간이 우기로, 1년 치 강수량이 이 기간에 몰려 있다. 건기는 한국의 여름 휴가철인 7~8월로 여행하기에 상당히 좋은 기간이지만 비용 또한 최고의 성수기라는 단점이 있다. 코사무이 여행을 계획한다면, 전략적으로 이용해야 할 시기는 6월과 7월 초, 9월과 10월 중순까지이다. 비교적 건기에 가까운 날씨를 만끽할 수 있으며, 숙소 비용도 저렴하다.

와이파이 인심이 후해요.

아직까지 시골스러운 섬이지만 무료 와이파이 인심은 후한 편이다. 숙소뿐 아니라 웬만한 레스토랑과 스파 등에서도 무료 와이파이를 사용할 수 있다. 코사무이는 도로가 매우 단순해서 구글맵을 활용하지 않아도 길 찾기가 매우 쉽다. 굳이 유심칩을 끼우기보다 무료 와이파이를 적극적으로 활용하는 것을 추천한다.

한국인 커플 여행자가 몰리는 풀빌라

코사무이에 대한 한국인 여행자의 수요는 많지 않지만 커플 여행만은 예외다. 커플 여행자가 주로 이용하는 풀빌라에 머문다면, 한국인만 만나게 될 확률이 매우 높다(풀빌라를 이용하는 대부분의 고객이 한국인 커플이다). 특히 풀빌라 예약이 몰리는 화~목요일에는 더욱더! 일요일과 월요일 출발, 리조트 2박+풀빌라 2박 등 정형화 된 패턴에서 벗어나 창의적인 일정과 동선을 그려본다면, 나만의 독창적인 여행을 만들어 볼 수도 있다.

의외로 오션 뷰 객실이 있는 리조트가 드물어요.

많은 숙소가 해변을 접하고 있다. 하지만 전통적으로 개별 빌라나 코티지 스타일의 숙소가 많고, 해변 쪽 건물들은 높이 제한이 있어 오션 뷰 숙소가 많지 않은 편이다. 비교적 나중에 지어진 일부 숙소에서 오션 뷰 객실을 찾아볼 수 있을 뿐이다. 코사무이의 숙소는 정원을 강조하고, 객실보다는 수영장과 레스토랑 등의 부대시설을 전망 좋은 곳에 배치하는 경우가 대부분이다.

일방통행이 많아요.

코사무이는 도로 폭이 좁고, 차량 통행이 잦은 문제를 해결하고자 일방통행을 실시한다. 차웽과 라마이 시내, 피셔맨스 빌리지 등 여행자가 주로 몰리는 시내일수록 일방통행이 많다. 일방통행은 북쪽에서 남쪽으로, 동쪽에서 서쪽으로 향하는 경우가 대부분이다. 택시를 타거나 할 때 일부러 빙 둘러가는 것이 아니라 일방통행 때문에 그런 것이다. 운전석과 차량 진행 방향이 한국과 반대인 점도 늘 염두에 두어야 한다.

무늬만 미터 택시

지붕에 미터(Meter)라는 표시가 있고 차 안에도 미터기는 있지만 무의미하다. 미터로 가지 않고 목적지를 이야기하고 가격을 협상한 후 타야 하기 때문이다. 공항에서 차웽까지는 600B, 차웽에서 보풋까지는 400B, 가장 먼 거리라 할 수 있는 공항에서 딸링암까지는 1000B 수준이다. 순진한 다른 물가에 비하면 상당히 비싼 요금이다. 비싼 택시비로 인해 이동이 부담스러운 면이 있으니 여행 일정과 성격에 따라 숙소의 위치가 매우 중요해진다.

카드 사용과 환전은 쉬워요.

차웽 시내와 라마이 시내, 피셔맨스 빌리지 등 여행자 거리에서 환전과 카드 사용은 매우 쉽다. 노점 식당을 제외하고 대부분의 레스토랑과 스파, 쇼핑몰에서 카드 사용이 가능하고 환전소는 거리 곳곳에 있다. 보통은 오전 10시부터 저녁 8시까지, 여행자가 많이 모이는 거리에서는 더 늦게까지 환전 업무를 하기도 한다. 환전소에서는 여권 혹은 여권 사본을 요구하기도 한다. 이때를 대비해 여권을 휴대폰으로 촬영해두었다가 보여주면 된다. ATM(현금인출기)도 시내에서 자주 볼 수 있어 현금 인출이나 현금 서비스도 쉽게 받을 수 있다.

숫자로 보는 코사무이

비행 시간

약 **7** 시간
경유지 대기시간을 제외하고 비행시간만 7시간 정도.

시차

2 시간
우리나라보다 2시간 빠르다. 즉, 우리나라가 오후 3시일 때 태국(코사무이)은 오후 1시다.

면적

약 **247** km²
제주도 1/7 크기의 아담한 섬이다.

전압

220 V
한국과 같은 2핀 코드 사용. 한국에서 사용하던 전자기기, 충전기 등 모두 그대로 사용 가능하다.

03 Hello! Koh Samui
코사무이가 매력적인 이유

코사무이는 휴양을 위한 완벽한 조건을 갖추고 있다. 에메랄드빛 해변을 포함해 아름다운 자연환경과 가격 대비 만족도가 높은 숙소 등이 여행자에게 즐거움을 준다. 지금부터 코사무이의 매력 속으로 풍덩 빠져보자.

아름다운 해변

코사무이에는 차웽 비치를 비롯해 수많은 해변이 산재해 있고 저마다 다른 아름다움을 가지고 있다. 특히 후아타논부터 시작되는 남쪽의 해변과 딸링암 비치라고 불리는 서쪽의 해변은 보라카이와 몰디브 부럽지 않은 얕은 에메랄드빛 바다를 자랑한다.

사랑스러운 리조트

코사무이는 비교적 적은 수의 객실에 부티크 스타일의 개성 강하고 사랑스러운 리조트가 많은 것이 특징이다. 차웽과 보풋, 라마이 등에 대표적인 리조트가 몰려 있지만 잘 찾아보면 꿈처럼 아름다운 해변을 독차지하는 나만의 프라이빗한 리조트도 많다.

피셔맨스 빌리지

보풋 비치에는 이름처럼 어부들이 모여 살던 어촌이 있다. 지금은 이곳에 터를 잡고 정착한 유럽인이 현지인과 함께 살아간다. 올드 타운처럼 오래된 목조건물이 아직도 존재하고, 그 옆으로 세련된 카페와 레스토랑, 아담한 부티크 숙소가 들어서 있다.

로맨틱 파인 다이닝 레스토랑

코사무이에는 다국적 레스토랑이 다양하게 포진되어 있는데, 특히 유럽인의 디너 문화에 맞춘 세련된 레스토랑이 즐비하다. 또한, 대부분의 리조트가 해변을 접하고 있고, 부대시설 중 가장 전망이 좋은 자리에 레스토랑을 둔 경우가 많다. 엄격한 드레스 코드는 없지만 자기만족을 위해서라도 원피스나 블라우스 하나쯤은 챙기자.

코팡안, 코타오와의 연계

푸껫을 베이스캠프로 삼아 피피를 다녀오는 것처럼 코사무이를 교통의 허브로 삼아 주변 섬을 다녀올 수 있다. 풀문 파티로 전 세계적으로 유명한 코팡안의 신비로운 매력과 다이버의 메카로도 불리는 코타오의 건강한 매력을 놓치지 말 것.

스타일리시한 젊은 여행자

코사무이로 여행 온 유럽인 커플부터 코팡안과 코타오에서 들어온(혹은 들어갈) 자유 여행자까지 다른 휴양지와는 다르게 유난히 젊은 여행자가 많다. 머리부터 발끝까지 최신 트렌드에 맞춘 패셔니스타 또한 자주 목격되는 활기찬 젊음의 섬이라 할 수 있다.

오픈에어 나이트라이프

방콕의 RCA나 통로를 그대로 옮겨온 것 같은 바에서는 DJ가 믹싱해주는 하우스 뮤직이 가슴을 두드리고, 골목 전체가 클럽으로 변하는 쏘이 그린 망고는 댄스 머신들의 열기로 뜨겁게 달아오른다. 이곳의 하이라이트는 자정부터 시작된다.

여유롭고 친절한 현지인

코사무이에 사는 대부분의 현지인은 이곳이 고향으로, 타인과 어울려 살아가는 배려를 아는 여유로운 사람들이다. 적당히 순박하고 적당히 상업적이며, 적당히 맺고 끊을 줄 아는 사람들. 게다가 그들은 한국인을 좋아한다.

해변과 산악 지형의 조화

사무이(Samui)는 '깨끗하다'라는 뜻으로 사무이 군도에 있는 섬들은 아직까지 원시적인 아름다움을 간직하고 있다. 아름다운 해변과 더불어 구릉지를 만들며 넓게 퍼지는 내륙에는 폭포와 계곡 등이 있어서 트레킹 등 다양한 액티비티의 배경이 된다. 코가 뻥 뚫리는 상쾌한 공기와 비밀스러운 느낌을 주는 아름다운 원시림은 코사무이의 매력을 논할 때 빠질 수 없는 요소이다.

04 Hello! Koh Samui
코사무이의 아름다운 대표 해변

코사무이는 동쪽의 차웽 비치를 중심으로 섬의 동서남북 전체를 아름다운 해변이 둘러싸고 있다. 코사무이의 각 해변의 특징과 위치를 한눈에 파악해보자.

❶ 차웽 비치 p.91-C
Chaweng Beach

코사무이에서 가장 번화한 차웽 비치는 여행자를 위한 인프라가 발달해 있다. 7km 정도의 길이로 수심도 얕고 에메랄드빛 바다가 탄성을 자아낸다. 해변의 폭이 전체적으로 넓고 야자수 등 나무가 많아 쉴 수 있는 그늘도 많다.

❷ 보풋 비치 p.139-C
Bophut Beach

코사무이 북쪽에 있는 한적한 해변으로, 피셔맨스 빌리지가 있어 더 유명하다. 모래는 곱지 않지만 파도가 거의 없어 평화로운 모습을 간직하고 있다. 가까이에 있는 빅 부다 비치는 더욱 잔잔해서 현지인이 낚시하거나 수영하는 모습을 자주 볼 수 있다.

❸ 매남 비치 p.138-B
Maenam Beach

보풋 비치와 접하며 여행자들이 일부러 찾기보다는 주변 호텔의 투숙객이 주로 이용하는 해변이다. 산티부리 사무이가 자리하고 리조트 앞 해변이 상당히 조용한 편이다. 로컬의 정서가 많이 남아 있는 클래식한 해변이다.

❹ 총몬 비치 p.139-D
Choengmon Beach

코사무이의 가장 북동쪽에 곶처럼 나와 있는 해변이다. 차웽 비치와 거리상으로 비교적 가깝지만 한적하고 자연 풍광이 아름답다. 커플 여행자를 위한 숙소가 모여 있다.

⑤ 라마이 비치 p.170-C
Lamai Beach

차웽 비치 다음으로 발달한 해변으로 아직 소박하고 정감 어린 모습을 간직하고 있다. 여러 곳에 해변이 나누어져 있는데 해변의 질은 떨어지는 편이지만 군데군데 바위가 많은 모습은 독특한 전경을 보여준다.

⑥ 후아타논 비치 p.193-H
Hua Thanon Beach

후아타논부터 시작되는 남쪽의 해변들은 코사무이에서 가장 아름답다고 할 수 있다. 유난히 수심이 얕은 에메랄드빛 바다를 비롯해 코사무이 내 최대 야자수 농장이 있어 넓은 평지에 빽빽이 들어선 야자수의 모습이 무척 이국적이다.

⑦ 딸링암 비치 p.192-A
Taling Ngam Beach

코사무이 서쪽에 위치한 해변으로 뒤쪽으로는 절벽이 있고 해변에는 키 큰 야자수들이 무성해 멋진 풍경을 선사한다. 파노라마로 펼쳐지는 아름다운 석양은 두고두고 잊지 못할 것이다.

25

05 Hello! Koh Samui
여행이 풍성해지는 대표 볼거리

코사무이는 휴양을 위한 섬이라 관광지가 많은 편은 아니다. 다음은 코사무이에서 꼭 둘러봐야 할 명소들로 차가 없으면 찾아가기 힘드니 차량을 렌트하거나 택시 등을 대절해 한번에 돌아보는 것이 좋다. 택시를 빌릴 경우 1시간에 400B 정도이다.

피셔맨스 빌리지 p.141
Fisherman's Village

오래전 어부들이 모여 살던 어촌으로 지금은 현지인과 이곳에 정착한 유럽인이 함께 살아간다. 트렌디한 카페와 레스토랑을 비롯해 아담한 부티크 숙소가 모여 있다. 특별한 볼거리는 없지만 유유자적한 시간을 보낼 수 있다.

빅 부다 p.143
Big Buddha

방락 비치에서 둑으로 이어진 판 섬(Koh Farn)에 지어진 높이 15m의 커다란 좌불상이다. 수코타이 왓 시춤(Wat Sichum)의 불상을 본떠 만들었다. 근처의 해안선이 내려다보이는 전망이 일품이며, 특히 해 질 녘의 풍경이 무척 아름답다.

나톤 야시장 p.198
Nathon Night Market

섬의 가장 큰 항구인 나톤 선착장 부근에는 해가 질 무렵이면 먹거리 야시장이 들어선다. 길거리 전문 음식을 파는 노점이 양쪽으로 줄지어 서는데, 코사무이에서 가장 크고 로컬의 멋이 흐르는 먹거리 야시장이다.

뷰포인트 p.93
View Point

차웽 비치에서 라마이 비치로 내려가는 길목에 있다. 코사무이의 유명 해변이 한눈에 들어오는 시원한 전망이다. '랏코(Lad Koh)'라 부르는 전망대에서 아이스크림 트럭을 발견한다면, 지체 없이 코코넛 아이스크림을 맛볼 것!

왓 쿠나람 p.195
Wat Khunaram

1973년에 좌선한 채로 입적한 루앙 포 댕(Luang Pho Daeng) 스님의 등신불이 모셔져 있는 사원이다. 수십 년이 지난 지금도 생전의 모습과 크게 다르지 않은 신비로움과 영험함으로 많은 사람이 찾는다.

힌 따 & 힌 야이 p.172
Hin Ta & Hin Yai

라마이 비치 남쪽에 위치한 남녀의 성기 모양처럼 생긴 거대한 바위이다. '할아버지, 할머니 바위'를 뜻하며 여행자가 기념사진을 많이 찍는다. 아들의 짝을 찾아 떠난 노부부가 풍랑을 만나 죽은 자리에 바위가 생겼다는 설이 있다.

매직 가든 p.194
Magic Garden

해발 300m 산속에 은밀히 숨어 있는 개인 정원이다. 산속의 작은 폭포와 계곡을 따라 물고기, 거북, 태국 전통 무용수, 악사 등 다양한 조각이 장식되어 있어 신비롭고 고즈넉하다. 시크릿 부다 가든이라고도 불린다.

06 Hello! Koh Samui
휴양지의 핵심, 숙소 파헤치기

코사무이의 숙소 규모는 세계적 수준이다. 최고급 리조트와 풀빌라가 자리 잡고 있으며 중저가의 숙소나 배낭여행객이 묵을 수 있는 숙소까지 다양하다. 숙소 대부분 상당히 친절하고 정감 있는 서비스를 제공한다. 코사무이 숙소를 더 잘 이해하기 위해 코사무이 숙소의 특징을 살펴보자.

코사무이 숙소의 특징

1
대부분 해변을 접한다.
코사무이의 차웽 비치에서는 바닷가에 숙소가 자리 잡고 있다. 비단 차웽뿐 아니라 코사무이 내 대다수의 리조트에 해당하는 이야기이다. 투숙객만 사용할 수 있는 전용 해변이 있는 리조트도 상당한 수준이다. 사정이 이렇다 보니 해변을 접하지 않는 소수의 리조트는 상대적으로 가격이 저렴하다.

2
아기자기한 소규모 숙소가 많다.
코사무이에서는 흔히 말하는 '초특급, 특급, 일급' 등의 호텔 등급은 별 의미가 없어 보인다. 이런 등급은 대부분 호텔의 크기와 부대시설에 따른 것인데, 부르기 나름이라서 단순히 등급에 대한 정보만 갖고 숙소를 선택하는 것은 좋은 방법이 아니다. 코사무이의 숙소는 서비스나 개인의 프라이버시, 공간의 여유 등에서 대형 호텔을 압도하기도 한다.

3
레스토랑과 바 등을 상당히 비중 있게 운영한다.
스파나 수영장 등의 부대시설도 중요하게 다루지만 각 숙소에선 리조트와 별도의 사업으로 생각할 만큼 레스토랑 운영을 중요하게 생각한다. 숙소 시설 중 레스토랑을 전망이 가장 좋은 곳에 배치하고 외부 손님을 위해 무료 픽업 서비스를 제공하기도 한다. 숙소보다 레스토랑이 더 유명한 곳도 많다.

4
규모와 스타일, 질과 가격에 있어 천차만별이다.
코사무이는 배낭여행지로 개발되기 시작해 아직도 저렴한 숙소가 꽤 남아 있는 편이다. 게스트하우스가 있는가 하면 1박에 100만 원을 훌쩍 넘는 풀빌라도 많다. 이는 여행지의 공통적인 특징이지만 코사무이는 그 폭이 더 크고 카테고리별로 많은 숙소가 있어 선택권이 다양하다.

5
위치에 따라 여행의 성격이 결정된다.
섬 내 도로 사정이 좋지 않고 비싼 택시비로 인해 이동이 쉽지 않은 편이다. 숙소 주변으로 행동반경이 제한될 가능성이 높고 그런 면에서 숙소가 여행의 성격을 결정한다고 해도 과언이 아니다. 자신에게 잘 맞는 지역을 살펴보고 그 지역에 있는 숙소를 찾는 방식의 접근이 필요하다.

내게 맞는 숙소 찾기

➡ **위치** : 쇼핑과 나이트라이프, 먹거리 야시장 등을 고려한다면 차웽에 숙소를 잡는 것이 유리하다. 하지만 차웽의 수많은 술집과 번잡함이 부담스럽다면, 라마이 시내나 피셔맨스 빌리지 근처도 적극 고려해보자.

➡ **가격** : 코사무이는 US$100~200대 리조트가 주류를 이루지만 저렴한 게스트하우스 형태의 숙소와 100만 원이 넘는 고가의 풀빌라도 많은 편이다. 가격과 만족도가 꼭 비례하는 것은 아니므로 내 예산에 맞는 합리적인 선택이 필요하다.

등급		숙소	위치	특징
휴양+풀빌라형	5성급	콘래드	딸링암	최고의 전망을 즐길 수 있는 풀빌라
		인터콘티넨탈	딸링암	5성급 풀빌라 중 착한 가격, 충분한 부대시설 구비
		반얀 트리	라마이	태국 전통의 아름다움을 살린 고급 풀빌라
		W	매남	예쁘고 스타일리시한 객실이 강점
		포시즌스	램야이	열대우림과 아름다운 바다를 모두 즐길 수 있는 풀빌라
		바나 벨	차웽	낮에는 휴양, 밤에는 시내의 즐거움 등 두 가지 스타일의 여행 가능
		식스 센스	삼롱	공원 같은 리조트 부지, 전망이 끝내주는 인피니티 풀 보유
		아난타라 라와나	차웽	차웽 시내에서 차로 5분 거리에 있는 풀빌라. 동양적인 매력이 특징
		르 메르디앙	라마이	고풍스러운 아름다움의 전형을 보여주는 리조트
	4성급	X2	후아타논	숙소 전체가 거대한 갤러리 같은 느낌. 아름다운 해변이 리조트 앞에 위치
휴양+리조트형	5성급	한사르	보풋	전 객실이 오션 뷰. 피셔맨스 빌리지 바로 옆에 위치
		아마리 팜 리프	차웽	대형 부대시설을 갖추고, 아름다운 해변이 숙소 앞에 위치
	4성급	센시마	매남	성인들만을 위한 성인 전용 숙소. 미니멀한 디자인이 특징
		마이 사무이	라마이	일반 객실과 풀빌라로 구성되지만 1층에 자리한 풀 액세스 객실이 특징
		니키 비치	딸링암	마이애미 비치 클럽을 떠올리게 하는 젊은 감각의 숙소
위치+실속형	3~4성급	오조	차웽(시내)	저렴하면서 위치 좋은 리조트. 전망에 따라 객실 금액이 다름
		다라 사무이	차웽(시내)	차웽 북쪽에서는 가성비로 가장 추천할 만한 숙소
		머큐어 사무이	차웽	깔끔한 객실에서 잠만 자면 되는 여행자를 위한 숙소
		사무이 리조텔	차웽	저렴하지만 객실도 크고, 밝고 경쾌하게 꾸며진 숙소
		마나타이	라마이	앤티크한 콘셉트의 숙소. 성수기에도 다른 리조트에 비해 저렴한 편

코사무이 인기 숙소 한눈에 보기

1 더 라이브러리 p.125
The Library

추천! 우리는 폼생폼사, 스타일리시한 숙소를 찾는 여행자

이름처럼 도서관을 모티브로 만들어진 리조트. 미니멀한 디자인과 아름다운 정원, 강렬한 붉은색 수영장 등 디자인만큼은 사무이의 다른 숙소를 압도한다. 차웽 비치 중심가에 위치하지만 숙소 내부는 상당히 조용하다. 레스토랑에도 상당히 공을 들여 식음료 수준이 상당히 높다.

2 바나 벨 p.124
Vana belle A Luxury Collection Resort Koh Samui

추천! 오션뷰+편리한 위치의 풀빌라를 원하는 여행자

고급 리조트의 대명사인 '럭셔리 컬렉션(The Luxury Collection)' 리조트 중의 하나이다. 위로 올라갈수록 전망이 좋아 가격도 함께 올라간다. 차웽 시내에서 차로 5분 거리로 접근성이 좋으면서 모던한 타입의 풀빌라를 찾는 커플이나 가족 여행객에게 추천한다.

3 반얀 트리 사무이 p.185
Banyan tree Samui

추천! 태국 전통미를 살린 5성급 풀빌라를 찾는 여행자

힐튼 계열 최고의 풀빌라로 〈꽃보다 남자〉 대만판의 여주인공 서희원의 결혼식 장소로 유명하다. 총 101개의 유럽풍 풀빌라와 객실을 갖춘 5성급 리조트로, 항상 그 이상의 시설과 서비스를 보여준다. 중국의 유명 인사는 물론 신혼여행객에게도 사랑받는 리조트이다.

4 센시마 리조트 & 스파 코사무이 p.163
Sensimar Resort and Spa Koh Samui

추천! 조용한 휴식을 원하는 동성 친구·커플 여행자

만 18세 이상만 투숙 가능한 성인 전용 리조트. 군더더기 없이 깔끔한 객실, 바다 전망의 세련된 수영장이 매력 포인트이다. 객실은 빌라(풀빌라 포함)와 빌딩 타입으로 나뉘고 부대시설도 충실한 편이다. 피셔맨스 빌리지까지 유료 셔틀버스를 제공한다.

5 식스 센스 하이드어웨이 사무이 p.159
Six Sense Hideaway Samui

추천! 숙소 안에서 오롯이 힐링을 만끽하고 싶은 여행자

자연 친화적이면서 로맨틱한 분위기로 여행자에게 꾸준히 인기를 얻는다. 한번 들어가면 나오기 힘든 위치지만, 숙소 안에만 있어도 시간 가는 줄 모를 정도로 다양한 부대시설을 갖추었다. 거대한 공원 같은 숙소는 숲길이 조성되어 있어 천천히 산책하기에도 좋다. 전망이 압권인 인피니티 스타일의 수영장은 이곳의 트레이드마크다.

6 아마리 팜 리프 리조트 p.127
Amari Palm Reef Resort

추천! 대형 부대시설을 누리고 싶은 여행자

차웽에 위치하면서 이만한 부대시설을 갖춘 리조트는 없다고 봐도 과언이 아니다. 코사무이 개발 초기부터 고급 호텔의 자리를 지키고 있다. 커플과 가족여행객 모두에게 무난한 선택이 될 수 있다.

7 오조 차웽 사무이 호텔 p.131
OZO Chaweng Samui hotel

추천! 합리적인 가격에 모던한 숙소를 원하는 여행자

차웽 한복판에서 저렴한 리조트를 찾는다면, 1순위로 떠올려야 할 숙소이다. 깔끔하면서 모던한 객실, 여유로운 수영장, 조식 등 금액을 생각하면 큰 불만을 갖기 어렵다. 다만 객실 크기가 작은 편이라 아쉬움이 남는다. 숙소 밖에서의 활동이 많다면 적극 고려해보면 좋다.

8 콘래드 코사무이 p.200
Conrad Koh Samui

추천! 전망이 모든 것의 1순위인 여행자

숙소를 찾는 조건의 우선순위가 전망이라면, 콘래드를 대체할 숙소를 찾기는 힘들다. 가파른 산언덕을 따라 풀빌라 객실이 들어서 있고 개인 풀에서 보는 전망은 가히 압도적이다. 코사무이에서 가장 외진 곳에 있다고 봐도 무방할 만큼 위치는 치명적인 단점이다.

9 포시즌스 p.161
Four Seasons

추천! 열대우림과 바다를 모두 즐기고 싶은 여행자

세계 최고로 꼽히는 호텔 체인인 포시즌스의 전형을 보여주는 풀빌라. 은밀하게 숨어있는 느낌을 주도록 설계되었다. 열대우림 속에 객실이 있고 전용 해변도 갖추었다. 풀빌라 내부와 외부 모두 최고급 시설을 자랑하지만 가장 낮은 카테고리의 디럭스 풀빌라는 개인 풀이 아담하다.

10 한사르 사무이 p.160
Hansar Samui

추천! 피셔맨스 빌리지를 집중 공략하고 싶은 여행자

차웽의 번잡함을 피하고 싶은 여행자에게 적합하다. 피셔맨스 빌리지 바로 옆에 있어 휴양과 함께 현지 맛집과 마사지 등을 즐기기에 최적의 장소이다. 객실에 따라 정도의 차이는 있지만 모든 객실에서 바다 조망이 가능하다.

특별한 만족을 주는 코사무이 숙소

가성비 좋은 풀빌라 Best

1 바나 벨
Vana belle A Luxury Collection Resort Koh Samui

2 르 메르디앙 코사무이 리조트 & 스파
Le Meridien Koh Samui Resort & Spa

3 비치 리퍼블릭
Beach Republic

4 X2 사무이 리조트
X2 Samui Resort

5 아웃리거 코사무이 비치 리조트
Outrigger Koh Samui Beach Resort

전용 해변이 있는 숙소 Best

1 포시즌스
Four Seasons

2 더 통사이 베이
The Tongsai Bay

3 반얀 트리 사무이
Banyan Tree Samui

4 콘래드 코사무이
Conrad Koh Samui

가족 여행 숙소 Best

1 보풋 리조트 & 스파
Bophut Resrot & Spa

2 아마리 팜 리프 리조트
Amari Palm Reef Resort

3 센타라 그랜드 비치 리조트 사무이
Centara Grand Beach Resort Samui

4 피스 리조트
Peace Resort

가성비 좋은 숙소 Best

1 오조 차웽 사무이 호텔
OZO Chaweng Samui Hotel

2 다라 사무이 비치 리조트 & 스파
Dara Samui Beach Resort & Spa

3 머큐어 사무이 차웽 타나
Mercure Samui Chaweng TANA

4 사무이 리조텔 비치 리조트
Samui Resotel Beach Resort

5 마나타이 리조트
Manathai Resort

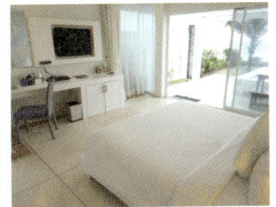

07 Hello! Koh Samui
코사무이에서 즐기는 액티비티

코사무이의 내륙에는 해발 600m 이상의 산악 지대와 넓은 야자수 숲의 원시림이 많다. 이런 코사무이의 자연적인 특성은 휴양과 함께 다양한 액티비티를 제공하는 무대가 되어준다. 코사무이에서 즐길 수 있는 레저 스포츠를 살펴보자.

스노클링 Snorkeling

비교적 얕은 바닷속의 신비로운 생태계를 시각적으로 보다 잘 살펴볼 목적으로 두 눈과 코를 포함한 얼굴에 수경을 쓰고, 입에는 숨대롱을 물고, 두 발에는 오리발을 끼고 헤엄쳐 다니거나 자맥질하는 활동을 말한다. 수영을 못해도 구명조끼가 있어 바닷속 세계를 관찰하는 데 전혀 무리가 없다. 알록달록한 색깔의 열대어에게 직접 먹이를 주고 산호를 관찰하는 일은 한국에서 경험하기 어려운 일이기에 꼭 해보는 것이 좋다. 코사무이의 해변이나 가까운 바다는 스노클링에 적합하지 않기에 인근 섬인 코타오, 코땐, 코쏨 등을 배로 다녀오는 일일 투어로 일정을 잡는 것이 일반적이다. 숙소 간 왕복 픽업 서비스와 점심식사, 선박 이용 등 모두 포함해 1600~1800B이다.

스쿠버다이빙 Scuba Diving

바닷속으로 들어가 대자연과 하나가 되는 공간적인 경험을 제공해준다. 원래 전문 교육 기관에서 실시하는 3일 이상의 교육이 필요하고 시험도 거쳐야 한다. 하지만 체험다이빙(Discovery Diving)은 다이빙과 관련된 자격증 없이 전문 강사의 도움을 받아 비교적 얕은 바다에서 체험할 수 있다. 가격은 1인 5500B 수준이다. 깊이와 시간만 차이날 뿐, 사용하는 기구나 형식 면에서는 본격적인 스쿠버다이빙과 비슷하다.

게임 피싱(바다낚시) Game Fishing

배를 타고 바다에서 큰 고기를 잡는 낚시를 게임 피싱이라 부르기도 한다. 게임 피싱은 파도가 있는 곳을 찾아다니기 때문에 뱃멀미가 심하고 낚시에 대한 열의가 없는 사람은 바다 위에서의 몇 시간이 지옥 같을 수 있다. 거의 모든 여행사에서 취급하며 1인당 1500B 정도이다. 숙소 픽업 서비스와 낚시 도구 대여, 식사, 음료 등이 포함된다. 낚시로 건져 올린 고기는 투어 회사와 연결된 레스토랑에서 바비큐 등으로 직접 요리해서 먹을 수 있다.

해양 스포츠 Ocean Sports

코사무이에서도 제트스키, 바나나보트, 패러세일링 등 해양 스포츠를 즐길 수 있다. 주로 여행자가 몰리는 차웽이나 라마이에 발달해 있다. 그러나 규모와 체계적인 프로그램을 가진 회사는 찾아보기 힘들고 해변에서 호객하는 식의 소규모 회사나 개인이 대부분이다. 간판에 가격을 써놓고 정찰제로 영업하는 업체도 있지만 대부분 개별적인 협상에 따라 가격이 정해진다. 다른 휴양지처럼 호객 행위가 심하지 않아 부담 없이 물어볼 수 있다.

시티 투어 City Tour

이렇다 할 대중교통 수단이 없는 코사무이에서 반일이나 하루 동안 섬을 구석구석 돌아다니며 효율적으로 즐길 수 있는 투어이다. 가장 보편적인 투어로 에어컨이 달린 미니버스를 이용해 힌 따 & 힌 야이, 빅 부다 등 코사무이의 주요 관광 포인트를 돌아본다.

카약킹 Kayaking

카약(Kayak)은 원래 에스키모인들이 바다 수렵에 사용하던 배로 중심이 낮아 높은 파도에 잘 견딜 수 있도록 고안되었다. 현재 투어에 사용하는 카약은 주로 플라스틱으로 만든 1~2인용의 작은 배로 전복되어도 노를 이용해 원상으로 돌릴 수 있다. 코사무이에서 카약을 이용한 투어는 앙통 해상국립공원에서 가장 활발하게 진행되고 코타오에서도 즐길 수 있다. 이동하는 선박 종류에 따라 1700~2000B로 스노클링 투어와 함께 진행하기도 한다. 차웽 비치의 북단은 파도가 적어 카약을 타기에 적당하다. 1시간에 100B 정도면 해변에서 빌려주는 카약을 타볼 수 있다. 고급 리조트의 액티비티 센터에서 카약을 무료로 빌려주는 곳도 많으니 체험 삼아 타보는 것도 좋다.

골프 Golf

코사무이의 매남 지역에는 18홀 파 72의 챔피언십 골프 코스를 갖춘 산티부리 골프 클럽이 있다. 해발 300m 정도 되는 코스에서 바라보는 전망이 아름다운 곳이다. 그린피는 주중과 주말 모두 4000B 정도이다. 그 외에 보풋과 라마이에도 골프 클럽이 있어 아름다운 바다 전망과 함께 골프를 즐길 수 있다. 또한 정규 골프 코스 외에 미니 골프장, 골프를 응용해서 만든 게임장 등도 있어 온 가족이 즐기기에도 좋다.

보풋 힐스 골프 클럽 Bophut Hills Golf Club
홈피 www.bophuthillsgolf.com

로열 사무이 골프 & 컨트리 클럽
Royal Samui Golf & Country Club
홈피 www.rsgcc.co.th

미니 골프 Mini Golf
총몬 지역에 위치한 18홀의 미니 골프장. 9홀만 이용할 수도 있다.
전화 081-787-9148
홈피 www.minigolfsamui.com

풋볼 골프 Football Golf
총몬 비치 임페리얼 보트하우스 옆에 있다. 축구공을 이용한 골프라고 생각하면 된다.
전화 077-248-084
홈피 www.samuifootballgolf.com

케이블 라이드 Cable Ride

높은 곳에서 줄을 타고 옮겨 다니며 발아래로 펼쳐진 숲의 전경을 만끽할 수 있다. 짜릿한 스릴을 즐기는 케이블 라이드는 짧게는 수십 미터에서 길게는 수백 미터까지 다양한 코스를 갖추고 있다. 코사무이에서 가장 활발하게 진행되는 장소는 나무앙 폭포 근처의 산악 지대이다. 이곳에는 어린이를 위한 코스도 준비되어 있다. 그 밖에 차웽 비치의 베스트 비치 방갈로(Best Beach Bungalow)에서는 캐노피 어드벤쳐(Canopy Adventure)라는 이름으로 부르고 있다. 라마이 비치의 베벌리힐스 방갈로(Beverly Hills Bungalow)에서도 간단하게 즐길 수 있다. 숙소와 가까운 현지 여행사를 통해 예약하고 이용하면 편리하다.

크레이지 골프 Crazy Golf

동굴과 악어입 등을 코스로 만들어놓아 재미있는 게임처럼 즐길 수 있어 어린이에게 인기가 좋다. 차웽 비치의 디 아일랜더 바 골목 안에 위치한다.
전화 081-892-1416

번지점프 Bungy Jump

높이 50m에서 뛰어내리는 가슴 떨리는 쾌감! 코사무이의 차웽에서 만날 수 있는데, 번지점프 사무소에 직접 전화하면 차웽, 보풋, 라마이에서 픽업 서비스가 가능하다. 업체 정보는 p.96 참고.
전화 077-414-252, 085-791-1921

사파리 투어 Safari Tour

사륜구동 차량을 이용해 유명 관광지와 야자수 농장 등을 둘러보고 해발 600m 이상의 내륙 산악 지대를 달려 산 정상의 뷰포인트에서 전망을 즐기는 프로그램이다. 코사무이의 자연을 좀 더 가까이 느낄 수 있는 코스가 추가된다고 할 수 있다. 산속에 있는 폭포까지 가벼운 트레킹을 하거나 수영을 즐길 수도 있어 시티 투어보다는 동적이고 적극적인 투어라고 할 수 있다. 물론 뜨거운 햇볕에 오래 노출되거나 가파른 산길을 계속 달리기 때문에 흙먼지를 뒤집어쓰기도 한다. 코사무이의 지형적 특성을 반영한 투어로 다른 휴양지에서는 찾아보기 힘든 흥미로운 프로그램이다.

 Tip

시티 사파리 투어 예약

보통 반일 투어와 일일 투어로 나뉘고 회사별로 코스나 가격 차이가 있어 꼼꼼하게 살펴본 후 결정하는 것이 좋다. 대부분 픽업 서비스가 포함되어 있다. 한인 여행사나 시내의 현지 여행사에서 두 투어 모두 취급하므로 숙소와 가까운 현지 여행사를 이용하면 편리하다. 대표적인 업체는 다음과 같다.

웅스 사파리 Ung's Safari
전화 077-230-114
홈피 www.ungsafari.com

아일랜드 사파리 Islands Safari
전화 077-425-563~4
홈피 www.lslandsafaritour.com

나무앙 사파리 파크 Namuang Safari Park
전화 077-424-098
홈피 www.namuangsafarisamui.com

고카트 & ATV Go-kart & ATV

고카트는 일반인을 대상으로 하는 자동차 경주를 말한다. 보통 최고 속력 약 60km의 지붕이 없는 1~2인승 자동차를 사용하며 경주장은 코너링이 많은 편이다. 코사무이의 고카트는 보풋에서 즐길 수 있고 가격은 최고 속력에 따라 10분에 600~1000B이다. 비포장도로에서 ATV도 탈 수 있다. 사무이 ATV(www.atvsamui.com)에서는 산과 해변을 넘나들며 본격적인 ATV를 즐길 수 있다. 후아타논에서 나톤으로 넘어가는 중간에 위치한 총코우 ATV(077-424-663)에서도 ATV를 경험해볼 수 있다. 보통 가격은 30분에 900B 수준.

08 Hello! Koh Samui
코사무이 주변 일일 투어

코사무이와 이웃한 주변의 섬은 다양한 바다생물이 사는 세계적인 다이빙의 메카로 유명하다. 코사무이 주변 지역을 다녀오는 일일 투어를 소개한다.

코타오 & 낭유안 섬
Koh Tao & Nang Yuan Island

코타오는 코사무이에서 65km 북단에 위치한 작은 섬으로 코팡안과 함께 코사무이에서 가장 많은 여행자가 방문하는 섬이다. 특이한 모양 때문에 거북섬이라고도 불리며 천혜의 다이빙 포인트가 많아 태국에서도 다이버의 성지로 여겨지는 곳이다.

낭유안 섬은 코타오 북서쪽에 위치한 작은 섬으로 배로 10분 정도 걸리는 가까운 곳에 위치한다. 이곳의 삼각 해변은 다른 곳에서는 쉽게 찾아볼 수 없는 매우 독특한 모습이며, 뷰포인트에서 바라보는 백사장과 에메랄드빛 바다는 아름답다. 낭유안 섬의 이용 정보는 p.240 참고.

일일 투어

코타오와 낭유안 섬을 다녀오는 스노클링 투어는 코사무이에서 가장 인기 있는 일일 투어이다. 투어에 사용되는 선박은 스피드 보트와 페리로 나뉜다. 스피드 보트는 기동력 있게 움직일 수 있지만 파도가 심한 날에는 1시간 20분 정도 걸리는 시간이 부담스럽게 느껴질 수도 있다. 페리는 2시간~2시간 30분 정도 소요되어 시간은 다소 걸리는 반면 안정성에서는 훨씬 앞선다고 볼 수 있다. 예약 시 어떤 선박을 이용하는지 확인한다. 스피드 보트를 이용하는 투어는 보통 1900~2000B, 페리를 이용하는 투어는 보통 1700~1800B이다. 숙소 픽업 서비스, 점심식사, 간식과 음료수, 스노클링 장비, 낭유안 섬 입장료(100B) 등이 포함된다.

스케줄

- 07:00 숙소 픽업
- 08:00 코사무이 출발
- 10:00 망고 베이에서 스노클링
- 11:30 코타오 혹은 낭유안 섬에서 점심
- 13:00 낭유안 섬에서 스노클링 (2시간 정도 자유 시간)
- 15:00 코사무이로 출발
- 17:00 숙소 귀환

앙통 해상국립공원 Angthong Marine National Park

코사무이에서 북서쪽으로 30km 정도 떨어진 해상에는 40여 개의 석회암 섬이 모여 있다. 총면적 250㎢에 달하는 이 지역은 국립공원으로 지정되어 있다. 초목으로 뒤덮인 가파른 섬과 바위, 크고 작은 동굴이 독특한 자연환경을 만들어낸다. 국립공원으로 지정되기 전 태국 왕실 해군(Royal Thai Navy)의 주둔지로 개발이 제한되었기 때문에 이런 원시적인 아름다움을 그대로 간직하고 있다. 40여 개의 섬 중에서 가장 큰 섬은 우아 탈랍(Wua Talap)으로 국립공원 관리사무소가 있고 유일하게 관광객 편의 시설이 들어서 있다. 그러나 일일 투어의 하이라이트는 매꼬(Maeko) 섬이다. 이 섬에는 깎아지른 절벽으로 둘러싸인 호수, 탈레나이(Thale Nai)가 있다. 에메랄드빛 바닷물이 들어와 호수를 이룬 장관을 볼 수 있다. 앙통(Angthong)은 황금 웅덩이(Golden Basin)라는 뜻으로 이 호수에서 공원 이름을 땄다.

일일 투어

깨끗한 천연 자연환경에서 스노클링과 카약을 즐기는 인기 투어 중 하나로 주로 스피드 보트나 빅 보트를 이용한다. 나톤 선착장에서 1시간 30분 정도 걸려 도착하면, 팀을 나누어 가이드를 따라 카약킹이나 해변에서 휴식, 블루라군(탈레나이 호수), 전망대의 뷰포인트로 개별 이동한다. 약 1시간 정도 소요되며, 오후 시간은 포인트만 달리해서 스노클링과 카약킹을 즐긴다. 카약킹은 초보자에게는 쉽지 않지만 카약킹으로만 볼 수 있는 멋진 절경도 있으니 도전해볼 만하다. 숙소 픽업 서비스, 간단한 조식과 점심, 간식과 음료수, 스노클링 장비 대여, 앙통 해상국립공원 입장료(200B), 가이드비 등이 포함되어 1인당 2100~2200B이다.

스케줄

- 07:00 숙소 픽업
- 08:00 앙통으로 출발
  선상에서 간단한 아침 제공(빵, 과일, 커피)
- 10:00 앙통 해상국립공원 도착
  스노클링 또는 카약킹
  블루라군 관람 및 뷰포인트(Maeko)
  해변 일광욕 또는 휴식
- 12:00 선상에서 점심
- 13:00 스노클링 또는 카약킹
- 15:00 간식 및 앙통 해상국립공원에서 출발
- 17:00 나톤 선착장 도착, 숙소로 귀환

Tip 주의 사항

- 매꼬(Maeko) 섬의 해수가 흘러 호수를 이룬 블루라군과 주변 섬을 한눈에 내려다볼 수 있는 전망대까지는 해변에서 도보 15분 정도 걸린다. 경사가 급해서 오르기가 쉽지 않으니 미끄럼 방지 신발을 준비하는 것이 좋으며, 발품을 팔 만한 가치가 있다.

- 배에서 원하는 사람에게는 아쿠아 팩을 빌려주므로 물에 젖으면 안 되는 것들을 넣어 보관한다. 또한 배에 따로 세이프티 박스가 있는 것은 아니니 개별 귀중품은 스스로 잘 관리한다.

- 카약킹이나 스노클링 중 화상을 입기 쉬우니, 자외선차단제는 꼼꼼히 자주 발라주는 것이 좋다. 그 외 선글라스, 수건, 디지털카메라 등을 준비한다.

- 카약킹과 스노클링이 주를 이루는 투어라 날씨에 영향을 받으며, 12월에는 한시적으로 운영되지 않기도 한다.

> **09** Hello! Koh Samui
># 알고 먹으면 더 맛있는 태국 음식

태국은 예로부터 세계적인 곡창지대이며 향신료와 열대 과일이 풍부한 나라이다. 국토의 삼면이 바다와 접해 있어 각종 해산물을 쉽게 구할 수 있다. 또한 중국과 인도, 인근 나라의 음식 문화에 모두 영향을 받아 복합적인 성격을 갖는 것도 특징이다. 1년 내내 풍부한 먹거리 자원과 다양한 문화가 합쳐져 태국 특유의 음식 문화가 만들어졌고, 전 세계인의 호평을 받는 음식으로 자리 잡았다.

태국 음식의 특징

1 어장(漁醬) 문화권이다.

태국을 비롯한 동남아 지역은 어장(漁醬) 문화권이라 할 수 있다. 바로 물고기를 원료로 액젓을 만들어 간장 대신 사용하는 것이다. 고온다습한 기후로 콩이 발효되기 전에 부패해버려 대두장이 발달하지 못하는 대신 어장이 발달하게 된 것이다. 태국은 남쁠라라는 물고기와 소금으로 발효시킨 물고기 액젓으로 음식의 간을 맞춘다. 우리나라의 고추장이나 된장과 비슷한 크루엉찜 혹은 남찜이라는 것이 있는데 일종의 쌈장이라 할 수 있다. 이 역시 물고기나 새우를 주원료로 한다. 각 가정과 식당에서 빼놓을 수 없는 중요한 기본양념이다.

2 주식은 쌀밥이다.

지역에 따라 약간 차이가 있지만 방콕 등 중부 지방과 남부 지방에서는 멥쌀밥을 선호하고 북부 지방과 동북부 지방에서는 멥쌀밥보다는 찹쌀밥을 더 선호한다. 이 두 지역은 고원지대이고 토양이 척박해서 찹쌀 경작에 더 적합하기 때문이다. 한 가지 특이한 것은 태국인들은 잡곡밥은 먹지 않는다. 흰밥 외에 주식 대체 음식은 죽과 국수, 떡(카놈) 등이 있다.

> **Tip**
>
> ### 태국의 양념
>
> - **픽남쁠라**
> 피시 소스에 쥐똥고추를 썰어 넣은 중요한 반찬이자 소스. 숟가락으로 젓국과 고추 조각을 떠서 밥 위에 뿌리면 된다. 적은 양의 고추라도 상당히 매우니 조심해야 한다.
> - **남쏨프릭**
> 식초 맛이 나는 국물에 고추가 들어있다.
> - **남프릭 씨랏차**
> 초고추장과 비슷하다.
> - **남딴**
> 설탕으로 태국인이 단맛을 좋아한다는 증거.
> - **프릭뽄**
> 태국식 고춧가루.

3 고소하고, 맵고, 신맛이 많다.

음식에 따라 다르지만 태국 음식은 대체로 고소하고, 맵고, 신맛이 나는 편이다. 태국 음식에 들어가는 재료 중 신맛이 나는 재료는 레몬그라스, 라임 등의 과육과 줄기, 잎 등이다. 매운맛을 내는 것은 고춧가루를 사용하는 경우도 있지만 '프릭키누'라고 부르는 새끼손가락만한 쥐똥고추를 주로 사용한다. 우리나라에서는 흔하지 않지만 고수(Coriande)가 두루 쓰인다. 처음에 먹어보고 입맛에 맞지 않을 경우, '마이싸이 팍치(팍치는 넣지 마세요)'라고 이야기하면 되지만 미리부터 반감을 가질 필요는 없다.

4 수저와 포크를 사용한다.

원래 태국의 재래식 식사 관습은 손으로 먹는 방법이었다. 1900년대 초, 라마 5세의 현대화 개혁으로 서구 문화가 유입되면서 손으로 먹는 식습관에서 숟가락과 포크 등 기구를 사용하는 관습으로 변했다. 라마 5세의 개혁으로 서양 문물이 유입된 후 동양의 수저를 주도구로, 서양의 포크를 보조기구로 채택하여 사용하는 것이다. 다만 면류를 먹을 때는 젓가락을 사용하고 공동의 음식을 먹을 때, 개인 숟가락으로 직접 뜨는 것은 예에 벗어나는 행동이다. 반드시 '천끌랑'이라는 공동 숟가락을 사용해야 한다. 국물이 있는 음식을 숟가락으로 먹지 않고 들이마시는 행동도 태국의 식사 예절에서는 벗어나는 일이다.

한국인이 사랑하는 태국 음식 BEST

뿌팟퐁커리
Fried Crab with Curry Sauce

태국 여행 후 가장 생각나는 음식 중 하나. '뿌'는 게를 뜻하는 말로 게에 카레와 달걀을 넣어 볶아 고소하고 부드러운 맛이 일품이다. 밥에 비벼 먹으면 밥도둑이 따로 없다.

꿰띠아우 남
Fried Noodle

태국식 쌀국수. 어떤 재료를 이용해 국물을 냈느냐에 따라 보통 돼지고기(무), 소고기(느아), 어묵(룩친)으로 나뉜다. 거리의 노점에서 쉽게 만나볼 수 있다.

카오팟
Fried Rice

태국 음식을 처음 접하는 사람 누구라도 거부감 없이 먹을 수 있는 음식. 가장 기본적인 태국식 볶음밥이다. 같이 나오는 픽남쁠라를 살살 뿌려 먹으면 금상첨화이다.

팟타이
Fried Noodle

태국식 볶음국수로 그 어떤 요리보다도 사랑받는 태국 음식이다. 들어가는 재료를 고를 수 있고, 새우가 들어간 팟타이 꿍이 가장 인기가 높다.

꿍파오
Prawn BBQ

큰 새우를 숯불에 구워 태국식 해산물 소스에 찍어 먹는 요리로 랍스터보다 추천한다. 타이거프론 외에 꿍매남이라고 부르는 민물새우도 상당히 맛있다.

카오니아우 마무앙
Mango Rice

태국의 대표적인 디저트. 달달한 망고와 연유를 듬뿍 뿌린 찹쌀밥을 함께 먹는다.

쏨땀
Papaya Salad

어린 파파야를 길고 얇게 잘라 고추, 마늘, 생선젓, 땅콩, 조그만 새우나 게 등을 넣고 절구에 찧은 것으로 돼지고기 바비큐나 닭고기 바비큐와 찰떡궁합이다.

꿍채남쁠라
Shrimp in Chilli

눈이 번쩍 떠지는 그 맛! 라임 소스와 마늘을 올려 먹는 생새우 요리. 애피타이저로도 그만이다.

무양 & 까이양
Pork BBQ & Chicken BBQ

무양과 까이양은 숯불에 구운 돼지고기와 닭고기 바비큐로 한국인의 입맛에도 딱이다. 돼지고기 목살을 구운 것이 커 무양인데, 그냥 무양보다 좀 더 부드럽고 고소하다.

팟 끄라파오
Fried Holy Basil

주로 돼지고기(무)나 닭고기(까이)와 함께 바질 잎을 넣고 볶은 요리. 덮밥으로도 주문할 수 있다. 센 불에 볶아낼 때, 연기 같은 것이 올라와 고급 식당에서는 다루기 힘들다.

톰얌꿍
Spicy & sour Prawn Soup

처음 먹을 때는 거부감이 들기도 하지만 한번 맛을 들이면 빠져나올 수 없는 요리이다. 레몬그라스, 라임, 양강근(생강과의 식물)으로 맛을 내고 새우(꿍)로 풍미를 더한다.

수키
Suki

태국식 전골 요리. 전통 태국 음식이라고 보기는 어렵지만, 시원한 국물을 원한다면 딱이다. 남은 국물로 죽을 만들어 먹으면 든든한 한 끼의 식사가 된다.

침샘을 자극하는 주요 태국 음식

밥 Rice

안남미라고 부르는 쌀로 만든 흰밥이 태국 음식의 기본이다. 흰밥과 요리를 함께 먹는 것이 대중적인 태국 식사이고 이 밥을 이용해 볶음밥이나 각종 덮밥 등을 만든다.

쪽
Porridge

우리나라 죽과 비슷하다. 중국의 영향을 받은 음식으로 다진 돼지고기를 주로 넣어서 먹는다.

카오팟
Fried Rice

태국식 볶음밥. 주재료에 따라 꿍(새우), 탈레(해산물), 뿌(게살), 무(돼지고기), 까이(닭고기) 등으로 나뉜다.

카오옵 사파롯
Thai Baked Pineapple Fried Rice

파인애플 볶음밥. 달달한 맛으로 태국 음식 초보자도 누구나 거부감 없이 먹을 수 있다.

카오 카무
Pork Leg with Rice

간장에 돼지고기 족발을 오랜 시간 끓여 잘게 찢어 밥에 올려 먹는 메뉴. 우리나라 장조림 국물과 비슷한 맛이다. 달걀 장조림을 추가할 수 있다.

팟 끄라파오 랏카오
Fried Holy Basil with Rice

바질잎을 넣고 볶은 요리. 주로 돼지고기(무)나 닭고기(까이)와 함께 요리한다. 요리만 단독으로 주문할 수도 있고, 덮밥으로 주문할 수도 있다.

카오만 까이
Chicken Rice

치킨 라이스. 육수로 지은 밥 위에 푹 고은 닭고기를 올려 양념장과 같이 먹는다. 껍질을 같이 먹으면 부드럽고 고소하다.

볶음 요리 Stir fried

태국의 가정식에서 가장 중요한 요리. 주재료를 넣고 센 불에 단시간에 볶아 재료 본연의 맛이 살아 있다.

팟 팍루엄
Fried Vegetable

채소볶음. 반찬으로도 무난하다.

팟 팍붕 파이댕
Fried Morning Glory

모닝글로리(공심채)볶음. 아삭한 식감이 살아 있어야 맛있다.

팟 끄라파오
Fried Holy Basil

바질 잎을 넣고 볶은 요리. 주로 돼지고기(무)나 닭고기(까이)가 들어간다.

국수 Noodle

면의 종류는 크게 쌀국수 꿰띠아우(Rice Noodle)와 밀가루와 달걀로 만든 바미(Egg Noodle)로 나눌 수 있다. 꿰띠아우는 면의 굵기에 따라 쎈 미, 쎈 렉, 쎈 야이로 나뉜다. 당면과 비슷하지만 훨씬 얇은 운쎈(Glass Noodle)도 있다.

꿰띠아우
Rice Noodle

보통 쌀국수하면 떠오르는 국물이 있는 것은 꿰띠아우 남(물)이라 하고, 비빔면은 꿰띠아우 행(마른)이다.

팟타이
Fried Noodle

태국식 볶음국수로 타마린드(Tamarind)가 들어가 새콤달콤한 맛이 난다.

팟시유
Fried Noodle with Soy Sauce

간장으로 간을 맞춘 볶음면. 주로 넓적한 면인 쎈 야이를 이용하는데, 담백한 맛이 한국인 입맛에도 잘 맞는다.

카놈찐
Noodle in sweet Curry Sauce

멥쌀로 만든 가늘고 흰 국수를 젓갈이나 카레, 코코넛 밀크와 각종 채소를 올려 함께 먹는다. 잔치 음식이기도 하다.

랏나
Noodle with Gravy

쎈 야이에 굴 소스와 채소 등을 넣고 볶은 후 녹말 물을 첨가한 요리. 고소한 소스와 부드러운 면발이 특징.

카오쏘이
Khao Soi

바삭하게 튀긴 면에 매콤달콤한 카레 소스와 고명을 함께 먹는 면 요리. 치앙마이 등 북부 지방에서 많이 먹는다.

얌 Salad

무침 요리의 일종으로 라임과 식초, 고추 등의 재료를 피시 소스로 버무린 태국식 샐러드.

얌탈레
Seafood Salad

해산물을 넣은 샐러드. 소고기를 넣으면 '얌느어'가 된다.

얌운쎈
Salad with Glass Noodle

당면을 넣은 샐러드.

얌쏨오
Salad with Orange

태국식 오렌지인 쏨오를 넣은 샐러드.

해산물 Seafood

태국 해산물의 가장 평범한 조리법은 숯불 위에 굽는 그릴(Grill)이다. 새우나 랍스터는 별다른 양념 없이 숯불에 구워 소스를 찍어 먹는 것이 일반적이다. 생선은 주로 양념하는 편이다.

호목쁠라
Steamed Fish in Banana Leaf

생선을 으깨 갖은양념과 함께 찐 것. 향신료를 많이 쓴 것이 특징. 하드코어 태국 음식 중 하나이다.

호이랑롬
Oyster

우리나라 석화 같은 생굴. 함께 주는 라임즙을 뿌리고 채소를 잔뜩 올려 먹어야 제맛이다.

뿌동
Raw Crab with Chilli

마늘과 고추가 잔뜩 올라간 태국식 게장. 매콤하면서 라임의 맛이 상당히 자극적이다.

꿍파오
Prawn BBQ

새우 바비큐. 숯불에 구워 태국식 해산물 소스에 찍어 먹는다. 풍미가 그만이다.

어쑤언
Omelet with Oyster

싱싱한 굴을 달걀과 함께 뜨거운 철판에 지글지글 부쳐 먹는 요리. 우리나라 굴전과 비슷한 맛이 난다.

호이크랭 루억
Steamed Cockles with dipping Sauce

삶은 꼬막을 소스에 찍어 먹는 요리. 안주로, 애피타이저로 인기다.

똠 Spicy & Sour Soup

'끓이다'라는 뜻의 똠은 탕처럼 국물이 많은 요리를 지칭하는 이름이기도 하다.

똠얌꿍
Spicy & Sour Prawn Soup

똠얌꿍의 국물 맛을 내는 3대 재료는 레몬그라스, 라임, 양강근(생강과의 식물)이다. 여기에 각 식당에 따라 코코넛 밀크와 볶은 고추장(남프릭파우)의 유무에 따라 매운탕처럼 진한 맛이 나기도 하고, 맑은 탕처럼 개운한 맛이 나기도한다. 새우(꿍) 대신 해산물을 넣으면 똠얌탈레가 된다.

똠샙
Spicy Esan Soup

태국식 내장탕. 상당히 맵고 자극적이다.

쁠라 능시유
Steamed Fish with Soy Sauce

생선에 간장 소스와 생강, 파 등의 채소를 올려 쪄내는 요리. 약간 중국 요리를 닮았다.

호이라이 팟프릭파오
Clams with Sweet Basil with Chilli Sauce

조개에 태국식 고추장을 살짝 넣고 바질 잎과 함께 볶은 요리. 매콤하고 자작한 국물에 밥을 비벼 먹어도 그만이다.

꿍 끄라티암 프릭타이
Prawn with Garlic and Pepper

새우에 마늘과 후추를 넣고 볶은 요리.

쁠라텃
Fried Fish

생선튀김.

꿍채남쁠라
Shrimp in Chilli

라임 소스와 마늘을 올려 먹는 생새우 요리. 애피타이저로도 그만이다.

뿌 프릭타이 담
Crab with Black Pepper

게에 후추를 넣고 볶은 요리.

톰카까이
Chicken Coconut Soup

닭고기에 코코넛 밀크를 넣어 끓인 부드러운 국물 요리.

깽쯧
Clear Soup

중국에 영향을 받은 맑은 국. 주로 두부나 배추, 김 등이 주재료이다. 한국식 국이 생각날 때 좋은 대안이 될 수 있다.

찜쭘
Thai Style Suki

태국식 수키. 투박한 황토 그릇에 육수를 담고 고기나 채소 등을 익혀 먹는다. 주로 노점에서 판매한다.

이싼 푸드 North East Thai Food

이싼은 태국의 동북부 지방을 가리키는 말로 쏨땀, 까이양, 무양 등 몇 가지 음식이 전 국토에서 사랑받는다. 대표적인 음식은 까이양과 무양이다. 돼지고기 목살을 구운 커무양은 한국인에게 인기 최고다. 이런 메뉴들은 쏨땀과 함께 먹으면 찰떡궁합이다.

싸이끄럭 이산
Esan Sausage

육류의 내장을 이용해 만든 소시지. 상당히 매콤하다.

남똑무
Waterfall Pork

잘 구운 돼지고기 바비큐에 갖은양념으로 요리한 것. 이 요리를 잘하는 이싼 식당은 다른 음식도 맛있는 편이다.

쏨땀
Papaya Salad

파파야 샐러드. 어린 파파야를 채 썰어 고추, 마늘, 생선젓, 땅콩, 작은 새우나 게 등을 넣고 절구에 찧는다.

까이양
Chicken BBQ

숯불에 구운 닭고기 바비큐.

무양
Pork BBQ

숯불에 구운 돼지고기 바비큐.

시콩무양
Pork Rib BBQ

숯불에 구운 태국식 돼지갈비 바비큐.

깽 Curry

주로 국물이 적은 카레와 같은 음식으로 자작하게 요리하는 것이 특징이다. 인도에 영향을 받았지만 코코넛 밀크와 각종 향신료를 가지고 다양한 방법으로 요리한다. 태국 가정식에서 빠지지 않는 음식이다.

랍
Ground Salad

고기를 다져만든 이싼 스타일의 샐러드.

깽키오완
Green Curry

태국인의 사랑을 받는 대표 가정식 요리로 순하고 부드러운 맛이다.

깽쏨쁠라
Tamarind Flavor Soup

특유의 시큼한 맛을 가진 생선찌개. 호불호가 있는 편이다.

기타 Etc

태국인의 디저트 사랑은 각별하다. 태국식 디저트와 애피타이저 등 놓치기 아까운 태국 음식을 소개한다. 레스토랑과 야시장, 슈퍼마켓의 음식 코너와 같은 다양한 장소에서 쉽게 찾아볼 수 있다.

남프릭 꿍시얍
Shrimp Paste dipping Sauce
태국식 쌈장.

뽀삐아
Spring Roll
스프링롤.

사테
Satay
꼬치구이.

카이 찌아우
Thai Style Omelet
태국식 달걀 오믈렛.

텃만꿍
Shrimp Cake
다진새우튀김.

까이텃
Fried Chicken
짭조름한 양념을 입힌 닭튀김.

수키
Suki
태국식 전골 요리.

로띠
Thai Pancake
태국식 팬케이크.

까이 호빠이텅
Chicken in Banana Leaf
바나나 잎으로 닭고기를 감싸 구운 것.

미앙캄
Miang Kham
상큼한 찻잎에 채소와 멸치튀김 등을 싸 먹는 것.

카오니아우 마무앙
Mango Rice
달콤한 찰밥과 망고의 조화로 이루어진 매력적인 디저트.

카놈 크록
Thai Coconut Pudding
코코넛이 들어가 부드럽고 달콤한 푸딩.

SPECIAL

코사무이 최고의 로컬 식당

코사무이는 이탈리안, 프렌치 등 웨스턴 레스토랑에 비해 태국 레스토랑의 숫자가 현저히 적은 편이다. 땅값 비싼 차웽 메인 도로에서는 더더욱 로컬 식당이 찾기 힘들어지고 있는 실정이다. 하지만 태국 음식 마니아라면 놓쳐서는 안 되는 코사무이의 대표 로컬 식당을 한자리에서 정리해본다.

크록마이 Khorkmai p.103

쏨땀을 전문으로 하는 식당으로, 기본적으로 상당히 맵게 나오는 편. 간판 메뉴는 굵은 소금을 슬슬 뿌려 숯불에 구운 생선구이로 함께 나오는 국수와 땅콩, 소스를 넣어 채소에 싸서 먹는다.

▶ 태국 이싼 음식 전문점
대표 메뉴: 생선숯불구이, 쏨땀, 랍 등

타르어 사무이 시푸드
Tarua Samui Seafood p.180

코사무이에서 거의 유일하게 살아 있는 해산물을 취급한다. 입구의 수족관에서 손님이 직접 해산물을 고른 뒤 무게를 재고 주문을 할 수 있다. 너무 뜨거운 한낮보다는 저녁 시간이 제격이다.

▶ 태국 시푸드 전문점
대표 메뉴: 랍스터회, 뿌팟퐁커리, 꿍채남쁠라

짠 홈 Jun Home p.147

현지인 추천 순위 1~2위를 다투는 태국 레스토랑이다. 모든 메뉴가 태국 가정식의 기본이 되는 것들이다. 몇가지 반찬 요리를 시켜 밥과 같이 먹는다. 남부 음식의 특징인 코코넛 밀크를 많이 사용하는 것도 특징이다.

▶ 태국 가정식 식당
대표 메뉴: 남프릭 꿍시얍, 깽쏨쁠라

사바앙래 Sabeinglae p.148

제대로 맵고, 시고, 달달하면서 자극적인 태국의 전형적인 미각을 음미할 수 있는 곳이다. 힌 따 & 힌 야이와 가깝고 바다 전망도 좋아서 드라이브 투어 중 들러도 좋다. 라마이 본점 외에 피셔맨스 빌리지 등에도 지점이 있다.

▶ 태국 가정식+시푸드
대표 메뉴: 사바앙래 얌, 뿌 팟 까티, 생선튀김

SPECIAL

로맨틱 파인 다이닝 레스토랑

코사무이에는 유난히 로맨틱한 분위기의 레스토랑이 많다.
리조트에서는 레스토랑을 전망이 가장 좋은 곳에 배치하고, 숙소와 별도의 사업으로 중요하게 생각하고 있다.
하루쯤은 파도 소리와 하늘의 별을 친구 삼아 로맨틱한 디너를 즐겨보면 좋다.

풀 문 Full Moon p.146

이름처럼 몽환적인 분위기의 레스토랑으로 아난타라 리조트 내에 위치한다. 인기가 많지만 좌석은 많지 않아 저녁식사를 위해서라면 예약은 필수. 엄격한 드레스 코드는 없지만 너무 캐주얼한 복장은 피하는 것이 좋다.

▶ Italian & Fusion
　대표 메뉴: Roast Spatchcock(구운 닭 요리),
　　　　　　Sashimi Salmon Inferno(연어 요리)

다이닝 온 더 록 Dining on the Rocks p.152

식스 센스의 화제작. 270도로 펼쳐진 전망은 단 몇 사람을 위한 그림이다. 해 질 무렵 일찍 자리를 잡고 석양으로 물들어가는 하늘을 차근차근 즐겨주는 것이 한 가지 팁! 단, 파격적인 디자인을 경험하는 비용은 어느 정도 감수해야 한다.

▶ Western & Fusion Asian Cuisine
　대표 메뉴: 4-course set menu

드링크 갤러리 Drink Gallery p.102

코사무이의 유행을 선도하는 숙소인 더 라이브러리의 레스토랑이자 바이다. 파격적인 디자인만큼 메뉴도 창의적이다. 메뉴판에 사진과 음식 설명이 함께 표현되어 있어 선택도 쉬운 편. 칵테일 메뉴도 상당히 다양해서 그 종류만 100가지가 넘는다.

▶ Fusion Thai & International Cuisine
　대표 메뉴: Tagliolini Grand Chio(오일파스타),
　　　　　　Lamb Massaman(마사만 카레)

더 클리프 바 & 그릴
The Cliff Bar & Grill p.177

들어가는 순간, 이곳이 코사무이라는 것을 잠시 잊을 수 있다. 지중해풍의 인테리어와 전망은 이 레스토랑의 하이라이트. 아름다운 전망을 즐기려면 점심시간을 더 추천한다.

▶ Italian & Mediterranean Cuisine
　대표 메뉴: Pri Pri Chicken(포르투갈식 닭구이),
　　　　　　Seafood Combo(두 가지 해산물 요리)

10. Hello! Koh Samui
상큼하고 맛좋은 열대 과일

향긋하고 열대 느낌 물씬 나는 이국적인 과일들. 태국은 열대 과일의 천국이다. 사람 사는 곳이면 어디나 과일가게가 흔하고, 길거리 리어카에서 과일을 먹기 좋게 잘라 팔기도 한다. 출하 시기별로 조금씩 다르지만 일 년 내내 흔한 것이 보통이다.

망고스틴 Mangosteen 망쿳

한국인에게 인기 있는 대표 열대 과일이다. 감 정도 크기로, 손바닥으로 양쪽을 눌러 두꺼운 껍질을 까면 마늘쪽같이 생긴 과육이 나온다.

바나나 Banana 끌루어이

태국에선 보통 우리가 '몽키 바나나'라고 부르는 조그만 바나나를 먹는데 달고 맛있다.

두리안 Durian 두리안

'과일의 왕'이라는 별명을 가지고 있다. 독특한 냄새 때문에 호불호가 명확한 과일이기도 하다. 호텔이나 대중교통수단 등에서는 이 과일의 반입을 금지할 정도이다. 모든 사람의 입맛에 맞는 과일은 아니기 때문에 슈퍼마켓 등에서 조금씩 나누어 팔기도 하니 일단 조금만 사서 맛을 보는 것도 좋은 방법이다. 열량이 엄청나 술과 함께 먹는 것은 위험하다.

람부탄 Rambutan 응어

빨간색이며 계란형으로 생겼다. 털도 있다. 특이한 겉모습에 비하면 하얀 내용물은 단순하기 그지없다. 시원하게 해서 먹는 것이 맛있다. 5월부터 8월 정도가 제철이다.

코코넛 Coconut 마프라오

음료라고 부르는 것이 더 적당할지도 모르겠다. 커다란 칼로 머리 부분에 구멍을 낸 후 빨대를 꽂아준다. 시원하게 해서 마셔야 제맛.

수박 Watermelon 땡모
태국인도 한국인만큼이나 수박 애호가다. 가격이 저렴하고 맛도 있다. 수박 주스는 태국어로 '땡모빤'인데 이 단어는 외워두는 것이 좋다.

포멜로 Pomelo 쏨오
주로 녹색 껍질에 싸여 있는 오렌지류의 과일이다. 보통의 오렌지보다 알갱이가 크다. 샐러드를 만드는 재료로 쓰기도 한다.

파파야 Papaya 말라꺼
태국인의 간식거리나 디저트로 많이 이용된다. 아직 숙성되지 않은 녹색 파파야는 태국의 김치와 같은 쏨땀을 만드는 데 쓴다.

용안 Longan 람야이
동글동글한 열매가 포도송이처럼 가지에 붙어있다. 껍질 안 과육도 포도와 비슷하게 반투명하다. 씨가 있으니 먹을 때 조심하자.

망고 Mango 마무앙
태국의 망고는 달고 과즙이 많은 편이다. 4월부터 8월이 제철로, 망고가 많이 나고 달아진다.

잭 프루트 Jack Fruit 카눈
생긴 것이 어찌 보면 두리안 같기도 하나 크기가 더 크고 오돌토돌한 껍데기로 둘러싸여 있다. 맛 또한 두리안과 비슷한 점도 있으나 냄새는 훨씬 덜하다.

파인애플 Pineapple 싸파롯
태국은 파인애플이 흔하고 특히 맛있기로 유명하다. 식당에서는 파인애플 볶음밥에 쓰이는 용기로서 만나게 된다.

11 Hello! Koh Samui
더운 날씨를 극복하는 음료와 술

태국의 식당에서는 물을 비롯해 음료를 주문하는 것이 일반적이다. 1년 내내 과일이 풍부해 열대 과일주스가 다양하고 커피나 차도 즐겨 마신다. 태국의 다양한 음료와 술을 소개한다.

생수 Drink Water

태국에서는 물을 꼭 사먹는 것이 좋다. 편의점이나 마트에서 구입하면 되고, 호텔 등에서는 하루 2병까지 무료로 제공한다. 식당에서도 물은 공짜로 주지 않는 경우가 대부분이라 따로 금액을 지불하고 주문해야 한다.

과일주스 Fruit Juice

태국을 과일의 천국이라 하는 것은 꼭 과일의 종류가 많아서만은 아니다. 파인애플의 당도는 한국의 것보다 훨씬 높고 망고, 파파야, 코코넛 등도 맛있기로 유명하다. 그런 맛있는 과일을 주재료로 하는 음료인 과일주스는 고급 레스토랑부터 서민 식당까지 대부분의 식당에서 취급한다. 생과일을 아끼지 않고 넣어 얼음과 함께 갈아주는데 갈증과 더위가 가신다. 과일주스의 왕은 누가 뭐래도 수박 주스, 즉 '땡모빤'이다. 씨를 뺀 수박 덩어리는 얼음과 갈아 컵에 넣고 수박 한 조각을 꽂아주는데 그 시원함이 환상이고, 일 년 내내 마실 수 있다. 망고 주스인 '마무엉 빤'도 맛있지만 특정한 시기만 맛볼 수 있어 아쉬움이 있다.

커피 & 차 Coffee & Tea

태국인도 차와 커피를 즐겨 마신다. 때문에 어느 식당에 가도 차와 커피는 있는데 날씨 때문인지 주로 차가운 아이스커피나 아이스티가 인기다. 현지인이 마시는 뜨거운 커피는 한약에 비교될 정도로 진하고 연유를 듬뿍 넣어 마시기 때문에 외국인의 입맛에는 잘 맞지 않는 편이지만 아이스커피는 맛이 괜찮다. 냉차와 냉커피는 태국어로 각각 차엔과 카페엔이라고 한다.

맥주 Beer

태국에서 가장 많이 마시는 맥주로는 싱하(Singha)가 있다. 현지 브랜드인 싱하 맥주는 보리 냄새가 많이 나는 구수한 맛으로 외국인에도 인기가 높다. 또 다른 현지 맥주 브랜드로 창(Chang)과 레오(Leo), 치어스(Cheers) 등이 있다.

유제품 Dairy Products

태국인에게 유제품은 상당히 인기가 좋다. 태국의 로컬 낙농 농장에서 나오는 우유와 요구르트, 두유 등 그 종류가 다양하다. 카오야이 지방의 촉차이 농장(Chokchai Farm)이나 유기농 유제품으로 유명한 데어리 홈(Dairy Home)의 제품은 기회가 되면 꼭 접해보자.

위스키(럼) Whiskey & Rum

태국에서는 위스키도 인기 있는 술이다. 현지 위스키인 쌩쏨과 100 파이퍼 등도 서민층에 인기가 높다. 한국처럼 스트레이트로 마시는 경우는 거의 없고 소다수와 얼음을 섞어 마신다.

에너지 음료 Energy Drink

태국에도 한국의 박카스처럼 피로회복제로 통하는 드링크제가 있다. 편의점이나 노점상에서 많이 판매하며 브랜드 종류도 상당히 다양하다. 소머리뼈 그림이 인상적인 '끄라팅댕'이나 150이라는 숫자를 강조하는 '엠 러이하십'이 인기가 있으며 이 브랜드는 외국에 수출도 많이 한다.

Hello! Koh Samui
12 피로가 풀리는 마사지 & 스파

태국 여행하면 빠질 수 없는 것이 바로 마사지와 스파! 아름다운 자연환경에 둘러싸인 코사무이에서는 탁 트인 자연 풍광과 어우러진 실외 공간에서 일상의 스트레스와 여행의 피로를 한방에 날려버리는 체험을 즐길 수 있다.

마사지 vs 스파

마사지는 주로 마사지사의 손놀림을 이용해 신체에 압력과 자극을 주는 지압(指壓)이라고 이해하면 쉽다. 뭉친 근육을 풀어주고 스트레칭 동작 등을 응용해 신체에 기를 불어넣는 과정이라고 할 수 있다.

스파는 원래 로마 시대 광천 온천으로 유명했던 벨기에의 마을 이름인 스파우(Spau)에서 유래했다고도 하고 프랑스어로 건강에 좋은 물(Sante Per Aqua)의 약자라는 이야기도 있다. 이렇게 물을 이용한 건강 증진이나 질병 치료는 고대로부터 행하여져 왔다. 현재는 물을 이용한 치료라는 포괄적인 의미로 물(자쿠지)과 사우나, 아로마 오일, 기타 자연요법 등을 사용한다. 보통 스파 프로그램 안에 마사지도 포함된다.

마사지의 종류

타이 마사지 Thai Massage
손가락을 이용한 에너지 경로 누르기와 손바닥을 이용한 근육 이완, 유연성 강화를 위한 스트레칭 등의 동작을 사용한다. 인도와 중국의 영향을 깊게 받았다. 요가와 비슷한 자세가 많이 나오는 것도 특징이다.

발 마사지 Foot Massage
발만 집중적으로 마사지하는데, 주로 손과 나무 봉을 이용해 누르고 문지르는 동작이 반복된다. 전신 마사지에 비해 복장도 자유로우며, 비교적 짧은 시간에 피로를 풀 수 있다.

전신 마사지 Body Massage
말 그대로 온몸을 마사지받는다. 취향에 따라 타이 마사지나 탈 후 오일을 사용하는 마사지 중에서 선택해서 받을 수 있다. 최소 1시간~1시간 30분은 받아야 제대로 된 전신 마사지를 받을 수 있다.

등 & 어깨 마사지
Back & Shoulder Massage

어깨와 등만 집중적으로 마사지 받는다. 타이 마사지처럼 지압하는 방식으로 받거나, 로션이나 오일 등 피부 윤활제를 사용해서 받기도 한다. 유난히 스트레스가 많은 한국인에게 인기가 좋다.

핫 콤프레스 마사지 Hot Compress Massage

보통 타이 허브 마사지라고 한다. 태국의 약초를 주머니에 넣은 뒤 뜨겁게 증기를 가하여 찜질하듯 마사지한다. 특별히 아픈 부위가 있을 때, 치료 효과가 탁월하다고 알려져 있다.

보디 랩 Body wrap

몸 전체에 알로에, 진흙, 허브, 초콜릿 등의 제품을 바르고 비닐로 온몸을 감싸 피부에 잘 스며들도록 한다. 일정 시간이 지난 뒤 가볍게 씻어내면 피부가 촉촉하고 부드러워진다.

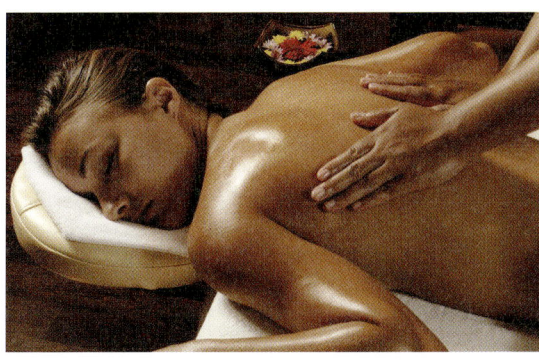

오일 마사지 Oil Massage

전신에 오일을 바르고 근육의 방향대로 부드럽게 마사지한다. 압박보다는 마찰을 이용한 기법을 더 많이 사용한다. 전문 스파의 경우 아로마 테라피로 진행해 다양한 아로마 오일을 개인의 기호에 따라 직접 시향하고, 선택할 수 있다.

보디 스크럽 Body Scrub

허브, 과일, 소금, 커피 등으로 만든 작은 알갱이가 들어 있는 제품을 피부에 문지른 후 씻어내 각질을 제거하는 방법. 피부가 매끈해지는 효과가 있다. 알갱이가 피부에 자극을 줄 수 있으므로 햇볕에 그을린 선번 상태라면 주의해야 한다.

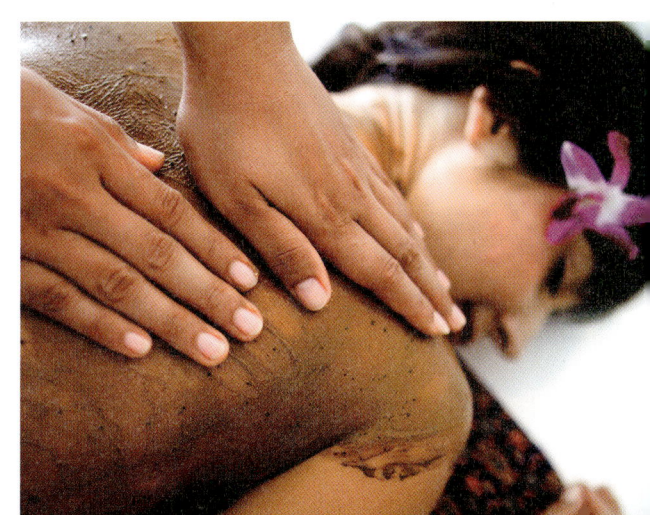

스웨디시 마사지 Swedish massage

스웨덴에서 개발된 마사지로 운동 치료 요법을 바탕으로 한다. 스포츠 마사지도 이 스웨디시 마사지에서 파생된 것이다. 뭉친 근육을 풀어주기 위해 가벼운 쓰다듬기, 주무르기, 마찰과 두드리기 등의 동작을 사용한다.

페이셜 마사지 Facial Massage

얼굴 마사지를 말하며 여러 가지 재료를 이용한 트리트먼트 개념이라 생각하면 된다. 스파마다 조금씩 다르지만 주재료로 진흙, 알로에, 과일 등이 이용된다.

스파 패키지의 진행 순서

스파의 종류에 따라 진행 과정이 조금 다를 수 있지만, 기본 스파 패키지의 경우 전반적으로 다음과 같다.

1 예약
원하는 날짜와 시간으로 예약한다. 예약 시 픽업 여부도 체크하자.

2 프로그램 선택
스파 리셉션에 도착해 원하는 프로그램을 선택한다.

3 선택 사항 체크
오일이 들어가는 프로그램인 경우, 설명을 듣고 시향 후 원하는 오일을 선택할 수 있다. 컨디션이나 아픈 부위, 피부 유형 등에 대한 체크리스트를 작성하기도 한다.

5 옷 갈아입기
1회용 속옷과 가운으로 갈아입고, 귀중품은 가방에 넣어 보관 후, 스파 베드에 누우면 마사지가 시작된다.

6 마사지
스크럽과 마사지를 함께 할 경우, 보디 스크럽을 먼저 받은 뒤 샤워하고 다시 마사지가 시작된다.

7 티 타임
생강차나 과일 등 따뜻한 차와 간식으로 프로그램이 마무리되며, 만족도에 대한 평을 작성하기도 한다.

> **Tip**
>
> **마사지 & 스파 숍 활용법**
>
> - 저렴한 길거리 마사지 숍을 제외하고는 보통 세금과 서비스료가 별도로 붙으니 가격표 요금에 포함된 것인지 확인하자.
>
> - 만족도가 높았다면 마사지사의 이름을 기억한 뒤 다음 방문 때 지명해보자.
>
> - 마사지 강도는 미리 이야기하고, 마사지 중에도 원하는 강도(strong/soft)를 적극적으로 표현하자.
>
> - 마사지 중 강도나 서비스가 미흡하다면 계속 참기보다는 테라피스트를 바꿔 달라고 정중하게 요청하는 편이 좋다.

에코 힐링 고급 스파(1600B~)

1
타마린 스프링스 스파
p.182

2
에란다 허벌 스파
p.118

3
실라롬 스파
p.120

4
피스 트로피컬 스파
p.156

중급 체인 브랜드(500B~)

1
레츠 릴랙스
p.157

2
두지타 스파
p.122

3
디스 스파
p.123, 158

  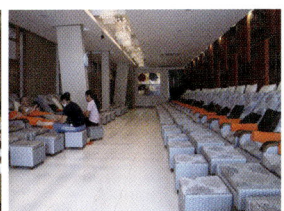

저렴한 마사지(200B~)

1
마이 프렌드 타이 마사지
p.119

2
이스트 바이 사우스
p.122

3
창창
p.120

13   Hello! Koh Samui
놓칠 수 없는 쇼핑 아이템

코사무이는 쇼핑에 적합한 지역은 아니지만 쇼핑몰을 비롯해 일부 거리에는 기념 티셔츠나 휴양지 스타일의 원피스, 샌들 등을 판매하는 상점이 빼곡하게 차 있다. 구경 삼아, 추억 삼아 구매하는 것도 좋지만, 흥정은 필수다. 코사무이 쇼핑의 핵심은 슈퍼마켓과 드럭스토어. 쇼핑하기에 상당히 쾌적하면서도 이곳에서만 살 수 있는 아이템이 모여 있다.

와코루 속옷
우리나라의 7분의 1 정도 가격으로 구매할 수 있는 대박 아이템. 치수가 우리나라와 다를 수 있으니 직원에게 치수를 재달라고 한 뒤 구매하는 것이 현명하다.

네스카페 커피 믹스
진하고 달달한 태국식 커피 믹스. 선물용으로 좋다.

짐 톰슨
태국 실크 제품의 대표 브랜드로 여행자의 선물 꾸러미에 가장 많이 담겨 있다. 쿠션이나 침대 덮개와 같은 패브릭 제품은 물론 가방이나 지갑, 넥타이 등도 선물용으로 그만이다.

싱하 캔맥주
태국의 대표 맥주. 홉 맛이 강하고 구수한 것이 특징이다.

기념 티셔츠나 샌들
다양하고 저렴한 샌들류가 많다. 단돈 1만~2만 원이면 살 수 있는 중저가 브랜드가 센트럴 페스티벌 사무이 쇼핑몰에 입점해 있다. 차웽의 아웃렛 매장인 아웃렛 빌리지 사무이를 방문해도 좋다.

수공예품이나 인테리어 용품
다양하지는 않지만 수공예품, 인테리어 소품의 인기도 만만치 않다. 휴양지풍의 목각 제품이나 아기자기한 소품 등 한국에서는 보기 힘든 제품 위주로 공략한다. 야시장에서도 만나볼 수 있다.

얌 컵라면

태국의 추억이 방울방울 생각날 때, 특유의 맛을 느끼며 얼큰하게 한 사발 먹으면 좋다.

김 과자

한류 열풍을 타고 태국에서 인기몰이 중인 태국 간식. 짭짤한 맛이 맥주 안주로도 그만이다.

태국 음식 페이스트

한국에 돌아가 태국 음식이 생각 날 때, 간단하게 만들어 먹을 수 있어 좋다.

No.7

태국의 대표 드러그스토어인 부츠의 스테디셀러 제품. 영국의 BBC 방송 중 블라인드 테스트에서 고가의 화장품을 물리치고 당당히 1위를 차지한 주름 기능성 아이 제품이 특히 유명하다.

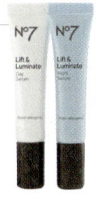

솝 & 글로리

스파 브랜드로 유명한 블리스(Bliss)의 세컨드 브랜드. 빈티지한 용기와 달달한 향기로 젊은 여성의 마음을 사로잡는다.

선실크 헤어

가격 대비 만족도로는 최고인 제품. 햇빛에 손상된 머릿결도 단박에 회복시켜준다.

덴티스테 치약

미백 치약의 대명사. 우리나라 판매가의 3분의 1 수준이다.

판퓨리

가격은 비싸지만 한번 써보면 빠져들게 되는 고급 스파 제품. Milk Bath & Body Massage Oil은 촉촉함이 오래 유지되는 베스트 아이템. 코사무이에는 공항에만 매장이 있다.

> **Tip**
>
> ### VAT 리펀드
>
> 외국인은 태국에서 물건을 살 때 부가가치세를 환급받을 수 있다. 모든 물건에 대해 부가가치세를 환급받으면 너무 복잡해지기 때문에 태국 정부에서는 몇 가지 규칙을 정해 시행하고 있다.
>
> ❶ VAT Refund for Tourists 표시가 붙어 있는 상점에서만 부가가치세 환급이 가능하다.
>
> ❷ 한 상점에서 하루 2000B 이상 사야 하고 전체 쇼핑 비용이 5000B가 넘어야 공항에서 환급받을 수 있다.
>
> ❸ 쇼핑 시 여권을 보여주고 직원에게 VAT Refund Application for Tourist Form을 요청한다. 텍스 인보이스도 서류에 함께 첨부해야 한다.
>
> ❹ 공항에서 출국장을 통과하기 전, 작성된 서류를 VAT Refund 사무실에 가서 세관원에게 보여주고 검사를 받는다.
>
> ❺ 출국 심사대를 통과하면 다시 VAT Refund 사무실에 가서 부가가치세를 환급받는다.

14 Hello! Koh Samui
밤을 보내는 즐거움, 나이트라이프

코사무이는 젊고 스타일리시한 휴양지다. 코사무이의 나이트라이프 또한 아고고 바로 대변되는 태국의 푸껫이나 파타야와는 다른 분위기를 갖고 있다. 코사무이의 밤 문화는 차웽과 라마이를 중심으로 발달되었고 그 외의 지역은 조용한 편이라 할 수 있다.

신나는 춤과 음악, 클럽 & 바

코사무이 인근 섬인 코팡안의 자유롭고 개방적인 풀문 파티(p.220)의 분위기는 그대로 코사무이의 밤 문화를 주도한다. 홍대의 클럽 문화처럼 최신 하우스 뮤직과 트랜스 뮤직에 맞추어 춤을 출 수 있는 차웽의 클럽이 그 무대이다. 쏘이 그린 망고(p.112)가 대표적이다. 그밖에 세련된 라운지 같은 모습의 바에서 칵테일이나 맥주 한잔을 즐기며 코사무이의 밤을 보내는 여행자 또한 많다.

편하기 즐기는 라이브 펍

코사무이에 클럽과 바만 있는 것은 아니다. 여러 사람들과 함께 축구를 보거나 라이브 공연을 보며 맥주를 한잔할 수 있는 트로피컬 머피스(p.114) 등과 같은 펍도 다양해 즐거운 밤을 보낼 수 있다.

 Tip

밤 11시 이후가 하이라이트!

코사무이의 나이트라이프는 그 어디라도 밤 11시가 지나야 하나 둘 사람들이 모여든다. 자정이 넘어야 비로소 제대로 된 분위기를 느낄 수 있으니 너무 일찍 가서 지루해하지 말자.

개방적인 분위기의 고고바

라마이의 나이트라이프는 현지인을 위한 곳이 많다. 라마이 시내에는 고고바(Go-go Bar) 스타일의 노천 바가 유난히 많은 것도 특징이다. 그러나 방콕이나 파타야의 아고고 바(A-go-go Bar)처럼 퇴폐적인 수준은 아니다. 야시장도 조성되어 있고 구경거리도 많아 가족들이 함께 다녀도 문제될 것이 별로 없는 개방적인 분위기이다.

15 Hello! Koh Samui
이것만은 꼭! 필수 버킷리스트

에메랄드빛 바다, 하얀 모래사장, 하늘을 향해 시원하게 뻗은 야자수. 바쁜 일상을 벗어나 마음의 여유를 가져보자. 바다만 바라봐도 시간 가는 줄 모르는 코사무이에서 이것만은 꼭 누려야 할 버킷리스트!

아기자기한 매력이 가득한 코사무이 공항에서 인증샷 찍기

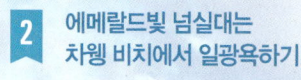
에메랄드빛 넘실대는 차웽 비치에서 일광욕하기

3 피셔맨스 빌리지의 핫 플레이스! 코코 탐스에서 칵테일 즐기기

4 자연환경 속에서 마사지 받으면서 에코 힐링

5
최고의 뷰포인트,
정글 클럽에서 아찔한 전망 감상하기

6
가격 대비 최고의
태국 스파용품 쇼핑하기

7 나이트라이프의 메카, 클럽 문화 즐기기

8 코사무이의 몰디브, 낭유안 섬에서 스노클링 즐기기

16 Hello! Koh Samui
코사무이 베스트 여행 코스

사람마다 취향과 원하는 것이 다르기 때문에 모든 사람의 입맛에 딱 맞는 여행 일정이란 있을 수 없다. 누구와 함께하는지, 여행의 목적이 무엇인지에 따라 선호하는 것을 우선으로 넣고, 세부 동선을 충분히 고려해서 일정을 세우자.

로맨틱한 커플 여행

특별한 낭만을 선사할 코사무이 커플 여행. 보통 4박 6일 정도의 일정이라면, 지역을 나누거나 혹은 리조트와 프라이빗한 풀빌라를 조합한 일정을 추천한다.

DAY 1

21:20 한국 출발
비행기
5시간 50분

01:10 방콕 도착(+1)

DAY 2

11:40 방콕 출발
비행기
1시간 10분

12:45 코사무이 공항 도착, 숙소 이동
차 이동

14:00 카오산
도보 5분
점심식사

15:00 차웽 비치
도보 5분
수영, 산책, 일광욕

17:00 차웽 시내
도보 5분
관광, 쇼핑, 마사지

19:00 다라 세렌
해변에서 로맨틱한 저녁식사

DAY 3 코타오 & 낭유안 섬 일일 투어

- `08:00` 호텔 픽업
  - 차 30분
- `09:00` 코사무이 출발
  - 배 1시간 40분
- `10:30` 코타오 도착
  - 스노클링
- `12:00` 낭유안 섬 도착
  - 점심식사
- `13:00` 자유 시간
  - 스노클링, 뷰포인트 하이킹
- `14:30` 낭유안 섬 출발
  - 배 1시간 40분
- `16:00` 코사무이 도착, 숙소 귀환
- `19:00` 깨우끄롱
  - 저녁식사
  - 도보 5분
- `21:00` 이스트 바이 사우스
  - 마사지

 DAY 4

- `09:00` 리조트 부대시설
  - 수영장, 산책
- `12:00` 센트럴 페스티벌 사무이
  - 쇼핑, 점심식사
  - 차 10분
- `15:00` 피셔맨스 빌리지
  - 카페, 쇼핑, 마사지, 해양 스포츠
  - 도보 이동
- `17:30` 코코 탐스
  - 탁 트인 바다 전망 즐기기
  - 도보 5분
- `19:00` 카마 수트라
  - 저녁식사
  - 차 10분
- `22:30` 하드 록 카페/아크 바
  - 차웽의 나이트라이프

DAY 5

- `11:00` 숙소 체크아웃
  - 차 이동
- `12:00` 힌 따 & 힌 야이
  - 차 15분
- `13:00` 정글 클럽
  - 코사무이 최고의 전망 즐기기
  - 차 40분
- `17:15` 코사무이 공항
  - 비행기 1시간 10분
- `23:30` 방콕 출발

 DAY 6 `06:35` 한국 도착

아이나 부모님을 동반한 가족 여행

어린아이나 노약자와 함께하는 여행이라면 욕심을 버리고, 무리하지 않도록 여유롭게 일정을 짜는 것이 가장 중요하다. 숙소를 잡을 때도 너무 도심에서 먼 곳보다는 걸어 다니기 좋은 위치의 숙소를 추천한다.

 드라이브 in 코사무이

- 10:00 빅 부다
  - 차 25분
- 11:30 힌 따 & 힌 야이
  - 차 10분
- 12:00 사비앙래
  - 점심식사
  - 차 15분
- 15:00 정글 클럽
  - 코사무이 전망 구경
  - 차 20분
- 18:00 피셔맨스 빌리지
  - 도보 5분
- 19:00 코코 탐스
  - 저녁식사
  - 도보 5분
- 20:00 시안 스파
  - 마사지

 DAY 1

- 09:35 한국 출발
  - 비행기 5시간 50분
- 15:25 방콕 도착
  - 비행기 1시간 10분
- 16:35 코사무이 공항 도착
  - 차 30분
- 19:00 밋 사무이
  - 저녁식사
  - 차 10분
- 17:00 두지타 스파
  - 마사지

10:00	리조트 부대시설
	수영장, 산책, 일광욕

12:00	타이 익스프레스
도보 5분	점심식사

14:00	차웽 비치
도보 5분	수영, 해양 스포츠, 산책

17:00	센트럴 페스티벌 사무이
도보 5분	쇼핑

18:00	푸드 파크/와인 커넥션/MK 수키
	저녁식사

09:00	리조트 부대시설
차 이동	수영장, 기념촬영

12:00	카오산
도보 5분	점심식사

14:00	디스 스파
차 40분	마사지

17:15	코사무이 공항
비행기 1시간 10분	

| 23:30 | 방콕 출발 |

| 06:35 | 한국 도착 |

일일 투어
(코타오 & 낭유안 섬/앙통 해상국립공원)

07:00	호텔 픽업
차 1시간	

08:30	앙통으로 출발
배 1시간 30분	

10:00	앙통 해상국립공원 도착
	블루라군 관람 및 뷰포인트

| 12:00 | 선상에서 점심식사 |

13:00	자유 시간
	스노클링, 카약킹

| 15:00 | 앙통 해상국립공원에서 출발 |

| 17:00 | 나톤 선착장에 도착, 숙소 귀환 |

19:00	차웽 야시장
도보 5분	저녁식사

20:00	창창
	마사지

01 Koh Samui Transportation
코사무이로 가는 방법

코사무이로 가려면 경유지를 거쳐 코사무이 공항으로 가는 항공편을 이용하거나, 방콕으로 가서 기차 또는 버스를 이용해 이동할 수 있다.

비행기

한국에서 코사무이까지 가는 직항편은 없다. 방콕, 싱가포르, 홍콩 등 다른 지역을 경유해서 들어가야 한다. 한국에서 오전에 출발하는 경우에는 코사무이까지 당일 연결되는 항공편이 있지만, 오후에 출발하면 당일 연결되는 항공편이 없어 경유지에서 반드시 1박 이상 체류해야 한다.

● 당일 경유해 이동하는 경우

❶ 인천 공항 수속
경유지와 코사무이, 2장의 탑승권을 받는다. 짐은 코사무이까지 부치는 것이니 꼭 수하물 보관표를 확인하자.

❷ 경유지 공항 도착
Transfer 표시를 따라가 환승 구역에서 이용하는 해당 항공사 카운터를 찾는다. 카운터에 한국에서 받은 탑승권과 여권을 제시하고 코사무이행 항공 탑승 게이트를 안내받는다.

❸ 비행기 탑승
해당 게이트에서 대기 후 시간에 맞춰 탑승한다.

> **Tip**
> **방콕 경유 시 주의 사항**
> 방콕 공항은 트랜스퍼 카운터가 국내선과 국제선으로 나뉘어 있다. 국내선 트랜스퍼 카운터는 'Chiangmai, Chiangrai, Phuket, Samui'라고 써둔 화살표를 따라가면 된다. 두 카운터는 600m 이상 떨어져 있어 지나치면 한참 되돌아와야 하니 주의하자.
> 출입국 심사 시, 여권에 끼워주는 출국 카드는 태국에서 출국할 때까지 잘 보관해두어야 한다.

● 경유지 체류 후 이동하는 경우

❶ 인천 공항 수속
경유지까지 탑승권을 받는다. 짐도 경유지로 부치는 것이니 잘 확인하자.

❷ 경유지 공항 도착 후 숙소 이동
Immigration 표시를 따라가 입국 수속을 밟는다. 짐을 찾고 세관을 나와 숙소로 이동한다.

❸ 경유지 공항 도착
방콕과 코사무이는 같은 태국이므로 국내선에 해당해 출발 1시간 전에만 공항에 도착하면 된다. 하지만 싱가포르나 홍콩은 국제선 수속이므로 최소한 2시간 전에는 공항에 도착해야 한다. 경유지-코사무이 항공권을 수속해 탑승권을 받고 짐을 코사무이까지 부친다.

❹ 비행기 탑승
해당 게이트에서 대기 후 시간에 맞춰 탑승한다.

코사무이 공항 Koh Samui Airport

코사무이 공항은 리조트 로비에 온 것 같은 느낌을 주는 아기자기한 공항이다. 코사무이 섬의 북동쪽에 위치하며 차웽 비치까지는 약 5km, 자동차로 10분 정도 소요되며, 섬의 반대편이라 할 수 있는 나톤 선착장까지는 약 30km, 자동차로 40분 정도 소요된다. 공항의 주요 시설은 몇 개의 건물로 나뉘고 출국장과 입국장 역시 1km 정도 떨어져 있다. 입국장에서 게이트로 가는 길에는 공원처럼 꾸며진 아케이드가 있고 짐 톰슨(Jim Thompson) 매장, 기념품점, 레스토랑, 카페가 있다.

● 입국 절차

❶ 입국장으로 이동
비행기에서 내리면 놀이동산에서 타는 트롤리 같은 차량을 타고 짐 찾는 곳까지 혹은 입국 심사대까지 이동한다.

❷ 입국 심사
싱가포르와 홍콩을 경유해서 코사무이로 입국하는 여행자는 코사무이 공항에서 입국 심사를 받는다(방콕 경유 시 방콕에서 입국 심사). Foreign이 적힌 곳에서 입국 심사를 받으면 된다. 여권과 기내에서 미리 작성해둔 입국 카드를 보여주고 통과한다.

❸ 수하물 찾기
입국 심사대를 나오면 바로 수하물이 나오는 컨베이어 벨트가 있다. 만약 자기 짐이 나오지 않으면 Baggage Claim이라는 표시가 붙은 사무실로 가서 분실 수하물에 대해 신고해야 한다. 이때 한국에서 수속할 때 받은 수하물 보관표가 필요하다.

❹ 세관 통과
짐을 찾은 뒤 Goods not to declare가 적힌 녹색 간판이 있는 곳을 통과하면 된다.

비행기+기차+페리

항공편을 이용해 방콕에 도착한 뒤 기차와 페리를 타고 코사무이로 들어갈 수 있다. 기차로 수랏타니까지 가서 페리로 갈아타게 된다. 방콕에서 출발하는 야간 기차에는 침대칸이 있어서 비교적 숙면을 취하면서 이동할 수 있다. 가격은 기차 종류나 좌석에 따라 다른데 보통 많이 이용하는 이등석 침대칸이 750~850B 정도이다. 방콕에서 오후 5시경부터 야간 기차가 출발하고 마지막 기차는 오후 8시 50분 출발한다.

수랏타니에 내리면 선착장까지 이동해야 하는데 보통 100B의 추가 요금을 지불하면 선착장까지 트랜스퍼 서비스를 해준다. 주로 라자(Raja), 시트란(Seatran) 등의 선박 회사가 코사무이를 오간다. 요금은 회사별로 300~400B 수준. 오전 5시부터 오후 6시까지(계절에 따라 오후 7시까지 운항) 1시간 간격으로 운항한다. 선박 회사별로 출발·도착 선착장이 조금씩 다르니 주의해야 한다.

- **방콕 훨남퐁 기차역**
  운영 야간 기차 17:00~20:50
  요금 이등석 침대칸 150~850B
  전화 02-222-0175
  홈피 www.railway.co.th

- **페리 선착장**
  운영 05:00~18:00(19:00), 1시간 간격
  요금 300~400B

비행기+버스

항공편을 이용해 방콕에 도착한 뒤 버스를 이용한다. 버스는 크게 일반 고속버스와 카오산 여행사 버스로 나눌 수 있다. 두 버스 모두 페리 승선료까지 포함해서 티켓을 판매하며 대부분 야간에 출발해 아침에 코사무이에 도착한다. 카오산에서 바로 출발하는 여행사 버스가 더 인기 있는 편인데 서비스나 안전도 면에서는 일반 고속버스보다 떨어진다고 볼 수 있다. 일반 고속버스는 방콕의 남부터미널에서 탑승한다. 코사무이로 들어가는 페리에 탑승할 버스를 싣고 가는 방식이라 편리하다. 종착지라 할 수 있는 코사무이의 나톤 선착장에서 하차한다. 방콕 남부터미널에서 코사무이까지 12~13시간 정도 소요되며 방콕 카오산의 한인 여행사 예약 대행 서비스를 활용하면 좋다.

- **방콕 남부터미널(싸이따이 마이빠)**
  위치 카오산에서 약 10km
  전화 02-894-6122

태국 출입국 카드 쓰기

입국 카드는 앞·뒷면으로 되어 있고 출국 카드는 앞면만 있다. 승무원이 도착 1시간 정도 전에 기내에서 나눠주니 미리 써두는 것이 좋다. 출입국 카드는 영문 대문자로 작성하면 된다. 함께 주는 세관 신고서는 신고 물품이 없는 경우 작성할 필요없다.

출국 카드 Departure Card
1. 성(KIM, LEE, HONG)
2. 이름(MISEON, KILDONG)
3. 생년월일(일-월-연도)
4. 여권번호(J12345678)
5. 국적(KOREA)
6. 출국 비행기 편명(TG288)
7. 여권과 동일한 서명

입국(도착) 카드 Arrival Card
8. 성(KIM, LEE, HONG)
9. 이름(MISEON, KILDONG)
10. 한국인은 대체로 없으므로 기재하지 않는다.
11. 성별(남성 Male, 여성 Female)
12. 국적(KOREA)
13. 여권번호(J12345678)
14. 생년월일(일-월-연도)
15. 입국 비행기 편명(TG287)
16. 비자 번호. 90일 이하 단기 여행자는 기재하지 않는다.
17. 직업(BUSINESS)
18. 입국 항공편 출발 국가(KOREA)
19. 방문 목적(휴가 Holiday)
20. 여행 기간(6 Days)
21. 거주 도시(SEOUL)
22. 거주 국가명(KOREA)
23. 투숙할 호텔명(AMARI)
24. 투숙할 호텔의 연락처(바우처에 있는 숙소 전화번호)
25. 여행자의 이메일 주소
26. 여권과 동일한 서명

(뒷면: 통계용)
27. 타고 온 비행기 타입을 물어보는 질문. 보통 Schedule 체크.
28. 태국 여행이 처음인지에 대한 질문.
29. 패키지 여행(그룹 투어)인지에 대한 질문.
30. 숙소 종류에 대한 질문. 보통 Hotel 체크.
31. 태국 출국 후 목적지(INCHEON)
32. 방문 목적(휴가 Holiday)

※ 설사 사업 목적이라고 하더라도, 특수 비자를 받은 것이 아니라면 휴가 목적이라고 해야 복잡한 상황을 피할 수 있다.

33. 연봉을 묻는 질문. 적당한 곳에 체크.
34. 'For Official Use'란은 체크하지 않는다.

02 Koh Samui Transportation
시내로 가는 방법

비행기를 이용해 공항에서 시내로 가는 방법과 페리를 타고 들어와 선착장에서 시내로 가는 방법을 나눠서 소개한다.

코사무이 공항-시내

공항에 도착하면 다른 여행자와 함께 이용하는 봉고 스타일의 미니버스나 승용차 스타일의 단독 차량을 택시처럼 이용해 각 해변까지 이동할 수 있다. 미니버스는 정원인 10명 정도가 찰 때까지 기다리는 경우도 있다. 같은 차웽 비치라도 북쪽 지역이냐 남쪽 지역이냐에 따라 요금이 다르게 적용되기도 한다. 짐을 찾고 나오면 안내 데스크에 지역별 요금이 명시되어 있고 이곳에서 티켓을 먼저 구매하면 된다.

목적지	미니버스(1인당)	단독 차량(차량 1대)
차웽	130B	500~600B
보풋	130B	500B
라마이	170~200B	800~900B
딸링암	600B	1500B
나톤	200B	1000B

나톤 선착장-시내

선착장에서 미터 택시나 썽태우를 이용해 각 해변으로 이동할 수 있다. 택시를 이용할 경우 협상을 통해 가격을 흥정하는 것은 필수. 보통 차웽 비치까지 1000B 정도를 부른다. 협상해도 어느 정도는 지불해야 한다. 썽태우의 경우 섬의 거의 끝에서 끝이라 할 수 있는 차웽 비치까지 150~200B의 요금을 받는다. 바가지는 별로 없는 편이지만 그래도 이때만큼은 능숙한 여행자처럼 행동할 필요가 있다. 오후 6시 이후에는 운행하지 않는다. 섬의 반을 돌아 이동을 하니 구경 삼아, 관광 삼아 일석삼조!

03 Koh Samui Transportation
섬 내 돌아다니기

미터 택시 외에 버스 개념으로 섬을 순환하는 썽태우가 있다. 차웽 비치 이외의 숙소에서는 무료 혹은 저렴한 가격에 이용할 수 있는 셔틀 서비스를 제공하기도 한다. 이런 셔틀 서비스와 썽태우, 미터 택시, 오토바이 택시, 렌터카 등을 적절히 이용하면 생각보다 편리하게 섬을 둘러볼 수 있다.

썽태우

썽태우(Songtaew)는 픽업트럭 같은 차량으로 뒷부분에 두 줄로 좌석을 만들고 금속으로 지붕을 씌운 것이다. 뒤와 옆의 창 없이 뚫려 있어서 에어컨이 없어도 달릴 때는 시원하다. 코사무이에서는 버스 개념으로 섬을 계속 순환한다. 차웽 비치 내에서 움직일 때는 일방통행 때문에 갈아타야 할 때도 있다. 공식적인 영업시간은 오후 6시까지이다. 정해진 정류장은 따로 없어 손을 흔들면 태워주고, 내부에 있는 벨을 누르면 내려준다.

요금은 차웽 비치 안에서 움직일 때는 1인당 50B, 차웽과 라마이처럼 이웃한 해변 사이를 이동할 때는 1인당 100B 정도다. 거의 끝에서 끝이라 할 수 있는 나톤에서 차웽까지도 150~200B면 된다. 요금은 내린 후에 운전석으로 가서 지불한다. 손님이 없는 썽태우는 택시처럼 단독으로 이용할 수 있지만, 가격 협상을 한 뒤에 타야 한다. 썽태우는 코사무이에서 여행자에게 가장 편리한 대중교통수단이다.

미터 택시

코사무이는 전체적으로 물가가 태국 내 다른 지역에 비해 높은 편인데 택시 요금도 예외는 아니다. 지붕에 미터(Meter)라는 표시가 있고 차 안에도 미터기가 있지만 장식용일 뿐이다. 택시를 타기 전에 목적지를 이야기하고 반드시 가격을 협상한 뒤 타야 한다. 내부에는 에어컨이 있어 쾌적하게 이용할 수 있다.

목적지	차웽
공항	500~600B
라마이	500B
보풋	400B
후아타논	600B
딸링암	1000B

오토바이 택시

주로 차웽이나 나톤 선착장 근처에서 영업용 오토바이를 볼 수 있다. 장거리보다는 단거리 이동에 활용된다. 아무래도 위험이 따르고 비가 오면 이용이 불편하거나 불가능해지는 등 단점이 많으나 빨리 이동할 수 있어 기동력만큼은 최고라 할 수 있다. 오토바이 택시 기사는 색깔 있는 조끼(주로 노란색이나 초록색)를 입고 있어 쉽게 식별 가능하고, 조끼에는 저마다 영업 허가를 받은 고유 번호가 붙어 있다. 가까운 거리는 1인당 40B 정도부터 시작하고 거리에 따라 출발 전에 가격 협상을 해야 한다. 오토바이 택시는 태국어로 '납짱'이라고 부른다.

오토바이 렌트

코사무이 도로는 부분적으로 비포장도로와 급커브, 언덕길도 많고 쌩쌩 달리는 트럭들 때문에 위험하다. 워낙 사고가 자주 일어나 오토바이 렌트는 추천하지 않는다. 꼭 오토바이를 타야 한다면 평지에서 충분한 연습을 한 후 타야 한다. 오토바이를 렌트하려면 여권이 필요하며 국제운전면허증도 준비해가는 것이 좋다. 요금은 수동·자동에 따라, 연식에 따라 다르지만 하루 200~300B이다.

차량 렌트

코사무이 섬을 처음 접하는 여행자에게 이곳 도로는 위험할 수도 있어 렌터카 이용이 다른 휴양지처럼 일반적이지는 않다. 오토바이보다는 안전하지만 역시 조심스러운 운전이 요구된다. 하지만 코사무이의 비싼 교통비를 절약할 수 있는 방법이기도 하다.

폭넓게 인기를 끄는 차종은 일본산 승용차와 가격이 저렴한 지프(Jeep)다. 지프는 승용차에 비해 저렴한데 수동 기어라서 운전하기가 쉽지 않은 편이다. 가격은 차종에 따라 큰 차이가 있다. 하루 1000B부터 시작되며 보통 소형차는 1200~1500B라고 생각하면 된다. 일반적으로 로컬 렌터카 회사를 이용하는 것이 저렴하며, 일정이 길수록 하루당 요금이 더 저렴해진다.

렌터카는 한국에서 예약할 수도 있고, 코사무이에 도착해서 전화로 예약해도 된다. 가능한 한 정식으로 등록된 확실한 렌터카 회사를 이용하자. 한국 운전면허증을 인정해주기도 하지만 여러 가지 경우를 대비해 국제 운전면허증을 준비하는 것이 좋다. 보증을 위해 여권을 요구하는 업체도 있다.

• 버짓 Budget
신뢰도가 높은 만큼 가격은 비싼 편. 일주일 이상 빌리면 추가 비용 없이 태국 내 다른 지역에서도 리턴이 가능하다.
전화 공항점 077-427-1881/차웽점 077-413-348
홈피 www.budget.co.th

• 타이 렌터카 Thai Rent A Car
가격 경쟁력과 철저한 관리, 친절한 서비스가 장점이다. 차량을 빌린 곳과 리턴하는 지역을 다르게 할 수 있어 편리하다.
전화 공항점 077-247-909
홈피 www.thairentacar.com

> Tip
> ### 운전 시 주의 사항
> - 차량 진행 방향이 한국과 반대인 좌측통행이고, 기어와 헤드라이트, 깜빡이 버튼 위치도 반대쪽이다.
> - 차량 운전이 서투른 상태에서 운전자가 직접 지도를 보면서 다니는 것은 무리이다. 구글맵을 내비게이션으로 사용하거나 조수석에 탄 사람이 안내해주면 좋다.
> - 해안도로는 산악 지형을 따라 구불구불하게 연결된다. 서행하고 저단 기어를 사용한다.
> - 차량이 자주 다니지 않는 지역에서는 주유소를 찾기 힘드니 항상 기름이 넉넉한 상태를 유지해야 한다.
> - 차웽과 라마이, 나톤 등에는 일방통행이 많다. 단, 차웽 시내는 복잡하고 위험하니 가능하면 들어가지 않고, 우회 도로를 이용한다.
> - 문을 열 때 오토바이와 부딪히지 않도록 조심한다.
> - 렌터카는 렌트할 당시의 연료만큼 채워서 반환해야 한다.
> - 사고가 날 경우를 대비해 휴대전화를 잘 챙기고 렌터카 업체의 전화번호를 알아둔다.

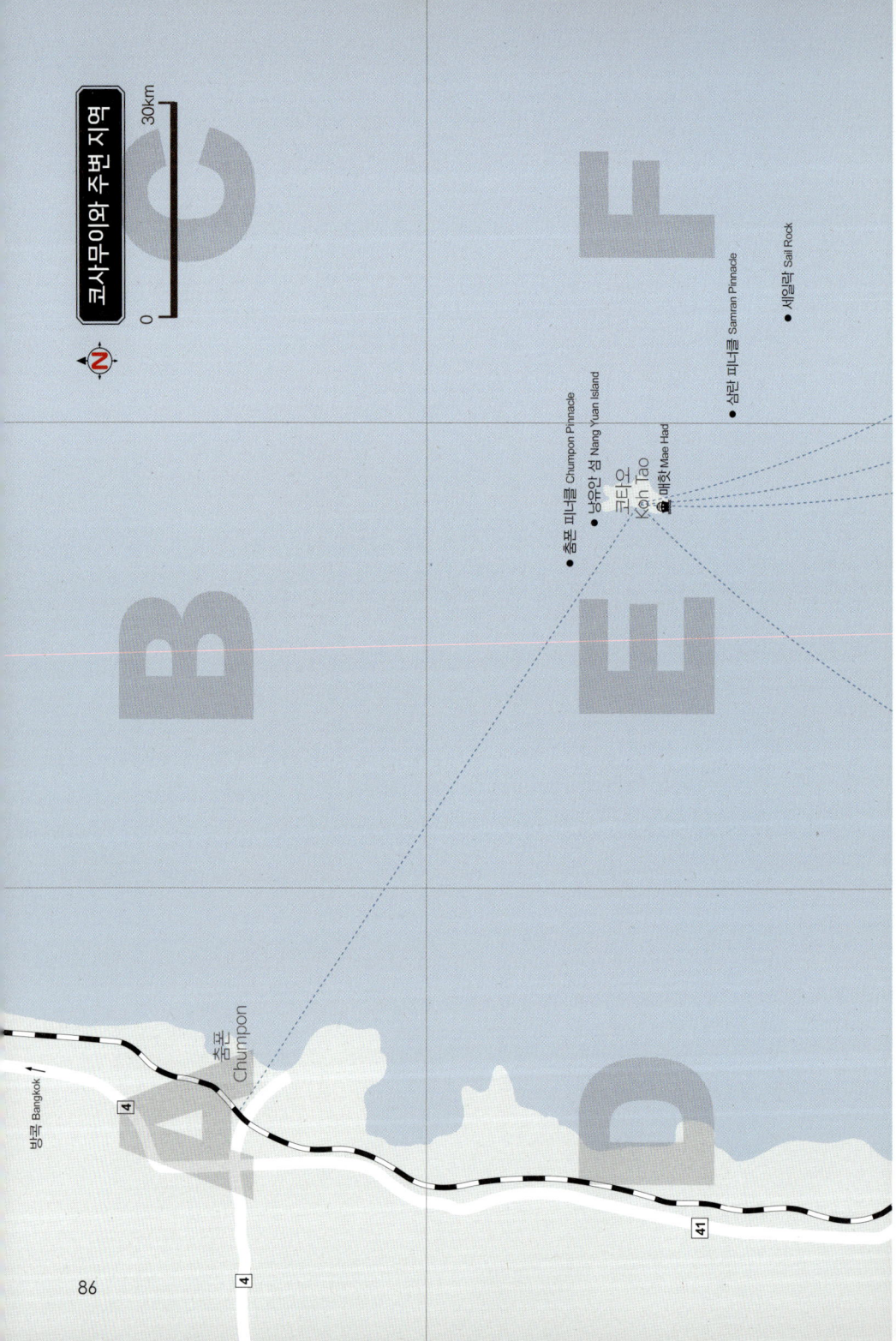

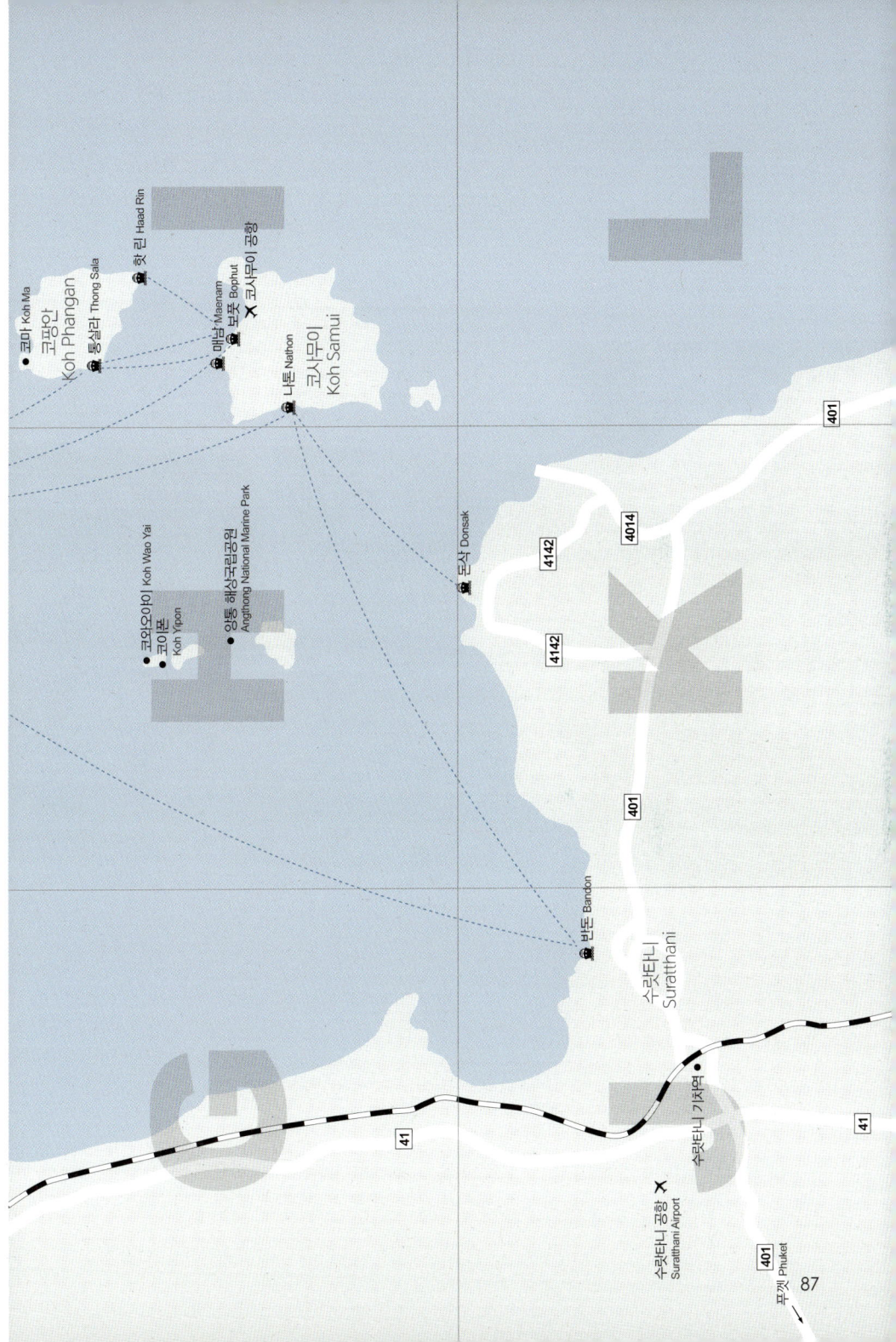

Chaweng
차웽

차웽은 코사무이의 동쪽에 자리 잡은 차웽 비치를 중심으로 숙소와 레스토랑, 쇼핑, 나이트라이프 관련 업소가 몰려 있다. 차웽 비치는 길이가 7km에 달하며, 희고 고운 백사장과 유난히 높게 뻗은 야자수, 옥색 바다가 조화를 이뤄 빼어난 아름다움을 자랑한다. 다른 지역에 숙소가 있는 여행자라도 밤 시간은 주로 차웽에서 보내게 된다. 차웽에 있는 어떤 숙소를 이용하는지와 이곳을 어떻게 즐기는지에 따라 여행의 성격과 일정은 전혀 달라진다. 코사무이를 이해하고 제대로 여행하기 위해서는 차웽을 마스터하는 것이 첫 번째 관문이다.

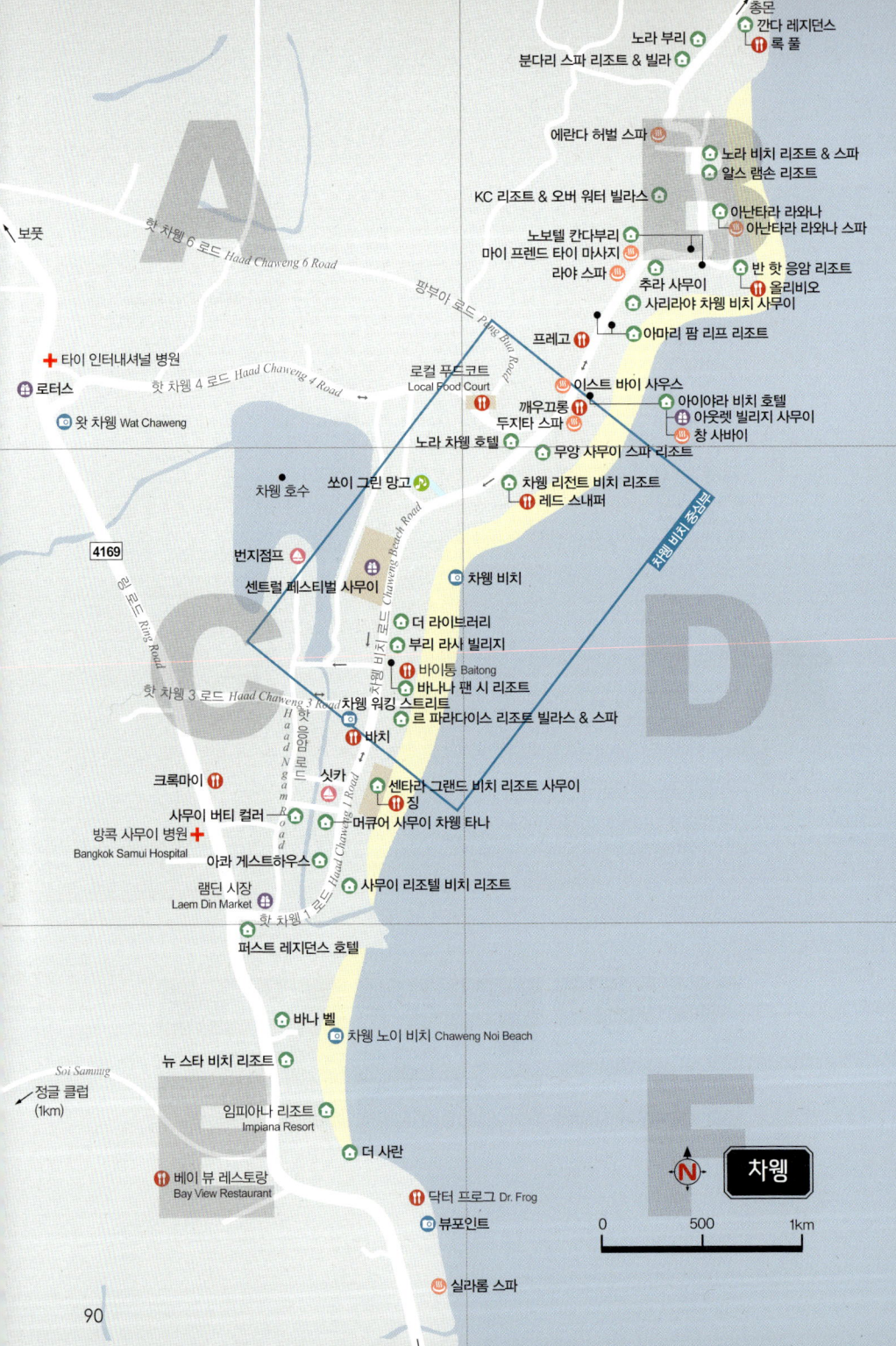

SIGHTSEEING

차웽 비치
Chaweng Beach

코사무이의 대표 해변으로 길이가 7km 정도 된다. 여행자를 위한 인프라가 발달한 가장 번화한 지역이지만 해변 자체도 매우 아름답다. 완만한 경사를 이루는 밀가루처럼 희고 고운 모래사장과 호수처럼 잔잔한 옥색 바다는 코사무이 최고의 해변으로 꼽아도 손색이 없다. 해변에서 메인 도로까지는 70m 이상 되는데 그 사이에 리조트와 식당이 빈틈없이 들어서 있다. 도로에서는 해변을 보기가 힘들고 좁은 골목이나 호텔을 통해야만 해변과 만나게 된다. 갑자기 해변을 맞닥뜨리는 순간, 숨겨둔 선물을 풀어보는 기분이 들어 누구라도 '아!' 하는 짧은 탄성을 내지르게 된다.

차웽 비치 북쪽을 차웽 야이(Chaweng Yai)라고 부르는데, 차웽 야이 비치 바로 앞에는 맷랑 섬(Matlang Island)이 있다. 섬의 일부가 둑처럼 길게 뻗어 있어 방파제 역할을 한다. 덕분에 수심이 얕고 파도가 없어 호수처럼 잔잔한 아늑함을 준다. 이곳에는 아마리 팜 리프 리조트, 아난타라 라와나, 추라 사무이 등의 숙소가 있다. 차웽 비치에서 라마이 비치가 있는 남쪽으로 내려가다 보면 중간에 해변이 끊겼다가 다시 이어진다. 이 해변을 차웽 노이(Chaweng Noi)라고 부르는데 수심이 좀 더 깊고 군데군데 바위가 있어 독특한 모습이다. 차웽 노이 비치에는 뉴 스타 비치 리조트, 임피아나 리조트 등의 숙소와 함께 풀빌라인 바나 벨이 위치한다.

지도 p.91-C
위치 코사무이의 동해안 중앙부, 공항에서 차로 15분

SIGHTSEEING

차웽 워킹 스트리트
Chaweng Walking Street

차웽의 남쪽, 르 파라다이스 리조트 빌라스 & 스파가 있는 사거리와 가까운 곳에 들어서는 야시장이다. 피셔맨스 빌리지에 야시장이 들어서는 금요일을 제외하고 매일 열린다. 티셔츠나 기념품도 일부 판매하지만, 이곳의 주요 아이템은 역시 길거리 간식이다. 푸드코트처럼 꾸며진 노점 식당이 한자리에 모여 있어 골라 먹는 재미가 쏠쏠하다. 숯불에 구운 새우와 생선, 각종 꼬치구이, 볶음국수 등을 뷔페처럼 마음에 드는 식당에서 주문하고, 가운데 있는 좌석을 공동으로 사용하는 방식이다. 오후 3시 즈음부터 문을 열기 시작하며 시장이 가장 활기찬 시간은 역시 저녁 8시 전후이다. 공식적인 휴무일인 금요일은 물론 쉬는 식당과 점포가 많은 일요일은 피해서 가자.

지도 p.91-E
위치 르 파라다이스 리조트 빌라스 & 스파 앞 사거리에서 남쪽으로 20m
오픈 15:00~23:00
휴무 금요일

SIGHTSEEING

뷰포인트
View Point

차웽 비치에서 라마이 비치로 내려가는 길목에 있는 여러 개의 전망대 중 가장 먼저 나오는 전망대이다. 태국어로는 랏코(Lad Koh)라고 부른다. 길가에 접해 있는 테라스에서 바다를 내려다볼 수 있는데, 차웽 비치가 한눈에 들어오는 시원한 전망을 자랑한다. 공원처럼 꾸며놓아 사진 찍기에 좋고 계단을 내려가면 바다에 좀 더 가까이 접근할 수도 있다. 낮에만 있는 아이스크림 트럭은 이곳의 명물이다. 시원하고 달콤한 코코넛 아이스크림을 코코넛 열매로 만든 그릇에 담아 판매하는데, 설탕에 재운 달콤한 과일 등을 토핑으로 골라서 주문할 수 있다. 아이스크림 트럭은 라마이 타운 등 장소를 옮겨 다니며 운영하기 때문에 이곳에는 대체로 오전 10~11시부터 오후 4시 정도까지만 있다.

지도 p.90-E
위치 라마이 비치 방면 언덕

SPECIAL

차웽의 워킹 투어

차웽은 코사무이를 대표하는 다운타운으로 걸어 다니면서 거리를 구경하는 것도 재미있다. 차웽 거리를 파악하는 데 걷는 것 이상 좋은 방법은 없으며 차웽 비치 로드의 구역 대부분의 도로에서 일방통행을 실시해 걷는 게 더 빠를 때도 있다. 여행지의 모습과 거리의 상점, 사람들을 구경하면서 현지에 녹아드는 경험은 여행의 색다른 즐거움이다.

다라 사무이 비치 리조트 & 스파 근처에서 센타라 그랜드 비치 리조트 사무이 정도까지 걸으면 차웽의 핵심 지역은 모두 둘러본 셈이다. 이 거리는 약 1km 정도로 중간에 레스토랑이나 카페에서 휴식을 취하지 않더라도 이것저것 구경하면서 걸으면 적어도 1시간 이상 걸린다. 만약 가볍게 걷고 싶다면 솔로 바 근처부터 더 라이브러리까지만 걸어도 좋다. 워킹 투어는 오후 4~5시에 시작해 저녁식사 즈음해서 끝내는 것이 가장 좋다. 혹은 오후 7시 정도 시작해 중간에 식사를 하고 밤 11시 무렵 쏘이 그린 망고에 도착해 본격적으로 나이트라이프를 즐기는 일정을 계획하는 것도 추천!

차웽의 일방통행

차웽 지도를 보면 호수를 가운데 두고 사다리꼴 형태로 도로가 나 있다. 상습적인 교통 체증을 해소하기 위해 차웽의 일부 도로에서는 일방통행이 시행 중이다. 가장 번화한 차웽 비치 로드 대부분의 구역에서는 차량이 북쪽에서 남쪽으로만 움직일 수 있다. 차량의 이동은 빨라졌지만 한 장소를 가기 위해 원을 돌듯 먼 거리를 돌아야 하는 불편함도 생겼다. 하지만 도로 사정이 좋지 않은 차웽에서 어쩔 수 없는 선택이니 그 정도는 감수해야 한다. 주요 도로와 함께 일방통행의 방향을 알고 있으면 썽태우나 차량을 이용한 이동에 도움이 된다(일부 썽태우는 차웽 주변만 계속 순환하며 운행하기도 하니 주의하자). 차웽 지도에 화살표로 방향 표시가 되어 있다.

ACTIVITY

번지점프
Bungy Jump

푸껫이나 파타야 등에서 만날 수 있는 번지점프를 이곳에서도 만날 수 있다. 50m의 높이로 시설은 다소 열악한 편이지만 즐길 만한 액티비티가 별로 없는 코사무이에선 상당히 인기 있다. 번지점프대에 올라서면 차웽의 모습을 한눈에 담을 수 있다. 낙하하면서 수영장으로 살짝 입수되는 경험은 짜릿하고 시원하다. 첫 번째 점프는 1인 1500B이고 동영상을 촬영한 DVD는 200B, 티셔츠는 350B 정도이다. 두 번째 점프부터는 좀 더 저렴한 가격으로 이용 가능하다. 전화하면 차웽, 보풋, 라마이에서 픽업해준다.

지도 p.90-C
위치 차웽의 호수 아래쪽
주소 3/130 Moo 2, Tambon Bophut
오픈 10:30~18:00
요금 번지 점프 1500B
전화 077-414-252, 085-791-1921
홈피 www.facebook.com/SamuiBungyJump

ACTIVITY

싯카
SITCA

싯카는 'Samui Institution of Thai Culinary Art'의 약자로 코사무이의 대표 쿠킹 스쿨이다. BBC와 론리 플래닛 등 언론에 자주 소개되면서 유명세를 타고 있다. 이곳의 가장 큰 장점으로 우선 교육장을 꼽을 수 있다. 호텔에서 운영하는 쿠킹 스쿨을 제외하면 에어컨 시설이 되어 있는 곳을 찾기 어려운데 1층 교육장은 넓고 정돈되어 있는데다 에어컨 시설이 잘 갖춰져 쾌적한 환경을 제공한다. 모든 음식 재료와 조리 기구, 가스레인지까지 한 사람 앞에 하나씩 제공되고 2~3명의 직원이 옆에서 도와주며 정리해주는 등 좋은 서비스를 제공한다. 한 번의 수업에 4가지 메뉴를 배우는데 클래스마다 메뉴가 다르기 때문에 홈페이지에서 확인 후 신청하면 된다.

지도 p.90-C
위치 센타라 리조트 앞의 코닥 골목 안 왼쪽
주소 43/4-5 Moo 3, Bophut
오픈 09:00~19:30(교육 하루 2회)
휴무 일요일
요금 1인 1850B(4가지 메뉴)
전화 077-413-172
홈피 www.sitca.com

SHOPPING

센트럴 페스티벌 사무이
Central Festival Samui

코사무이에 몇 없는 제대로 된 백화점이다. 총 2층으로 방콕 등 대도시에 있는 백화점보다는 규모가 다소 작은 편이지만, 태국 내 유명한 레스토랑 체인이 입점해 있다. 과일이나 맥주 등을 살 수 있는 톱스 마켓과 푸드코트인 푸드 파크 등도 있어 여행자에게는 더없이 반가운 곳이다. 은행과 서점도 있어 더욱 편리하게 이용 가능하다.

지도 p.91-C
위치 차웽 비치 로드 센터, 알스 리조트 길 건너편
주소 209/3 Moo 2, Bophut
오픈 11:00~23:00
전화 077-962-777
홈피 www.central.co.th

 Tip

센트럴 페스티벌 사무이 주요 매장

식음료_ 르 씨암(태국 레스토랑), 젠(Zen, 태국의 일식당 체인), 산타페(Santa Fe), 야요이(Yayoi), 블랙 캐넌, 스타벅스, KFC, 하겐다즈, 스웬센, 커피 클럽 등
패션_ 자스팔(Jaspal), 비에라(Viera), 유니클로(Uniqlo), 에스프리 등
뷰티_ 이브 로셰(Yves Rocher), 한(Harnn), 오리엔탈 프린세스(Oriental Princess) 등

ZOOM IN

SHOPPING
짐 톰슨
Jim Thompson

태국 실크를 전 세계적으로 알린 '짐 톰슨'의 유일한 시내 매장이다. 내부가 널찍하고 제품 구성도 알차서 기념품을 사기에 적당하다. 짐 톰슨 특유의 문양이 있는 쿠션과 커튼, 가방부터 의류, 넥타이, 손수건, 스카프, 속옷도 구입할 수 있다. 해변용 사롱이나 귀여운 어린이 의류도 인기 아이템. 다만 태국 물가 대비 고가의 물건이 많은 편이라 기념품으로 구입한다면 손수건과 작은 파우치, 넥타이 등을 공략해보자. 앙증맞은 코끼리 문양이 들어간 패턴이 가장 인기 있다. 포장을 부탁하면 고급스럽고 정성스럽게 준비해준다. 다만 매장 내부 사진 촬영은 엄격하게 금지되어 있으니 주의하자. 코사무이 공항에도 매장(05:00~21:00, 077-601-248)이 있다.

위치 1층
오픈 11:00~23:00
전화 077-410-404~5
홈피 www.jimthompson.com

SHOPPING
톱스 마켓
Top's Market

태국 고급 마트의 대표 주자로 일반 생활용품, 식료품, 과일, 주류 등 물론 여행에 필요한 물품, 여행 동안 즐길 주전부리나 선물을 구매하기에도 편리하다. 품목별로 정리가 잘 되어 있어 물건을 찾기도 쉽다. 여행자들의 인기 기념품으로는 천연 코코넛 오일, 태국 음식 소스, 맥주, 벤또 어포, 커피, 치약 등이 있다.
뜨겁게 부는 한류 덕분에 한국 음식 코너가 따로 있어 한국 라면과 김치, 소주 등도 구입할 수 있다. 다만 태국은 주류 판매 시간이 정해져 있어 11~14시, 17~22시에만 구입 가능하다. 샐러드, 덮밥류 등 테이크아웃용 음식 코너도 따로 있다. 쇼핑몰 오픈 시간보다 이른 오전 9시에 문을 열고, 쇼핑몰과 동일한 시간에 문을 닫는다. 근처에 늘 택시가 대기하고 있어 무거운 짐을 들고 숙소로 돌아갈 걱정은 하지 않아도 된다.

위치 1층
오픈 09:00~23:00
홈피 www.tops.co.th

ZOOM IN

SHOPPING

페레라
Ferera

한때 한국에서 선풍적인 인기를 끌었던 나라야(Naraya)와 비슷한 브랜드이다. 일명 기저귀 가방 디자인에서 벗어나 참신하고 귀여운 제품도 다양하게 갖추고 있다. 핸드메이드 가방을 메인으로 오븐 장갑, 앞치마, 휴지 커버 등 주방용품도 판매한다. 크기별로 들어 있는 파우치 세트는 200~300B 내외, 동전 지갑이나 에코백도 100~200B 수준으로 상당히 저렴한 가격에 구매할 수 있다. 매장이 크고, 패턴별로 제품이 매우 다양하니 천천히 둘러보고 구입하는 것이 좋다.

위치 2층(짐 톰슨 근처)
오픈 11:00~23:00

SHOPPING

한
HARNN

태국의 유명 스파 브랜드 중 하나로, 현대적이면서도 고급스러운 이미지와 제품력으로 유럽, 북미와 남미, 아시아 곳곳에서 사랑받는다. 아로마 향기 가득한 샴푸와 보디샤워, 비누, 핸드크림 등을 만날 수 있다. 다양한 아로마 종류 중에서는 레몬그라스 향의 심보포곤(Cymbopogon)과 오리엔탈 허브(Oriental Herbs) 라인의 선호도가 높다. 쌀을 베이스로 다양한 향료를 사용한 7가지의 비누와 작은 용량의 세트는 선물이나 기념품으로 적당하다.

위치 1층
오픈 11:00~23:00

SHOPPING

부츠
Boots

위치 2층(톱스 마켓 근처)
오픈 11:00~23:00
홈피 www.boots.com

태국의 대표적인 드러그스토어로 영국에서 처음 시작되어 태국을 포함한 동남아시아 여러 곳에 매장이 있다. 태국 로컬 브랜드 화장품부터 자체 생산하는 브랜드까지 다양한 화장품과 보디 제품을 만나볼 수 있다. 이곳에서 가장 눈여겨봐야 하는 브랜드는 솝 & 글로리(Soap & Glory)와 넘버 세븐(No.7). 솝 & 글로리는 스파 브랜드로 유명한 블리스(Bliss)의 세컨드 브랜드로 빈티지한 용기와 달달한 향기로 젊은 여성들의 마음을 사로잡았다. 넘버 세븐은 주름 기능성 아이 제품이 특히 유명하다. 화장품부터 신기한 아이디어 제품, 약품, 치약까지 한자리에서 구입할 수 있다.

ZOOM IN

RESTAURANTS

푸드 파크
Food Park

센트럴 페스티벌 사무이 내의 푸드코트. 다양한 음식을 한자리에서 둘러보고 맛볼 수 있다. 좌석은 중앙의 공용석을 사용하면 되고, 다 먹은 뒤에는 치워주는 직원이 따로 있어 편하게 이용할 수 있다. 입구의 카운터에서 카드를 받아 금액을 충전한 뒤 음식 코너에서 지불하는 방식이다. 사용하고 남은 금액은 카운터에서 환불받으면 된다.

위치 1층(톱스 마켓 옆)
오픈 11:00~23:00
요금 1인 150B~

RESTAURANTS

MK 수키
MK Restaurant

태국에서 가장 인기 있는 레스토랑 체인 중 하나이다. 수키는 육수에 채소와 해산물, 육류 등을 넣고 끓여 먹는 음식으로 시원한 국물과 개운한 맛으로 한국인 입맛에도 안성맞춤이다. 메뉴판에는 다양한 재료가 사진과 함께 표기되어 있어 쉽게 주문할 수 있다. 다 먹은 뒤 남은 국물에 밥을 넣고 끓여주는 죽(카오톰)도 필수 코스. 수키와 함께 훈제한 오리고기(Roast Duck)는 꼭 맛보아야 할 메뉴이다.

위치 2층
오픈 11:00~22:00
요금 1인 300B~

RESTAURANTS

와인 커넥션
Wine Connection Deli & Bistro

태국, 싱가포르, 인도네시아 등 국내외에 수많은 체인점을 둔 글로벌 브랜드이다. 초창기에는 와인 유통으로 시작해 태국에 와인 열풍을 몰고 왔으며, 점차 사업을 확장해 레스토랑, 베이커리 사업까지 그 영역을 넓히고 있다. 하우스 와인은 물론이고, 와인과 어울리는 치즈 세트, 스테이크 메뉴 등이 상당히 저렴한데, 맛은 수준급이다.

위치 1층
오픈 11:00~23:00
요금 파스타 250B~, 스테이크 550B~, 하우스 와인 140B~(SC 10%)

RESTAURANTS

쌥
Zapp

이싼 음식 전문점. 오리지널 이싼 음식을 젊은 감각에 맞춰 제공한다. 메뉴판에 번호와 사진이 있어 주문하기 쉽다. 파파야 샐러드인 쏨땀은 알파벳 i에서 찾으면 되는데, 1번과 2번은 '빠라'라는 매운 젓갈이 들어간 것이고, 일반적인 쏨땀은 5번이다. 추천 메뉴는 붉은 글씨로 'I-Zapp'라고 표시되어 있다. 스프링롤 등 몇 가지 베트남 음식도 주문할 수 있다. 무선 인터넷도 무료로 이용 가능하다.

위치 2층
오픈 11:00~22:00
요금 쏨땀 75B~, 까이양(닭고기 바비큐) 85B, 콜라 35B

SHOPPING

아웃렛 빌리지 사무이
Outlet Village Samui

아이야라 비치 호텔과 함께 운영되며 태국 전역에 퍼져 있는 상설 할인 매장 형태의 쇼핑몰이다. 라코스테, 노티카, 퓨마, 아디다스 등의 스포츠 브랜드와 와코루, 트라이엄프 등의 속옷 브랜드, 할리우드 스튜디오 매장이 입점해 있다. 아이템이 그리 많은 편은 아니지만, 매장 구성이 깔끔하고 광장을 끼고 있어 구경하기 좋다. 입구에 커다란 시계탑이 있고 대형 주황색 간판이 있어 찾기도 쉽다.

지도 p.90-B
위치 아이야라 비치 호텔 입구
주소 90/13-16 Moo 2, Chaweng Beach Road
오픈 12:00~20:00
전화 077-231-639~41
홈피 www.outletmallthailand.com

SHOPPING

로터스
Lotus

코사무이의 대표 대형 할인 매장이다. 2004년 문을 열었으며 코사무이 내 순환도로인 4169 도로, 차웽과 보풋 사이에 위치한다. 일반 할인 매장과 마찬가지로 대형 슈퍼마켓이 자리해 생활용품 등을 구입할 수 있고 KFC, MK 수키, 영화관 등이 입점해 있다. 라마이에도 분점이 있다.

지도 p.90-A
위치 차웽에서 보풋 방면의 4169 도로, 차웽에서 차로 5~10분
주소 1/7 Moo 6, Tambon Bophut
오픈 09:00~23:00
전화 077-245-400
홈피 www.tescolotus.com

SHOPPING

탄
Thann

태국 스킨케어 제품의 우수성을 세계적으로 알린 태국의 대표 브랜드 중 하나. 특히 탄의 샴푸는 한 번 써보면 계속 찾을 정도로 탄탄한 마니아층을 형성하고 있다. 그중 'Aromatic Wood Aromatherapy Shampoo'가 인기 제품. 차웽의 더 라이브러리와 가까운 곳에 위치하며 스파 제품 외에 의류 등도 판매한다. 선물하기에 적합한 제품이 많으니 한번쯤 구경 삼아 둘러보는 것도 좋다.

지도 p.91-E
위치 더 라이브러리를 등지고 왼쪽으로 도보 1분
주소 14/77 Moo 3, Chaweng Beach Road
오픈 13:00~22:00
홈피 www.thann.info

RESTAURANTS

드링크 갤러리
Drink Gallery

코사무이의 스타일리시 아이콘인 더 라이브러리에서 새롭게 론칭한 레스토랑 겸 바이다. 방콕의 통로나 에카마이 등에 자리한 세련된 레스토랑 부럽지 않은 인테리어와 소품으로 꾸며진 공간을 만나볼 수 있다.

이곳에서 주목해야 할 것은 식사 메뉴인데, 퓨전 스타일의 창의적이고 독특한 메뉴들로 가득 차 있다. 올리브오일을 베이스로 한 파스타인 탈리올리니 그란 치오(Tagliolini Grand Chio)는 알리오 올리오에 게살과 구운 토마토를 더해 그 풍미가 그만이다. 다진 해산물과 크림치즈를 넣고 만두처럼 빚은 사무이 랑군(Samui Rangoon), 태국식 카레인 마사만(Massaman)을 넣고 요리한 양고기 요리 램 마사만(Lamb Massaman)도 추천 메뉴 중 하나이다. 메뉴판에 사진과 함께 음식 설명이 잘 표현되어 있어 주문하기 쉬운 편이다.

100가지가 넘는 아름다운 칵테일은 어디에서도 찾아볼 수 없는 매력을 갖는다. 그 외에 작은 접시에 담겨 나오는 소량의 전채 요리인 타파스(Tapas)도 준비되어 있고, 무알콜 칵테일인 먹테일도 즐길 수 있다. 홈메이드 베이커리를 비롯해 저녁에는 DJ가 믹싱하는 칠아웃 음악도 근사하다. 낮과 밤, 다른 매력이 있는 차웽의 핫 플레이스이다.

지도 p.91-E
위치 더 라이브러리 입구
주소 14/1 Moo 2, Chaweng Beach Road
오픈 16:00~24:00
요금 식사 메뉴 199~850B, 싱하 150B, 칵테일 299B~(TAX & SC 17%)
전화 077-422-767
홈피 www.thelibrary.co.th

RESTAURANTS

크록마이
Khrokmai

차를 타고 일부러 찾아가
야 하는 식당이지만, 현지 이싼 음식을 경험해보고
자 하는 여행자에게는 추천 1순위 식당이다. 쏨땀
전문 식당으로 현지의 맛을 간직해 쏨땀이 기본적
으로 상당히 매운 편이다. 그 외에 굵은 소금을 뿌
려 숯불에 구운 생선구이가 간판 메뉴다. 채소에
생선구이를 올리고 함께 나오는 국수와 땅콩, 비법
소스를 넣고 싸먹는 것이 정석이다. 고기를 다져
만든 이싼 스타일의 샐러드인 랍 중에서도 오리고
기를 넣은 '랍뺏'은 크록마이에만 있는 추천 메뉴
이다. 무선 인터넷도 무료로 사용할 수 있다.

지도 p.90-C
위치 차웽에서 라마이로 넘어가는 4169 도로, 방콕 사
무이 병원 가기 전 D-Smile 치과 옆
주소 26/28 Moo 3, Tambon Bophut
오픈 11:00~23:00
요금 쏨땀 50B~, 랍뺏 100B, 생선숯불구이
200~400B, 콜라 20B, 주스 60B
전화 087-269-4057

RESTAURANTS

카오산
Khaosan

코사무이가 빠른 속도로 변하고 있지만 배낭여행
객의 향기는 남아 있다. 젊은 배낭여행객이 태국에
오면 한번은 거치게 되는 카오산에서 이름을 딴 이
식당도 그중 하나이다. 카오산이나 피피에서 흔히
볼 수 있는 빵과 간단한 식사, 맥주를 취급하면서
모니터에서는 CNN 뉴스가 방영되고 저녁에는 영
화를 상영하는 전형적인 배낭여행객을 위한 식당
의 모습이다. 분위기와는 다르게 가격은 저렴하다
고 할 수 없다. 카오팟, 팟타이 등의 태국 음식과 파
스타, 햄버거 등의 서양 음식 도 있다.

지도 p.91-A
위치 차웽 비치 로드, 아크 바 입구
주소 4/33 Moo 2, Chaweng Beach Road
오픈 10:00~24:00
요금 카오팟 150B, 톰얌꿍 160B, 싱하 65B, 콜라 35B
전화 077-231-023

| RESTAURANTS |

정글 클럽
Jungle Club

코사무이 최고의 뷰포인트로, 차웽 비치 남단 내륙 쪽에 있는 산 정상에 자리한 숙소 겸 레스토랑이다. 차웽 비치와 그 뒤로 펼쳐진 산악 지대의 모습을 보고 있노라면 누구라도 탄성이 나온다. 나무로 만든 넓은 공간과 높은 나무, 원색 좌석이 어우러져 감각적인 느낌이다. 식사 시간과 일몰 전후로 가장 붐비는데, 식사할 예정이라면 예약하는 것이 안전하다. 간단한 음료만 즐기는 경우에는 식사 시간을 피해서 방문하자. 식사 메뉴로는 간단한 태국 음식과 햄버거, 샌드위치, 피자 등을 제공한다. 포토 스폿이 많으니 시간 여유를 두고 방문하는 것이 좋다. 섬 드라이브 투어 중에 들르면 가장 효율적이다. 올라가는 경사가 심해 메인 도로에서 정글 클럽 측에 픽업 차량을 요청해야 할 수도 있다. 픽업 비용은 1인당 왕복 100B 수준이다.

지도 p.85-H
위치 차웽 노이 비치 내륙
주소 Soi Panyadee, Bophut
오픈 08:00~21:30
요금 태국 음식 160B~, 샌드위치 160B~, 주스 160B, 칵테일 220B(SC 10%)
전화 081-894-2327
홈피 www.jungleclubsamui.com

| RESTAURANTS |

깨우끄롱
Khaw Glong

태국 음식 마니아라면 필수로 방문하자! 작고 아담한 곳이지만 그 내공만은 상당한데, 매일 공수하는 신선한 재료와 전통 방식의 레시피로 태국 음식의 진수를 맛볼 수 있다. 1번 스타터 메뉴부터 80번대 음료 메뉴까지 사진과 함께 영어 설명이 잘 되어있다. 모두 맛있지만 그중에서도 인기 있는 메뉴는 그린 카레인 깽키오완, 판단 잎에 닭고기를 감싸 구운 까이호빠이, 태국식 샐러드인 얌 종류이다. 주문 후 조리하기 때문에 시간이 꽤 소요될 수 있으며, 매운 수준은 0~3까지 숫자로 조절할 수 있다. 다만, 오후 5시부터 저녁에만 반짝 문을 연다. 쏭크란 기간에는 한 달씩 문을 닫기도 한다. 차웽 남쪽, 알스 헛 리조트 입구에 깨우끄롱 투(Khaw Glong Too)라는 분점이 있다. 현금 결제만 가능하다.

지도 p.90-B
위치 차웽 비치 로드에서 핫 차웽 4 로드로 가는 삼거리, 녹색 은행(KASIKORN THAI BANK) 옆 골목 10m 안
주소 200/12 Moo 2, Bophut
오픈 17:00~21:30
휴무 쏭크란 기간 전후 한 달
요금 얌 160~280B, 까이호빠이 250B, 깽끼오완 200B
전화 092-447-4837
홈피 www.khawglong.com

`RESTAURANTS`

프레고
Prego

아마리 팜 리프 리조트에서 운영하는 이탈리안 레스토랑이다. 호텔의 부대시설이라기보다 하나의 독립된 공간으로 볼 수 있다. 방콕이나 뉴욕의 트렌디한 레스토랑과 견주어도 전혀 손색없는 세련된 인테리어가 돋보인다. 이탈리아 출신 셰프 마르코(Marco)는 주방과 홀 사이를 오가며 손님에게 메뉴를 추천하기도 하고 식사 후에는 음식 맛에 대해 이야기를 나누며 끊임없이 이곳 분위기를 이끌어간다. 화덕에 직접 구운 피자, 조개를 넣은 봉골레 파스타 등이 추천 메뉴. 와인은 따로 디켄딩해 반병씩 주문할 수도 있다. 좌석은 모두 오픈에어 공간으로 도로와 접해 있는 테라스석보다는 조명, 음악 등을 고려했을 때 안쪽 좌석이 좋아 보인다. 저녁에는 예약이 필수이며, 아마리 투숙객에게는 10% 할인 혜택이 있다.

지도 p.90-B
위치 아마리 팜 리프 리조트 입구 맞은편(신관 쪽)
주소 168/18 Moo 2, Chaweng Beach Road
오픈 11:00~24:00(마지막 주문 23:00)
요금 파스타 190~320B, 텐더로인 890B, 싱하 140B, 주스 160B(TAX 7%)
전화 077-303-306~9
홈피 www.prego-samui.com

`RESTAURANTS`

밋 사무이
Mit Samui

다라 사무이 비치 리조트 & 스파 근처 삼거리에서 도보로 10분 정도 거리에 있는 먹거리 야시장(팡부아 마켓) 노점에서 오랫동안 영업하다 어엿한 점포를 갖추고 손님을 맞이하는 식당이다. 100여 가지가 넘는 태국 음식을 선보이는데, 해산물을 메인으로 한 메뉴는 차웽의 다른 식당들에 비해 저렴해서 더욱 인기. 특히 조개에 태국식 고추장을 살짝 넣고 바질 잎과 함께 볶은 요리인 호이라이 팟프릭파오는 매콤한 국물에 밥을 비벼 먹어도 그만이다. 한국인에게 가장 인기 있는 해산물 요리로 등극한 푸팟퐁 커리도 인기이다. 저렴하고 맛있는 음식들로 80석이 넘는 큰 규모의 식당이 늘 사람들로 넘쳐난다. 직원들도 친절하다.

지도 p.91-A
위치 팡부아 마켓, 차웽 비치 로드 북단에서 보풋 쪽으로 가는 도로인 핫 차웽 4 로드 중간 삼거리
주소 Pang Bua Market, Haad Chaweng 4 Road
오픈 11:00~01:00
요금 태국 음식 120B~, 시푸드 350B~, 콜라 35B, 싱하 80B
전화 089-727-2034

RESTAURANTS

록 풀
Rock Pool

깐다 레지던스 내 레스토랑으로 시원한 전망을 자랑한다. 호텔 내 레스토랑이지만 멋진 전망 때문에 외부에서 일부러 찾아오는 고객도 꽤 있는 편이다. 깐다 레지던스 투숙객은 멋진 전망을 바라보며 아침식사를 할 수 있고, 외부 고객은 점심식사, 저녁 식사가 가능하다. 태국 음식과 해산물을 주로 취급하며 커다란 나무 아래, 파도 소리 철썩거리는 야외 좌석의 인기가 그만이다. 노을 시간에 맞춰 도착해 멋진 바다 전망을 충분히 감상한 후 식사를 즐기는 것이 이 레스토랑의 활용법! 전망 좋은 좌석을 원한다면 미리 예약해두는 것이 좋다.

지도 p.90-B
위치 깐다 레지던스 내
주소 80/32 Moo 5, Bo Phut
오픈 11:30~23:00
요금 메인 320B~, 싱하 220B~(TAX & SC 17%)

RESTAURANTS

라 타베르나
La Taverna

이탈리아어로 '작은 선술집'을 뜻하며 전통적인 이탈리아 가정식을 맛볼 수 있다. 코사무이에 발을 디딘 지 20년이 넘었다. 100여 가지나 되는 긴 메뉴 리스트를 갖고 있는데 피자와 파스타에 내공이 깊다. 알리오 올리오는 마늘 향을 그대로 담아내 재료 본연의 맛이 잘 살아 있다. 기름기 없는 차진 도우에 피자와 토마토로 속을 채운 칼초네도 꼭 먹어볼 만한 메뉴. 프로방스풍의 실내는 정갈하게 꾸며 놓았고 야외에도 좌석이 상당히 많은 편이다.

지도 p.91-A
위치 쏘이 그린 망고 근처, 본다이 레스토랑 골목 안 오른쪽
주소 168/18 Moo 2, Chaweng Beach Road
오픈 12:00~23:00
요금 파스타 290B~, 피자 280B~, 콜라 70B, 싱하 100B
전화 077-300-421

RESTAURANTS

윌 웨이트
Will Wait Restaurant

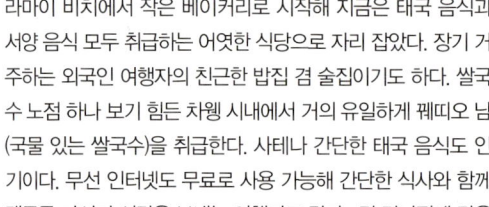

라마이 비치에서 작은 베이커리로 시작해 지금은 태국 음식과 서양 음식 모두 취급하는 어엿한 식당으로 자리 잡았다. 장기 거주하는 외국인 여행자의 친근한 밥집 겸 술집이기도 하다. 쌀국수 노점 하나 보기 힘든 차웽 시내에서 거의 유일하게 꾸에티오 남(국물 있는 쌀국수)을 취급한다. 사테나 간단한 태국 음식도 인기이다. 무선 인터넷도 무료로 사용 가능해 간단한 식사와 함께 맥주를 마시며 시간을 보내는 여행자도 많다. 길 건너편에 같은 이름의 식당이 있지만 역시 이곳이 원조인지라 손님이 더 많다.

지도 p.91-C
위치 알스 리조트 입구
오픈 10:00~22:30
요금 쌀국수 120B, 사테 120B, 카오팟 150B, 스테이크 360B
전화 077-231-152

RESTAURANTS

다라 세렌
Dara Serene Restaurants

해변 쪽의 로맨틱한 좌석에서 파도 소리와 함께 낭만적인 식사를 즐길 수 있다. 서양 음식과 해산물 등도 제공하지만 태국 음식을 맛보자. 태국 전통의 맛을 내는데, 다라 사무이 플래터는 몇 가지 태국식 애피타이저가 함께 나오는 메뉴이다. 리조트 부속 레스토랑이지만 금액대가 부담스러운 수준이 아니라 방문하는 발걸음도 가볍다. 오후 7시 전후로 손님이 많으니 인기 시간대에는 예약하자.

지도 p.91-A
위치 다라 사무이 비치 리조트 & 스파 내
주소 162/2 Moo 2, Bophut
오픈 07:00〜23:00(마지막 주문 22:30)
요금 애피타이저 220B〜, 똠얌꿍 240B, 팟타이 275B (TAX & SC 17%)
전화 077-231-323
홈피 www.darasamui.com

RESTAURANTS

구루
Guru

여행자를 위한 다국적 레스토랑. 태국 음식부터 서양 음식 모두를 취급하지만 시푸드에 가장 주력한다. 도로 쪽에 있는 화덕에서 끊임없이 구워내는 생선과 새우 등의 해산물은 여행자의 구미를 잡아끈다. 태국 음식도 몇 가지 있지만 서양인을 대상으로 해 음식이 대체로 순하고 자극적이지 않은 편이다. 주변 식당보다는 가격이 조금 비싼 편. 식사보다는 늦은 시간, 새우구이를 안주 삼아 간단히 한잔하고 싶을 때 방문하면 적당하다. 무선 인터넷을 무료로 사용할 수 있다.

지도 p.91-A
위치 카오산 대각선
주소 166/49 Moo 2, Chaweng Beach Road
오픈 12:00〜24:00
요금 쏨땀 120B〜, 덮밥류 150B〜, 새우구이 300·600B, 싱하 80B
전화 077-413-058

RESTAURANTS

바치
Baci

이탈리아어로 키스를 뜻하는 로맨틱한 이름의 이탈리안 레스토랑이다. 오픈에어로 된 2층 건물을 모두 사용해 차웽 시내에서도 쉽게 눈에 띈다. 밖에서 보이는 고급스러운 외관과는 달리 합리적인 가격과 홈메이드 방식으로 조리하는 음식으로 여행자에게 상당히 어필한다. 레스토랑 입구에 화덕이 있어 피자를 만드는 모습을 직접 볼 수 있다. 피자 외에 일명 만두 피자라 불리는 칼초네, 버터와 치즈에 버무린 이탈리아식 수제비라 할 수 있는 뇨키(Gnocchi)도 많이 주문한다.

지도 p.90-C
위치 센타라 그랜드 비치 리조트 사무이 입구 근처
주소 38/69 Moo 2, Bophut
오픈 13:00〜23:00
요금 피자 220〜320B〜, 파스타 220B〜, 커피 80B〜
전화 077-300-492
홈피 www.bacisamui.com

RESTAURANTS

올리비오
Olivio

총 좌석수가 30~40개 정도로 아담한 편이지만 코사무이의 대표적인 이탈리안 레스토랑 중 하나이다. 차웽 비치의 북단 끝, 해변 바로 옆에 위치해 조용하다는 장점이 있다. 아기자기하면서 컬러풀한 색감과 은은한 조명이 로맨틱한 분위기를 선사한다. 차웽 지역 내에서는 픽업 서비스를 받을 수 있다. 해변 바로 옆 자리를 원한다면 예약 시 미리 얘기한다.

지도 p.90-B
위치 반 핫 응암 리조트 내
주소 154 Moo 2, Chaweng Beach Road
오픈 11:00~22:30
요금 파스타 300B~, 스타터 350B~, 콜라 90B(TAX & SC 17%)
전화 077-332-950
홈피 www.baanhaadngam.com

RESTAURANTS

더 페이지
The Page

숙소 이름은 더 라이브러리에 레스토랑 이름은 더 페이지! 붉은 수영장 조명을 배경 삼아 나무가 운치 있게 어우러진 세련된 분위기이다. 메뉴에도 더 라이브러리의 단순하면서도 독창적인 콘셉트가 그대로 녹아 있다. 태국 음식과 서양 음식 모두 만족스럽지만, 마블링이 예술인 와규 스테이크는 코사무이 내 최고 수준이라 할 수 있다. 1인당 예산은 2000B 이상 잡아야 하지만, 지갑을 열 가치가 충분하다. 너무 더운 한낮보다는 조명이 켜지는 저녁에 분위기가 더 좋다.

지도 p.91-E
위치 더 라이브러리 내
주소 14/1 Moo 2, Chaweng Beach Road
오픈 07:00~24:00(마지막 주문 22:30)
요금 스타터 280B~, 메인 420B~, 칵테일 250B~(TAX & SC 17%)
전화 077-422-767~8
홈피 www.thelibrary.co.th

RESTAURANTS

레드 스내퍼
Red Snapper Bar & Grill

차웽 리전트 비치 리조트의 캐주얼 파인 다이닝 레스토랑이다. 스테이크 등의 서양 음식을 기본으로 퓨전 스타일의 태국 음식도 함께 취급한다. 메뉴에 생선 모양의 아이콘이 있는 것이 셰프의 추천 요리이다. 간단하지만 샐러드 바를 뷔페식으로 제공하고, 와인 셀러도 별도로 갖추고 있다. 에어컨이 있는 실내석과 야외 구조의 테라스석이 있다. 주 고객의 연령층이 높은 편이고, 바로 옆의 바에선 필리핀 밴드의 라이브 공연이 오후 7시 30분부터 10시까지 이어진다.

지도 p.91-A
위치 차웽 비치 로드, 차웽 리전트 비치 리조트 입구
주소 155/4 Moo 2, Chaweng Beach Road
오픈 17:00~23:00
요금 스타터 250B~, 메인 490B~, 콜라 70B, 싱하 120B(TAX & SC 17%)
전화 077-300-200
홈피 www.redsnappersamui.com

RESTAURANTS
스파고
Spago

차웽 시내 중심지에 자리한 이탈리안 & 아시안 레스토랑이다. 메인 로드 중간에 위치해 접근성이 좋고, 눈에 띄는 간판 덕분에 많은 여행자가 이곳을 찾는다. 모던하고 깨끗한 환경에서 식사하고 싶은 여행자에게는 무난한 선택이 될 수 있다. 레스토랑 안쪽에 피자를 굽는 화덕이 있고, 다양한 와인도 갖추고 있다. 샐러드와 살라미, 치즈 플래터, 스테이크, 피자와 파스타, 파니니 메뉴까지 굉장히 긴 메뉴 리스트가 있다. 홈페이지에서 메뉴와 가격을 미리 확인할 수 있으니 관심이 있다면 미리 살펴보고 방문해도 좋다.

지도 p.91-C
위치 차웽 비치 로드 중심가, 하드록 카페 옆
주소 168/55 Moo 2, Bophut
오픈 09:00~21:00
요금 치즈 플래터 120B, 파스타 260B~, 피자 190~290B
전화 077-961-648
홈피 www.spagosamui.com

RESTAURANTS
크림 카페
Cream Cafe

스타벅스보다 저렴하지만 맛있는 커피! 달콤한 디저트와 커피 마니아라면 이곳을 기억해두자. 커피와 차, 프라페 등 기본적인 음료도 훌륭하지만 가벼운 아침식사와 샌드위치, 팬케이크 등의 메뉴도 다양하게 준비되어 있다. 간단한 태국 음식도 취급하는데 태국의 쌀을 주재료로 한 라이스 샐러드는 이곳의 시그니처 메뉴다. 라즈베리 등의 천연재료로 지은 밥에 말린 새우와 과일, 견과류 등 원하는 재료를 섞어 먹는 건강식이다. 센트럴 페스티벌 사무이 바로 옆에 자리해 쇼핑에 지쳤을 때 잠시 쉬어가기에도 안성맞춤이다.

지도 p.91-C
위치 센트럴 페스티벌 사무이 바로 옆
주소 45 Moo 2, Bophut
오픈 09:00~19:00
요금 커피 85B~, 주스 110B, 라이스 샐러드 180B
전화 098-378-2808

RESTAURANTS
타이 익스프레스
Thai Express

2002년 싱가포르에서 시작해 현재 중국과 말레이시아, 베트남, 태국, 캐나다, 몰디브 등 전 세계에 50개가 넘는 매장을 보유한 태국 레스토랑 체인이다. 태국의 전통 요리를 캐주얼한 분위기와 합리적인 가격으로 제공한다는 콘셉트이다. 젊은 층을 겨냥해 태국 음식의 풍미를 유지하되, 태국 특유의 강한 향신료는 최소화한 메뉴로 구성된다. 태국 음식이 익숙하지 않은 여행자에게 더욱 추천할 만하다. 메뉴 이름 앞에 코끼리 마크가 있는 것이 추천 메뉴이다.

지도 p.91-A
위치 차웽 비치 로드의 북쪽, 카오산 맞은편
주소 166/71-73 Moo 2, Bophut
오픈 11:00~24:00
요금 치킨 윙 150B, 텃만꿍 180B, 마사만 치킨 300B(TAX & SC 17%)
전화 065-725-7104

RESTAURANTS

비아 바이
Via Vai

이탈리아 출신의 주인이 운영하는 레스토랑으로 방콕의 쑤쿰윗 쏘이 8에도 지점이 있다. 차웽 시내 한복판에 있어 찾아가기 쉽고 나름 격식을 갖추고 있어 여행자도 편안하게 식사를 즐길 수 있다. 너무 큰 기대를 갖기보다는 동네의 편안한 피자집 정도로 생각하는 것이 좋다. 파스타나 피자도 평균 정도의 맛이며 브레이크 타임 없이 영업하니 애매한 시간대에 식사해야 할 때 부담 없이 찾을 수 있다. 태국의 이탈리안 레스토랑은 음식 값이 조금 센 편인데 이곳 역시 짭짤한 편이다.

지도 p.91-C
위치 알스 리조트 입구에서 북쪽으로 40m
주소 197/7 Moo 2, Chaweng Beach Road
오픈 13:00~23:00
요금 파스타 290B~, 피자 260B~, 음료 70B~
전화 097-045-8958

RESTAURANTS

징
Zing

방콕의 랑수언이나 통로에 있다면 딱 어울릴 세련된 베이커리 겸 커피숍이다. 센타라 그랜드 비치 리조트 사무이에서 운영하는 곳으로 리조트 입구의 쇼핑 아케이드에 위치해 차웽 거리를 걷다가 지친 발걸음과 더위를 피해 잠시 쉬어가기 좋다. 에어컨이 있는 시원한 실내 좌석과 테라스 쪽 야외석으로 나뉜다. 샌드위치는 입맛에 맞게 재료를 골라 주문할 수 있다. 조각 케이크와 아이스크림 등도 맛있다.

지도 p.90-C
위치 센타라 그랜드 비치 리조트 사무이 입구의 쇼핑 아케이드
주소 38/2 Moo 3, Chaweng Beach Road
오픈 07:30~17:30
요금 아이스크림 90B, 아이스커피 120B, 샌드위치 185B
전화 077-230-500

RESTAURANTS

피자 컴퍼니
Pizza Company

피자헛을 누른 로컬 피자의 힘! 태국의 피자 체인점으로 다양한 토핑을 얹은 피자와 파스타 등을 저렴한 가격에 즐길 수 있다. 바삭한 도우 안에 피자 소스와 치즈가 듬뿍 들어간 피자 콤보도 추천 메뉴. 메인 디시 외에 애피타이저 메뉴인 마늘빵과 바비큐 치킨 윙(BBQ Chicken Wings)도 주목할 만하다. 짭짤한 간장 소스로 맛을 낸 한국인 입맛에도 잘 맞는다.

지도 p.91-C
위치 노라 레이크뷰 호텔 옆, 리빙 스퀘어 1층
주소 159/70-71 Moo 2, Chaweng Beach Road
오픈 11:00~24:00
요금 마늘빵 119B~, 피자 콤보 139B~, 비비큐 치킨 윙 149B~
전화 077-422-302
홈피 www.pizza.co.th

RESTAURANTS

누리 인디아
Noori India

호텔과 레스토랑에서 오랜 경력을 쌓은 인도인 형제가 1998년 처음 문을 연 인도 음식 전문점이다. 속을 채워 튀기거나 구운 패스트리인 사모사(Samosa)와 코코넛 밀크가 들어가 부드러운 카레 코르마(Korma), 갈릭 난 등이 포함된 2인 세트 메뉴가 550B 수준이다. 실내로 들어서면 에어컨 좌석이 별도로 있지만 주방과 가까워 외부 좌석이 더 쾌적하게 느껴진다. 센타라 그랜드 비치 리조트 사무이 인근에 2개, 센트럴 페스티벌 사무이 지점 등 이곳 본점을 포함해 차웽에만 총 4개의 지점이 있다.

지도 p.91-C
위치 차웽 비치 로드 중심부, 리빙 스퀘어와 센트럴 페스티벌 사무이 사이
주소 17/1 Moo 2, Bophut
오픈 11:30~23:00
요금 2인 세트 550B, 버터 난 55B, 커리 125B~, 탄두리 치킨 200·390B
전화 077-300-757
홈피 www.nooriindiaamui.com

RESTAURANTS

차웽 야시장
Chaweng Night Market

차웽 호숫가 근처에 형성된 먹거리 야시장. 한곳에서 다양한 음식을 구경하며 골라 먹을 수 있다. 다만, 태국의 다른 지역에 있는 야시장처럼 가격이 순진한 편은 아니다. 차웽 메인 도로에서 이곳으로 들어가는 입구를 찾기가 쉽지 않은데, 이럴 때는 더 라이브러리 입구의 타파스 바를 먼저 찾고, 그 건너편에 있는 스타 짐(Star Gym) 건물을 찾자. 1층의 녹색 약국 바로 옆이 야시장으로 들어가는 입구이다. 오후 5시경에 문을 열어 밤 11시 정도면 정리하는 분위기다.

지도 p.91-E
위치 더 라이브러리 리조트 입구 근처, 타파스 바 맞은편의 스타 짐(Star Gym) 뒤쪽
주소 14/102 Moo 2, Bophut
오픈 17:00~23:00
요금 쏨땀 60B~, 카오팟 80B~, 태국 음식 100B~, 뿌팟퐁커리 250B~

RESTAURANTS

미스터 크랩
Mr. Crab

알아두면 동네 밥집처럼 가볍게 방문하기 좋다. 차웽에서 가장 저렴한 식당이라고 해도 과언이 아니다. 카오팟과 팟타이 등이 50~60B부터 시작해 가장 비싼 해산물 요리가 300~400B 수준이다. 태국 음식부터 해산물, 서양 음식까지 그 가짓수만 100여 가지가 넘는다. 일반 태국 식당에서 접하기 힘든 태국식 돼지고기구이가 무양과 국물이 있는 쌀국수 꿰띠아우, 태국식 디저트도 맛볼 수 있다. 차웽 메인 도로 안쪽에 자리해, 비교적 조용하게 식사할 수 있는 것도 장점이다.

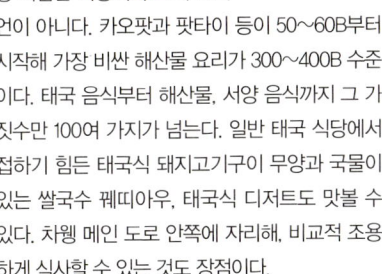

지도 p.91-A
위치 쿤 차웽 위 호텔로 들어가는 골목 안 30m
주소 157/19 Moo 2, Bophut
오픈 11:00~23:00
요금 카오팟 50B~, 쏨땀 60B, 똠얌꿍 80B, 텃만꿍 120B
전화 098-016-6922

NIGHTLIFE

쏘이 그린 망고
Soi Green Mango

차웽 비치의 나이트라이프 중심지라 할 수 있다. 바이면서 클럽인 그린 망고(Green Mango), 스위트 소울(Sweet Soul) 등이 밀집해 있는 골목을 말한다. 이곳 바에서는 주로 배낭여행을 온 서양인 젊은이들이 흥겨운 밤을 보내는데, 자유롭고 신선한 분위기이다. 늦은 밤이면 골목 곳곳에서 DJ가 믹싱해주는 하우스, 트랜스 뮤직이 흐르고 손에 맥주병을 든 사람들이 삼삼오오 모여들기 시작한다. 오픈에어 스타일의 클럽이 대부분이므로 미리 둘러보고 마음에 드는 곳을 골라 들어가면 된다. 빽빽한 사람들 속에서 춤을 추고 싶다면 '스위트 소울'이 가장 적합하다. 대부분의 업소는 입장료를 따로 받지 않고 바에서 음료를 주문하는 방식이다. 밤 11시부터 사람들이 몰려들기 시작해 자정에서 새벽 2시까지가 피크 타임이다. 클럽 주변으로 야식을 즐길 수 있는 케밥집이나 로띠집 등도 쉽게 찾을 수 있어 늦은 밤, 출출한 속을 달래기에도 좋다. 차웽 비치 로드를 걷다 보면 '그린 망고' 간판을 쉽게 찾을 수 있다.

NIGHTLIFE

솔로 바
Solo Bar

춤을 추거나 사람들이 북적거리는 클럽은 부담스럽지만 흥겨운 음악만큼은 즐기고 싶다면 이곳을 추천한다. 차웽 비치를 걷다 보면 한번쯤은 지나칠 정도로 좋은 위치에 있다. 방콕의 RCA나 쑤쿰윗에서 툭 튀어 나온 듯 세련된 인테리어다. 오픈에어 바로 방콕 카오산의 수지 펍, 에카마이의 산티카 등에서 건너온 DJ가 믹싱해주는 하우스 뮤직은 가던 발걸음도 멈추게 한다. 2층에도 베드 형태의 좌석이 있어 한잔 마시면서 사람 구경하기에도 좋다. 바가 영업을 마치는 새벽 2시가 되면 클럽이 대부분 문을 열고 손님들도 자연스럽게 자리를 옮기는 모습이 연출된다.

지도 p.91-A
위치 차웽 비치 로드 북쪽, 디 아일랜더 옆
주소 166/5 Moo 2, Chaweng Beach Road
오픈 15:00~02:00
요금 콜라 80B, 싱하 120B, 칵테일 220B
전화 077-414-012~5
홈피 www.barsolosamui.com

지도 p.91-A
위치 차웽 비치 로드, 하겐다즈 근처
주소 Moo 2, Chaweng Beach Road
오픈 21:00~02:00(업소마다 조금씩 다름)

[NIGHTLIFE]

아크 바
Ark Bar

차웽의 메인 도로에 쏘이 그린 망고와 솔로 바가 있다면, 차웽의 해변에는 아크 바가 있다. 숙소에서 공용 수영장으로 사용하는 메인 풀 주변부터 해변까지 젊은 열기를 즐기려는 인파로 늘 에너지가 넘친다. 특히 저녁에는 코팡안의 풀문 파티를 연상시키는 댄스 음악과 조명들로 해변은 더욱 들썩인다. 매주 수요일과 금요일에는 DJ와 드럼 등 흥겨운 연주가 함께하는 풀 & 비치 파티(Pool & Beach Party)가 열린다. 카오산 옆 골목으로 들어가거나 해변으로도 접근이 가능하다.

지도 p.91-A
위치 카오산 옆 골목 안쪽
주소 159/75 Moo 2, Chaweng Beach Road
오픈 14:00~02:00
요금 싱하 100B~, 칵테일 180B~
전화 077-961-333
홈피 www.ark-bar.com

NIGHTLIFE
트로피컬 머피스
Tropical Murphy's

차웽 북쪽에 디 아일랜더가 있다면, 차웽의 남쪽의 대표적인 스포츠 바는 이곳이다. 해가 있을 때는 식당으로, 해가 지면 바로 변신한다. 2층으로 되어 있으며, 1층 바 앞에 늘어선 테이블은 편하게 맥주 한잔하려는 사람들로 꽉꽉 들어찬다. 영국식 펍 분위기가 나는데 커다란 스크린이 있어 축구 경기를 틀어주기도 한다. 축구를 좋아하는 서양인들은 그래서 더더욱 이곳으로 모여든다.

지도 p.91-E
위치 차웽 비치 로드 중심가, 더 라이브러리 옆
주소 14/40 Moo 2, Chaweng Beach Road
오픈 10:30~02:00
요금 식사 메뉴 145B~, 생하 110B, 생맥주 90/130B(half/pint), 칵테일 175B
전화 077-413-614
홈피 www.tropicalmurphys.com

NIGHTLIFE
본다이
Bondi

차웽 비치 로드에서 푸른 호주 지도와 국기가 걸린 간판이 눈에 띄는 곳이다. 호주 시드니에 있는 본다이 비치에서 이름을 따왔으며 차웽과 라마이 두 곳에 있다. 라마이 지점에 비해 차웽 지점은 좀 더 본격적인 라이브 공연을 선보인다. 식사 시간에는 맛있는 음식을, 늦은 밤 시간에는 술과 음악을 즐길 수 있는 전형적인 펍 겸 바이다. 호주산 소고기로 만든 두툼한 패티의 햄버거와 스테이크, 립아이 등도 최고 수준이다. 늦은 밤, 식사와 음주를 겸해 들르기에 좋다.

지도 p.91-A
위치 차웽 시내, 쏘이 그린 망고 입구를 등지고 오른쪽 첫 번째 골목 입구
오픈 11:00~01:00
요금 본다이 버거 350B, 립 550B, 생하 110B~, 칵테일 200B~
전화 077-414-357
홈피 www.bondisamui.com

NIGHTLIFE
스타즈 카바레
Starz Cabaret

차웽 비치에서 가장 먼저 오픈했고, 현재 가장 성업 중인 카바레이다. 본격적인 쇼라기보다는 공연을 하는 클럽 정도로 생각하면 된다. 공연은 초창기 립싱크 카바레 쇼 수준으로 태국 전통 의상을 입고 여행자를 환영하는 내용과 코믹한 내용, 카토이의 인생에 대한 내용 등을 아기자기하게 펼친다. 공연이 훌륭하다기보다는 작은 무대 바로 앞 공간에서 쇼를 볼 수 있다는 것이 장점이다. 미니멈 차지가 있어 1인 최소 220B 이상 주문해야 한다. 맥주를 주문하면 첫 번째 주문은 280B 수준이고, 두 번째 주문부터는 저렴해지는 식이다. 공연은 하루 3번, 1시간가량 진행한다. 쇼 타임은 수시로 변경될 수 있으니 관심 있다면 홈페이지에서 사전에 확인하고 방문하자.

지도 p.91-A
위치 쿤 차웽 입구의 상가 건물 2층
주소 156/22 Moo 2, Chaweng Beach Road
오픈 공연 20:30, 21:30, 22:30
요금 맥주 첫 주문 280B(이후 130B)
홈피 www.starzcabaret.com

`NIGHTLIFE`

하드 록 카페 & 후터스
Hard Rock Cafe & Hooters

하드 록 카페는 흥거운 록 음악과 식사를 한자리에 해결할 수 있는 미국식 레스토랑 겸 펍으로 전 세계 120여 개가 넘는 지점이 있다. 2016년 차웽에 들어선 이곳 역시 신나는 공연과 떠들썩한 분위기이다. 라이브 공연은 매일 저녁 8시부터 늦은 시간까지 계속 이어진다. 하드 록보다 좀 더 조용한 분위기를 찾는다면, 바로 옆의 후터스가 제격이다. 짧은 반바지를 입은 '후터스 걸'로 더 유명한 바이다. 이곳에 간다면 대표 메뉴인 치킨 윙을 주문해보자. 차웽의 밤거리를 구경하며 즐기는 코사무이의 치맥도 즐거운 추억으로 남을 것이다.

지도 p.91-A · C
위치 차웽 비치 로드, 쏘이 그린 망고 골목 입구에서 남쪽으로 도보 3분
주소 168/59 Moo 2, Bophut
오픈 11:30~02:00
요금 하드 록 카페 버거류 699B~, 맥주 120B~/후터스 치킨 윙 249B~(TAX & SC 17%)
전화 077-901-208

`NIGHTLIFE`

아이스 바
Ice Bar

차웽 시내 한복판에서 추위에 떨며 술을 마실 수 있는 곳이다. 바 내부는 모두 얼음으로 뒤덮여 있고 입구의 문 2개로 철저하게 온도를 유지한다. 너무 추울 경우 에스키모를 떠올리게 하는 코트와 모자를 빌려 입을 수 있다. 가만히만 있어도 땀이 줄줄 날 것 같은 밖에서는 상상하기 힘들지만, 내부는 정말 추워서 오래 머물게 되지는 않는다. 꼭 음료수나 술을 마시지 않아도 특별한 경험을 해보고 싶다면, 입장권만 구매해도 되고 어린이를 위한 옷도 별도로 갖추고 있다.

지도 p.91-A
위치 쏘이 그린 망고 입구, 팜 바 & 그릴 바로 옆
주소 162/6 Moo 2, Bophut
오픈 17:00~02:00
요금 입장료 350B, 입장료+드링크 1잔 500B
전화 095-574-3193
홈피 www.icebarsamui.com

`NIGHTLIFE`

디 아일랜더
The Islander Pub & Restaurant

1995년부터 30년이 넘도록 같은 자리를 지키는 코사무이의 터줏대감이다. 전형적인 스포츠 바답게 TV에서는 축구 경기가 쉼 없이 나오고, 2층으로 올라가면 당구를 즐길 수 있다. 차웽의 다른 바와는 다르게 라이브 공연이 없고, 술값이 저렴해서 축구 경기를 보며 시간을 보내려는 서양인 여행자가 주 고객이다. 식사 메뉴도 저렴하고 요일별로 추천 메뉴가 있다. 2층의 바 좌석에서는 차웽의 거리를 한눈에 담을 수 있다.

지도 p.91-A
위치 차웽 비치 로드의 북쪽, 솔로 바에서 남쪽으로 도보 3분
주소 166/79 Moo 2, Bophut
오픈 09:00~02:00
요금 맥주 70B~, 칵테일 100B~, 버거류 130B~, 로스트 치킨 270B~
전화 077-230-836

SPECIAL

트렌디한 클럽 문화, 젊음의 나이트라이프

코사무이는 젊고 스타일리시한 휴양지이다. 끈적거리는 분위기 대신 쿨하고 활기찬 밤 문화를 갖는다. 이런 분위기는 코사무이 인근의 섬인 코팡안의 풀문 파티에서 많은 영향을 받았다고 할 수 있다. 풀문 파티를 즐기러 가는 젊은 여행자와 이미 즐기고 온 여행자가 모여 있고 풀문 파티에 손님을 빼앗기지 않으려는 업주들은 최신 트렌드에 민감해지지 않을 수가 없기 때문이다.

우리나라 홍대의 클럽 문화처럼 최신 하우스, 트랜스 뮤직에 맞추어 춤을 출 수 있는 클럽이 차웽의 나이트라이프 주 무대이다. 골목 전체가 하나의 클럽처럼 변하는 쏘이 그린 망고는 마치 해변의 풀문 파티를 옮겨놓은 듯하다. 밤 11시가 되면 하나 둘씩 사람들이 모여들어 자정부터 새벽까지 가장 화려한 불꽃을 태운다.

그 때문에 시간과 컨디션 조절이 중요한데 저녁식사를 늦게 하거나 마사지를 받는 식의 일정으로 체력을 비축해두는 것이 좋다. 클럽에서 열심히 놀다가 숙소로 돌아오는 길에 쏘이 그린 망고 앞에서 밤새도록 영업하는 쌀국수집

자정, 차웽의 나이트라이프가 시작되는 시간

자정이 되면 코사무이의 나이트라이프는 본격적으로 시작된다. 퇴폐적인 밤 문화로 악명 높은 태국의 이미지를 바꾸기 위해 정부는 모든 유흥 업소의 영업시간을 새벽 2시까지로 하는 초강수를 두었지만 코사무이만은 조금 다르다. 자정이 되어야 문을 여는 클럽들도 꽤 있고 동이 트는 새벽 5~6시까지 파티는 계속된다.

과 로티집 등에서 간단히 요기까지 한다면 완벽한 코스라 할 수 있다. 차웽의 나이트라이프는 젊은 취향에 가깝지만 누구든 들어가서 즐길 수 있는 분위기이다. 커플이어도 좋고, 친구와 함께 온 여행자나 중년 부부라도 상관없다. 신나게 즐기겠다는 마음만 있다면 차웽의 밤은 누구에게나 열려 있다.

 SPA

에란다 허벌 스파
Eranda Herbal Spa

공원처럼 잘 꾸며진 정원과 야외 사우나로 자연 친화적인 느낌을 살린 대형 스파이다. 차웽 비치의 가장 북단, 노라 비치 리조트 & 스파 맞은편 언덕길로 150m 정도 올라간다. 언덕 위에 있어 멋진 바다 전망을 감상할 수 있다.

스파 입구에 들어서면 새소리와 물 흐르는 소리, 풀 향기가 온몸을 감싸면서 마음이 편안해진다. 사우나 공간은 따로 준비되어 있다. 바위처럼 만들어진 사우나 시설 옆으로 폭포를 갖춘 탕이 따로 있어서 몸을 식히는 데 이용하면 좋다. 많은 사람이 사우나와 폭포탕을 오가며 휴식을 취한다. 8개의 개별 스파 룸을 갖추고 있는데 타이 마사지는 정자처럼 꾸며놓은 야외 살라에서 받는다. 스파 패키지는 1900B(2시간)부터 5400B(3시간 40분)까지 다양하게 준비되어 있다.

프라이빗한 휴식과 서비스를 받을 수 있고 품질이 좋은 아로마 오일도 판매한다. 외진 곳에 위치해 개인적으로 오려면 쉽지 않다. 차웽 지역에 한해서 왕복 픽업 서비스가 제공된다.

지도 p.90-B
위치 차웽 비치 북단, 노라 비치 리조트 & 스파 맞은편
주소 9/37 Moo 2, North Chaweng Road
오픈 09:00~20:00(18:00까지 입장 가능)
요금 에란다 시그너처 마사지 1800B(90분), 스파 패키지 4000B(2시간 30분)~
전화 077-300-321/323
홈피 www.erandaspa.com

`SPA`

마이 프렌드 타이 마사지
My Friend Thai Massage

차웽에서 규모가 가장 큰 마사지 숍으로 차웽에만 모두 6개의 브랜치를 갖고 있다. 저렴한 가격대의 숍이라고 하기엔 놀랍도록 깨끗한 시설과 서비스를 제공한다. 직원도 주황색의 깔끔한 유니폼에 명찰을 달고 있는 등 길거리 마사지 숍과는 차별화를 준다.

1층에는 발 마사지용 의자가 있고 2층은 타이 마사지 베드가 있다. 일반적인 마사지 외에 햇볕에 탄 피부를 위한 알로에 마사지가 1시간에 500B, 허브 볼을 이용한 마사지가 1시간에 800B 수준이다. 페이셜 마사지도 다양한데 간단한 클렌징과 핸들링 마사지, 오이팩 등이 포함된 4가지 코스가 단계별로 500B부터 600B까지 있다. 그 밖에 귀를 깨끗이 정화해주는 아시안 이어 캔들(Asia Ear Candle) 프로그램이 1시간에 1200B로 인기 있다.

어느 정도 평준화된 테라피스트의 실력과 저렴한 가격대, 깔끔한 시설을 갖춘 숍으로 추천할 만하다.

지도 p.90-B
위치 브랜치 1 추라 사무이 앞/브랜치 2 더 라이브러리 앞/브랜치 3 오조 차웽 사무이 호텔 옆/브랜치 4 차웽 삼거리/브랜치 5 센타라 그랜드 비치 리조트 사무이 앞의 코닥 골목 입구/브랜치 6 차웽 로터스 내
주소 14/62-64, Chaweng Beach Road(대표)
오픈 10:00~22:00
요금 타이 마사지 200B, 발 마사지 250B, 아로마테라피 400B(1시간 기준)
전화 094-156-6536(대표)

> SPA

실라롬 스파
Silarom Spa

마사지를 받는 살라 앞으로 바다가 펼쳐져 있어 마치 신선놀음을 하는 것 같은 기분이 든다. 로맨틱한 콘셉트의 살라에는 2개의 마사지 베드가 놓여 있고, 오픈된 공간임에도 마사지를 받는 동안에는 캐노피를 풀어서 프라이빗한 분위기에서 즐길 수 있다. 3개의 마사지 베드가 놓인 에어컨 룸도 있으나 대부분 살라를 선호한다. 샤워 시설은 별도의 공간에 있고, 공용으로 사용하는 로커가 있다. 애프터 선번이나 로열 타이 마사지, 타이 허벌 마사지가 인기이다. 오후 3~4시경에 마사지를 받은 뒤 전망 좋은 리조트 부속 레스토랑에서 저녁을 먹는 것도 좋은 코스. 인기가 많고, 외부에서 일부러 찾아오는 손님이 많기 때문에 예약은 필수이다.

지도 p.90-F
위치 반 힌 싸이 부티크 리조트 내
주소 5/5 Moo 3
오픈 10:00~19:00(마지막 예약 17:00)
요금 실라롬 마사지 1200B(1시간), 타이 허벌 마사지 1600B(90분)/TAX & SC 17%
전화 077-448-510
홈피 www.silaromspa.com

> SPA

창창
Chang Chang

더 라이브러리 바로 옆에 자리한 마사지 숍이다. 센트럴 페스티벌 사무이와 가까워 쇼핑에 지친 발걸음을 잠시 쉬어가기에도 그만인데, 바쁜 쇼핑족을 위한 30분짜리 코스도 있다. 강력한 압력으로 지압을 해주는 왓포 스타일의 전통 타이 마사지, 코코넛 크림 전신 마사지, 아로마테라피와 발 마사지 혹은 타이 마사지와 발 마사지 등을 결합한 개성 있는 프로그램을 갖추고 있다. 외관은 아담해 보이지만 2층까지 모두 사용하며, 내부는 정갈하고 깔끔하다. 직원들도 친절하고, 마사지사의 실력도 어느 정도 평준화되어 있어 추천할 만하다.

지도 p.91-C
위치 더 라이브러리를 등지고 오른쪽으로 도보 1분
주소 14 Moo 2, Chaweng Beach Road
오픈 11:00~23:00
요금 발 마사지 300B, 타이 마사지 400B, 코코넛 오일 마사지 750B(1시간 기준)

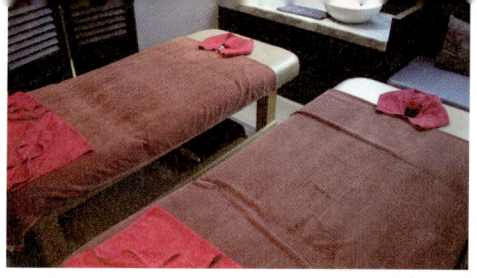

`SPA`

창 사바이
Chang Sabai

아이야라 비치 호텔에 있는 스파다. 호텔 스파이지만 실용적인 콘셉트로 비교적 부담 없이 이용할 수 있다. 붉은 색감의 컬러와 패브릭으로 따뜻하고 깔끔하게 꾸며놓았다. 호텔 내 스파이기 때문에 길거리 마사지 숍과는 가격 차이가 있지만 쾌적한 환경에서 차별화된 서비스를 받고 싶다면 한번 경험해볼 만하다.

지도 p.90-B
위치 아이야라 비치 호텔 내
주소 90/13-16 Moo 2, Chaweng Beach Road
지도 p.106
오픈 10:00~19:00
요금 오일 마사지 350B, 등 & 어깨 마사지 400B(1시간 기준)
전화 077-231-639~41
홈피 www.iyarabeachhotelandplaza.com

`SPA`

라야 스파
Raya Spa

사리라야 차웽 비치 사무이 리조트에서 운영하는 스파로 리조트 건너편에 별도로 자리한다. 총 5개의 스파 트리트먼트 룸을 보유하며 꿀과 코코넛, 레몬그라스, 타마린드 등 오가닉 제품을 스파 재료로 사용한다. 허브 스팀을 즐길 수 있는 사우나도 있다. 가장 인기 있는 프로그램은 허니 사우나 30분과 아로마 오일 마사지 90분을 결합한 터치 오브 씨암(Touch of Siam)이다. 예약은 필수.

지도 p.90-B
위치 아마리 팜 리프 리조트에서 북쪽으로 도보 2분
주소 100/1 Moo 2, Chaweng Beach Road
오픈 10:00~21:00
요금 허브 스팀 950B(30분), 터치 오브 씨암 2700B(2시간)/TAX & SC 17%
전화 077-914-333
홈피 www.sareeraya.com

`SPA`

아난타라 라와나 스파
Anantara Lawana Spa

차웽의 리조트에 자리한 스파 중에서 가장 추천할 만한 고급 스파다. 아난타라 라와나는 태국의 전통미와 정원의 아름다움을 강조하는 리조트로 정평이 나 있지만 스파에 들이는 공도 남다른 것으로 유명하다. 산책길 같은 리조트 내 도로를 걷다 만나게 되는 스파 시설은 그 자체로 아름다울 뿐만 아니라 테라피스트의 실력도 뛰어나다.

지도 p.90-B
위치 차웽 비치 북단, 아난타라 라와나 내
주소 92/1 Moo 2, Chaweng Beach Road
오픈 10:00~22:00
요금 타이 마사지 2500B, 오일 마사지 2700B(1시간 기준)/TAX & SC 17%
전화 077-960-333
홈피 www.anantara.com

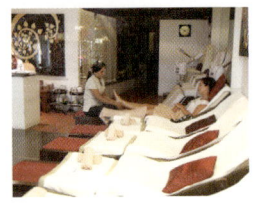

SPA

이스트 바이 사우스
East by South

차웽 비치 로드의 북쪽, 아웃렛 빌리지 사무이 맞은편에 자리한 마사지 숍이다. 타이 마사지 베드 10개, 발 마사지 의자 10개 정도를 갖춘 아담한 업소지만 깔끔하고 세련된 시설이 눈에 띈다. 아웃렛 빌리지 사무이 내의 마사지 숍을 제외하면 주변에서 가장 저렴하고 마사지사 실력도 평균 이상이다. 차웽 남쪽, 차바 사무이 리조트 옆에도 지점이 있다.

지도 p.90-B
위치 차웽 비치 로드 북쪽, 아웃렛 빌리지 사무이 맞은편
오픈 11:00~23:00
요금 타이 마사지 200B, 발 마사지 200B(40분 기준)
전화 090-458-233

SPA

허브스 마사지
Herbs Massage

차웽 비치 로드에 2개의 지점이 있으며 차웽 남쪽에 자리 잡은 이곳은 2층 건물로 되어 있다. 1층은 의자가 놓여 있어 발 마사지 손님이, 2층은 베드가 놓여 있어 타이 마사지 등 전신 마사지를 받는 손님이 이용한다. 마사지를 받는 동안 무선 인터넷을 무료로 이용할 수 있다. OPI 제품을 이용한 매니큐어와 페디큐어가 각각 200B로 차웽 비치 로드의 비슷한 로컬 숍과 비교해도 저렴한 편이다. 차웽 워킹 스트리트 입구 오른쪽 노란색 간판 은행 바로 옆에 있어 야시장을 구경하고 나서 잠시 쉬어가기에도 좋다.

지도 p.91-E
위치 차웽 비치 로드 남단, 차웽 워킹 스트리트 입구 오른쪽
오픈 10:00~24:00
요금 타이 마사지 200B, 발 마사지 200B(1시간 기준)

SPA

두지타 스파
Dusita Spa

웅장하고 고풍스러운 시설로 호텔 스파처럼 보이지만 가격은 상당히 저렴한 마사지 숍이다. 차웽에 2개의 지점이 있는데 다라 사무이 비치 리조트 & 스파 옆에, 쏘이 그린 망고와 센트럴 페스티벌 사무이 중간에·자리한다. 발 마사지와 타이 마사지 등 다양한 프로그램이 있고 입구에 스파 메뉴판이 있으니 둘러보고 원하는 프로그램을 선택하면 된다. 워낙 큰 규모라 예약 없이 방문해도 기다리는 일이 거의 드물다.

지도 p.90-B
위치 다라 사무이 비치 리조트 & 스파에서 북쪽 방면, 아웃렛 빌리지 사무이 직전
주소 161/10 Moo 2, Chaweng Beach Road
오픈 10:00~23:00
요금 발 마사지 400B, 타이 마사지 650B, 오일 마사지 550B(1시간 기준)
전화 077-601-051

지도 p.91-C
위치 차웽 중심부, 스파고 레스토랑에서 길 건너 남쪽으로 도보 2분
주소 167/1 Moo 2, Bophut
오픈 10:00~22:00
요금 발 마사지 350B, 타이 마사지 350B(1시간 기준), 페디큐어 850B(OPI)

SPA

디스 스파
D's Spa

차웽에 흔한 마사지 숍 체인 브랜드 중 하나이다. 현대적이고 깔끔한 외관과 내부가 호감을 불러 일으킨다. 1층은 발 마사지를 위한 공간이고, 2~3층은 타이 마사지와 오일 마사지를 받는 공간이다. 주변 마사지 숍에 비해 가격대가 약간 비싼데 비해 마사지사의 실력이 높은 수준은 아니다. 워낙 대형 규모라서 예약 없이 가도 마사지를 바로 받을 수 있는 장점은 크다. 본격적인 마사지를 위해 방문하기보다는 매니큐어나 페디큐어 등을 받고자 할 때 이용해볼 만하다. 피셔맨스 빌리지에도 지점이 있다.

SPA

젠세 스파
Zense spa

저렴한 마사지 숍보다 럭셔리한 분위기를 원한다면 추천한다. 차웽 거리에 넘쳐나는 일반적인 마사지 숍과 호텔 스파의 중간 정도 수준으로, 차별화된 프로그램과 고급스러운 분위기로 승부한다. 커플을 위한 스파 룸과 프로그램도 있다. 남성에게 인기가 좋은 Siam Energiser는 핫 스톤과 오일 마사지를 결합해 근육을 풀어주고, 모공 케어를 위한 페이스 마스크로 마무리하는 프로그램이다. 직접 만든 스파 제품도 판매하고, 매남의 센시마 리조트 & 스파 코사무이 내에도 입점해 있다.

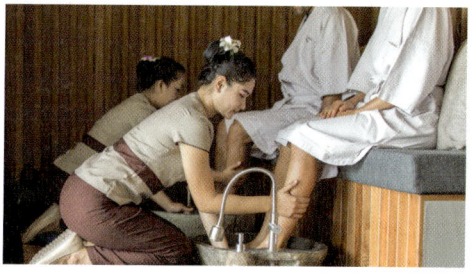

지도 p.91-C
위치 차웽의 남쪽, 리빙 스퀘에 맞은 편
주소 14/47 Moo 2, Bophut
오픈 10:00~23:00
요금 아로마테라피 500B(1시간), Deep Thai with Tiger Balm 1200B(1시간), Siam Energiser 2500B(2시간)
전화 077-938-299

Tip

차웽 마사지 숍의 특징

차웽은 한마디로 마사지 천국이다. 차웽 거리 건물 하나 건너마다 마사지 숍이 있다고 해도 과언이 아니고, 심지어 저렴하기까지 하다. 별도의 예약 없이 가도 기다리지 않고 마사지를 받을 수 있는 경우가 대부분이다. 또한 보통 밤 11시 전후의 늦은 저녁까지 운영하는 곳이 많아 저녁식사 후에도 느긋하게 마사지를 즐길 수 있다. 차웽 거리의 마사지 숍은 점점 기업화, 대형화되어 가는 추세인데 마사지 숍끼리 경쟁이 심해질수록 마사지 프로그램도 다양해지고, 프로모션 등의 혜택도 많아지고 있다.
차웽에서는 거리뿐 아니라, 해변에서도 마사지를 받을 수 있는 곳이 많다. 환경이 아주 쾌적하지는 않지만 수영복을 입고 바로 마사지를 받는 편리함이 있다. 물론 파도 소리는 덤!

> STAYING

바나 벨
Vana Belle A Luxury Collection Resort Koh Samui

전 세계에 1000여 개가 넘는 호텔과 리조트를 보유한 스타우드 호텔에서 운영하는 럭셔리 풀빌라로 더 럭셔리 컬렉션(The Luxury Collection) 리조트 중 하나이다. 고대 산스크리트어로 '숲'을 의미하는 바나(Vana)와 프랑스어로 '아름답다'는 뜻의 벨(Belle)이 합쳐진 리조트 이름은 천국과 지상 사이에 존재하는 전설적인 숲 히마판을 모티브로 했다.

총 80개의 객실은 2~3층짜리 건물 9채에 나누어 있다. 클래식 풀 스위트, 디럭스 풀 스위트, 그랜드 풀 스위트 3가지 종류이고 해변 가까이에 트로피컬 풀빌라와 오션 뷰 풀빌라 스위트가 자리한다. 1층의 클래식 풀 스위트와 2층의 디럭스 풀 스위트는 구조가 거의 동일하다. 3층의 그랜드 풀 스위트는 좀 더 넓은 객실과 여유로운 풀을 갖고 있으며 바다 전망을 즐길 수 있다.

메인 레스토랑 태국 레스토랑인 키레(Kiree)와 해변에 자리한 이탈리안 레스토랑인 파날리(Panali), 스파, 라이브러리를 갖추었다. 해변과 접한 메인 수영장 시설도 상당히 좋은 편이다. 고급 숙소답게 직원들의 서비스도 정중하고 극진하다. 차웽 시내와는 차로 5분 거리로 시내 접근성 또한 좋다. 비교적 시내와 가깝고 모던한 타입의 풀빌라를 찾는 커플 여행자에게 추천한다.

지도 p.90-E
위치 차웽 노이 비치, 페어 하우스 지나자마자 바로 옆
주소 9/99 Moo 3, Chaweng Noi Beach Road
요금 클래식 풀 스위트 US$600~, 그랜드 풀 스위트 US$700~
전화 077-915-555
홈피 www.starwoodhotels.com

> STAYING

더 라이브러리
The Library

이름처럼 도서관을 모티브로 만들어진 유니크한 숙소다. 디자인만큼은 코사무이의 다른 숙소를 압도한다. 단 26개의 객실을 가진 작은 숙소지만 고급 리조트에 필요한 것을 제대로 갖추었다. 미니멀한 디자인의 건물과 조경으로 세련된 공간을 완성했다. 바깥과 차단하는 입구에서부터 라운지 같은 세련된 리셉션, 미니멀리즘의 극치라 할 수 있는 객실, 고목과 바다의 풍경이 함께 어우러지는 레스토랑 더 페이지, 강렬한 레드 수영장까지 어느 하나 예사롭지 않은 것이 없다. 다양한 동작을 하는 책 읽는 사람의 조형물은 이곳의 감각과 특징을 보여준다. 1층 스위트와 2층 스튜디오로 나뉘고 모든 객실에 벽걸이 TV와 DVD, 아이맥 컴퓨터가 있다. 차웽 한복판에서, 차웽 비치의 메인 로드가 복잡해질수록, 더 라이브러리가 가진 절제의 가치는 더욱 존중받게 될 것이다.

지도 p.91-E
위치 차웽 비치 로드 중심가, 리빙 스퀘어 근처
주소 14/1 Moo 2, Chaweng Beach Road
요금 스튜디오 9000B~, 스위트 1만2000B~
전화 077-422-767~8
홈피 www.thelibrary.co.th
부속 드링크 갤러리(p.102), 더 페이지(p.108)

> STAYING

아난타라 라와나
Anantara Lawana

차웽 비치 북단에 넓게 자리 잡은 고급 숙소이다. 해변 앞으로 큰 섬이 하나 있어 아늑할 뿐만 아니라 주변에 다른 시설도 없어 전용 해변처럼 사용한다. 여백의 미를 강조한 동양적인 아름다움이 감각적이면서 스타일리시하다. 총 122개의 객실은 모두 7가지 종류로 나뉘는데, 대부분의 객실을 차지하는 디럭스 발코니와 프리미어 풀 스위트는 2층 건물에 있다. 풀 사이드 객실은 5~6개의 객실이 하나의 풀을 함께 사용하는 형태이다. 레스토랑은 오션 키스(Ocean Kiss), 스카이 허그(Sky Hug) 2개로 이름 또한 로맨틱하다. 해변과 접하는 메인 수영장이 꽤 큰 편이다. 전반적으로 로맨틱한 분위기라 커플이나 신혼여행객과 잘 어울린다.

지도 p.90-B
위치 차웽 비치 북단, 노라 비치 리조트 & 스파 옆
주소 92/1 Moo 2, Chaweng Beach Road
요금 디럭스 발코니 8700B~, 풀 사이드 1만5000B~
전화 077-960-333
홈피 www.lawana-chaweng.anantara.com
부속 아난타라 라와나 스파(p.121)

> STAYING

센타라 그랜드 비치 리조트 사무이
Centara Grand Beach Resort Samui

태국에만 10개가 넘는 호텔과 리조트를 보유한 센타라 그룹에서 운영한다. 총 200개가 넘는 객실을 갖추어 코사무이에서는 대형 리조트로 꼽힌다. 차웽 비치의 남쪽에 자리해 중심가와는 약간 떨어져 있지만 주변에 편의 시설도 있고 해변 접근성도 우수하다. 리조트 건물과 해변 사이에 넓게 마련된 녹지는 여유로운 분위기다. 객실은 크게 디럭스와 스위트로 나뉘는데 대부분 바다가 보이지만 시원한 전망은 아니다. 미로같이 생긴 수영장과 선베드가 놓여 있는 데크 주변은 늘 활기찬 분위기다. 키즈 풀도 별도로 마련되어 있다. 총 8개의 레스토랑과 바가 있으며 2개의 테니스 코트와 어린이 놀이터, 피트니스 센터와 사우나 등 편의 시설을 충분히 갖추고 있다.

지도 p.90-C
위치 차웽 비치 남쪽
주소 38/2 Moo 3, Chaweng Beach Road
요금 디럭스 4600B~, 스위트 7700B~
전화 077-230-500
홈피 www.centarahotelsresorts.com
부속 징(p.110)

> STAYING

다라 사무이 비치 리조트 & 스파
Dara Samui Beach Resort & Spa

가격 대비 만족도가 높은 숙소이다. 위치가 좋으면서 깨끗한 객실을 찾고 밖에서 머무는 시간이 많다면 이곳이 최상이다. 총 6~7km에 달하는 차웽 거리 중에서도 핵심이라 할 수 있는 거리는 약 1km 정도이다. 그나마 그 거리도 일방통행이므로 여행 일정을 짤 때 숙소 위치를 먼저 고려하고 선택하는 것이 현명하다. 아담한 편이지만 지리적인 장점이 뛰어나며 주변의 비슷한 가격대 숙소 중에서는 객실이 넓고 쾌적해서 추천할 만하다. 나이트라이프의 핵심 지역인 쏘이 그린 망고나 솔로 바까지 도보로 5분이면 충분하고 주변에 맛집과 은행, 마사지 숍 등이 많아 편리하다. 작지만 수영장과 레스토랑도 갖추고 있다.

지도 p.91-A
위치 차웽 비치 북쪽, 무앙 사무이 스파 리조트 바로 옆
주소 162/2 Moo 2, Chaweng Beach Road
요금 슈피리어 3500B~, 스위트 5000B~
전화 077-231-323
홈피 www.darasamui.com
부속 다라 세렌(p.107)

STAYING

아마리 팜 리프 리조트
Amari Palm Reef Resort

태국 전역에 있는 아마리 호텔 체인에서 1991년 오픈한 호텔로 코사무이 개발 초기부터 고급 호텔의 명성을 유지하고 있다. 메인 로드를 사이에 두고 신관과 본관 건물로 나뉘며 본관 건물은 해변을 접한다. 객실은 모던하면서 단정한 모습이다. 슈피리어와 디럭스의 수준 차이가 크며 특히 슈피리어의 욕실은 답답할 정도로 작다. 디럭스를 원할 경우 새로 지은 신관에 묵는 것이 좋다. 이탈리안 레스토랑 프레고가 메인 로드와 접하며 신관 쪽에 있다.

지도 p.90-B
위치 차웽 비치 북쪽, 시내에서 북쪽으로 올라가는 언덕길이 시작되기 직전
주소 14/3 Moo 2, Chaweng Beach Road
요금 슈피리어 4000B~, 디럭스 5000B~
전화 077-422-015
홈피 www.amari.com/palmreef
부속 프레고(p.105)

STAYING

추라 사무이
Churas Samui

풀빌라 체인으로 유명한 알리타 그룹에서 관리하는 리조트이다. 차웽 북단에 위치하며 전체적인 스타일은 심플하면서 시크한 느낌이다. 일반 객실인 디럭스는 로비와 가까운 곳의 빌딩에 위치하며 상당히 아담하다. 가격이 많이 차이 나지 않으니 객실 내부가 훨씬 넓고 테라스 공간도 여유로운 두 번째 카테고리 그랜드 디럭스를 이용하는 것을 추천한다. 총몬에 자매 호텔인 아카린도 함께 운영한다.

지도 p.90-B
위치 차웽 비치 북쪽, 시내에서 북쪽으로 올라가는 언덕
주소 99/9 Moo 2, Chaweng Beach Road
요금 그랜드 디럭스 6000B~, 디럭스 5000B~
전화 077-915-100
홈피 www.theakyra.com

STAYING

무앙 사무이 스파 리조트
Muang Samui Spa Resort

태국 전통 스타일로 꾸며진 조용한 숙소이다. 위치가 좋고 직원들의 세심한 서비스도 장점이다. 객실은 티크와 라탄 가구를 많이 사용해 자연적인 느낌을 살렸고 야외 테라스가 넓어 휴식하기 알맞다. 리조트 부지가 좁고 객실에서 보이는 전망이 없어 다소 답답하게 느껴질 수도 있다. 도로 건너편의 사무이 시푸드(Samui Seafood)를 함께 운영한다. 총몬 비치의 보트 하우스 옆에 자매 리조트인 무앙 사무이 빌라스 & 스위츠(Muang Samui Villas & Suites)가 운영한다.

지도 p.91-A
위치 차웽 비치 중심가, 차웽 리전트 비치 리조트 근처
주소 13/1 Moo 2, Chaweng Beach Road
요금 주니어 스위트 7000B~, 로열 스위트 1만 1000B~
전화 077-429-700
홈피 www.muangsamui.com

STAYING

부리 라사 빌리지
Buri Rasa Village

총 32개의 객실이 있는 아담한 부티크 리조트다. 차웽에 위치하지만 리조트 안으로 들어서면 놀랍도록 아늑한 세상이 펼쳐진다. 태국 스타일과 발리 스타일을 결합한 차분한 인테리어와 아기자기한 정원이 인상적이다. 1개씩 있는 상위 객실을 제외하면 객실 대부분이 디럭스로 1층과 2층으로 나뉜다. 2층 객실에는 개별 테라스가 있고 1층 객실에는 테라스 역할의 작은 정원이 있는 것 말고는 동일한 구조다. 높게 뻗은 대나무가 자연스럽게 서로의 공간을 보호해주는 역할을 한다. 해변 쪽에는 아담한 공용 수영장과 레스토랑이 있다.

지도 p.91-E
위치 차웽 비치 중심가에서 약간 남쪽, KC 비치 클럽 호텔 & 풀빌라스 바로 옆
주소 11/2 Moo 2, Chaweng Beach Road
요금 디럭스 5000B~, 가든 디럭스 7000B~
전화 077-230-222
홈피 www.burirasa.com

STAYING

바나나 팬 시 리조트
Banana Fan Sea Resort

코사무이의 인기 숙소로, 총 74개의 객실 모두가 단독 방갈로 타입이며 대부분의 객실은 디럭스이다. 고급 숙소는 아니지만 철저한 관리와 친절한 직원들의 서비스는 시간이 지날수록 마음을 편안하게 한다. 꽃과 나무가 잘 가꾸어진 정원의 여유로움은 이곳의 자랑거리. 정원 끝에는 메인 수영장이 있는데 해변과 접하고 있다. 메인 레스토랑인 바이통(Baitong)의 분위기도 친근하다. 객실 중 슈피리어는 리셉션과 가까우나 해변에서 가장 멀다. 차웽 중심과도 가까워 편리하다.

지도 p.91-E
위치 차웽 비치 중심가에서 약간 남쪽
주소 201 Moo 2, Chaweng Beach Road
요금 슈피리어 4000B~, 디럭스 4500B~
전화 077-413-483
홈피 www.bananafansea.com

STAYING

깐다 레지던스
Kanda Residence

활발한 마케팅으로 한국의 예비 신혼부부에게도 많이 알려진 풀빌라이다. 총 36개의 객실은 대부분 3-베드룸 이상의 레지던스로 빌라의 크기는 어느 정도 보장되어 있다. 각 빌라에는 요리할 수 있는 주방이 구비되어 더욱 실용적이다. 외부에서 일부러 찾아오는 록 풀이 바로 이곳의 메인 레스토랑이다. 모래보다 돌이 더 많은 해변을 비교적 넓게 접하고 있어 레스토랑에서 바라보는 전망이 훌륭하다.

지도 p.90-B
위치 차웽 비치와 총몬 비치 사이
주소 80/32 Moo 5, Bophut
요금 1-베드룸 US$400~
전화 077-234-500
홈피 www.kandaresidences.com
부속 록 풀(p.106)

STAYING

사무이 버티 컬러
Samui Verti Color

센타라 그랜드 비치 리조트 맞은편에 자리한 중급 숙소로 통통 튀는 감각이 매력적이다. 총 7개 층에 걸쳐 150여 개의 객실이 있는데 원래 아파트였던 건물을 개조한 것이다. 가격에 비해 수영장 시설도 좋은 편이다. 인터넷은 객실에서는 안 되고 로비에서 무료로 가능하다. 로비의 컴퓨터로 인터넷을 할 경우 30분에 40B 수준. 간단하지만 아침식사도 제공한다. 대로변에서 50m 정도 안쪽에 있는데 골목길이 으슥하지 않아 비교적 안심하고 선택할 수 있다.

지도 p.90-C
위치 차웽 비치 남쪽, 센타라 그랜드 비치 리조트 사무이 맞은편
주소 19/16 Moo 3, Chaweng Beach Road
요금 슈피리어 US$40~, 디럭스 US$50~
전화 077-914-000
홈피 www.samuiverticolor.com

STAYING

반 핫 응암 리조트
Baan Haad Ngam Resort

반 핫 응암은 태국어로 '아름다운 비치와 아름다운 집'이란 뜻이다. 총 34개의 객실을 가진 작은 부티크 리조트로 이름과 어울리게 아기자기하게 꾸며져 있다. 메인 레스토랑인 올리비오는 로맨틱한 분위기의 이탈리안 레스토랑이며 전망과 분위기 덕분에 호텔 투숙객은 물론 여행자에게도 인기 있다. 하루 4회 차웽 비치 중심가로 가는 무료 셔틀버스를 운영한다.

지도 p.90-B
위치 차웽 비치 북쪽 언덕, 아난타라 라와나 가기 직전
주소 154 Moo 2, Chaweng Beach Road
요금 슈피리어 3500B~, 디럭스 6000B~
전화 077-231-500
홈피 www.baanhaadngam.com
부속 올리비오(p.108)

STAYING

뉴 스타 비치 리조트
New Star Beach Resort

2007년 오픈한 젊은 감각의 리조트이다. 밝고 경쾌한 콘셉트로 선명한 주황색을 포인트로 사용해 상큼한 느낌이다. 총 74개의 객실은 모두 빌라 타입으로 넓은 부지에 지어져 여유가 느껴진다. 지붕 모양이 재미있는데 태국 디저트인 카놈 브앙의 모습을 본떠 만들었다고 한다. 가장 낮은 등급의 객실인 36개의 팜 룸도 최소 49㎡로 상당히 크다. 체크아웃 후에 사용할 수 있는 샤워 시설이 별도로 마련되어 있다. 리조트 주변으로 로컬 식당과 세탁실, 마트 등의 편의 시설이 분포한다.

지도 p.90-E
위치 차웽 노이 비치
주소 83 Moo 3, Chaweng Noi Beach Road
요금 팜 룸 US$140~, 오션 풀빌라 US$400~
전화 077-422-407
홈피 www.newstarresort.com

STAYING

사무이 리조텔 비치 리조트
Samui Resotel Beach Resort

총 79개의 객실이 있다. 4성급 숙소로 각 3층짜리 건물에 일반 객실과 풀빌라를 보유하며 가장 일반적인 등급의 객실은 슈피리어 시 뷰이다. 풀빌라 디럭스 풀 액세스는 작은 풀장으로 바로 연결된다. 두 객실의 크기나 구조는 거의 동일하다. 객실 내부는 지중해가 떠오르는 흰색과 푸른 계열로 꾸며져 있다. 차웽 시내가 거의 끝나는 남쪽 끝에 자리해 번화가까지는 꽤 걷거나 썽태우 등을 이용해야 한다.

지도 p.90-C
위치 차웽 비치 남쪽, 차웽 노이 비치 가기 직전
주소 17 Moo 3, Chaweng Beach Road
요금 슈피리어 시 뷰 US$120~, 디럭스 풀 액세스 US$150~
전화 077-422-374
홈피 www.samuiresotel.com

STAYING

KC 비치 클럽 호텔 & 풀빌라스
KC Beach Club Hotel & Pool Villas

특별한 콘셉트의 수상 빌라로 널리 알려진 KC 리조트 & 오버 워터 빌라스가 운영하는 리조트이다. 모던하고 깔끔한 시설을 찾는 여행자에게 추천한다. 전체적으로 흰색 톤으로 꾸며진 객실은 정갈하고 깨끗한 느낌이다. ㄷ자 모양의 객실 건물이 수영장을 감싸는 구조로 1층 객실은 공용 수영장으로 이어지는 풀 액세스 스타일이다. 해변 쪽으로는 단독 빌라 형태의 풀빌라가 있다. 유난히 젊은 여행자가 많고 2개의 공용 수영장과 비치 바에서는 이벤트와 행사가 자주 열린다.

지도 p.91-E
위치 차웽 비치 남쪽, 부리 라사 빌리지 옆
주소 11/9 Moo 2, Chaweng Beach Road
요금 발코니 시 뷰 US$150~, 풀 액세스 US$200~
전화 077-915-155
홈피 www.kchotelgroup.com

STAYING

KC 리조트 & 오버 워터 빌라스
KC Resort & Over Water Villas

총 객실 95개의 5성급 숙소로 일반 객실과 특별한 수상 빌라를 보유한다. 전 객실에서 차웽 비치를 감상할 수 있다. 특히 투명한 유리로 된 개인 풀을 가진 풀빌라는 풀장 위에 객실이 떠 있는 것 같은 독특한 콘셉트이다. 객실 내부에서도 유리 바닥을 통해 개인 풀장을 내려다볼 수 있다. 일반 객실에 묵을 경우, 바다 전망이 압권인 메인 수영장과 KC 비치 클럽 호텔 & 풀빌라스까지 무료로 운행하는 셔틀버스를 이용할 수 있다.

지도 p.90-B
위치 차웽 북쪽 끝, 해변에서 도로 건너 언덕
주소 166/98 Moo 2, Tambon Bophut
요금 오버 워터 빌라 US$500~
전화 077-428-088
홈피 www.kchotelgroup.com

STAYING

차웽 리전트 비치 리조트
Chaweng Regent Beach Resort

1994년 오픈했으며 전통적인 차웽의 인기 숙소로 특히 유럽인이 선호한다. 넓고 세련된 객실을 선호하는 한국인에겐 약간 실망스러울 수도 있으나 비치 로드 번화가와 가깝다. 직원들의 체계적인 서비스와 친절함. 잘 가꾸어진 정원이 돋보인다. 객실은 깔끔하고, 특히 태국 전통 양식과 모던함이 조화를 이룬 프리미어가 주목할 만하다. 파인 다이닝을 즐길 수 있는 레드 스내퍼가 이곳 부속 레스토랑이다.

지도 p.91-A
위치 차웽 비치 중심가
주소 155/4 Moo 2, Chaweng Beach Road
요금 슈피리어 US$160~, 디럭스 US$180~
전화 077-300-500
홈피 www.chawengregent.com
부속 레드 스내퍼(p.108)

STAYING

오조 차웽 사무이 호텔
OZO Chaweng Samui Hotel

아마리에서 론칭한 디자인 호텔 브랜드로 홍콩과 말레이시아, 스리랑카 등에도 지점이 있다. 총 200여 개의 객실을 갖추어 코사무이에서는 상당히 규모가 큰 편이다. 객실은 크게 슬리프(Sleep), 드림(Dream), 스위트(Suite)로 나뉘고 다시 전망에 따라 세분화된다. 객실 크기가 상당히 작은 편이라 아쉬움이 남지만 깔끔하고 현대적인 것을 찾는 여행자라면 만족할 만하다. 짐을 들어주는 벨보이가 없는데 이것은 빠른 체크인을 위해서라고 한다. 리조트 내 어디서나 무료로 무선 인터넷을 무료로 사용할 수 있다.

지도 p.91-E
위치 차웽 비치 남쪽
주소 11/34 Moo 2, Chaweng Beach Road
요금 슬리프 US$140~, 드림 US$150~
전화 077-915-200
홈피 www.ozohotels.com/chaweng-samui

STAYING

머큐어 사무이 차웽 타나
Mercure Samui Chaweng TANA

총 85개의 객실을 가진 아코르 계열 4성급 숙소로 고풍스러운 외관이 눈에 띈다. 무선 인터넷을 무료로 사용할 수 있고 객실 비품도 부족함이 없지만 객실 크기가 작다는 게 단점이다. 하지만 차웽 시내인 점과 가격을 생각한다면 큰 불만을 갖기는 어렵다. 아늑한 분위기의 공용 수영장을 비롯해 메인 레스토랑인 태국 레스토랑 반타나(Baantana)가 있다. 1층 외부에는 태국의 일식 레스토랑 체인인 후지가 있다.

지도 p.90-C
위치 차웽 비치 남쪽, 센타라 그랜드 비치 리조트 사무이 근처
주소 37/97 Moo 3, Chaweng Beach Road
요금 스탠더드 US$40~
전화 077-915-657
홈피 www.accorhotels.com

> STAYING

알스 램손 리조트
Al's Laemson Resort

차웽 시내의 터줏대감 리조트 중 하나인 알스 리조트의 숙소이다. 총 80여 개의 객실은 모두 단독 방갈로로 구성된다. 가장 기본 객실인 디럭스 빌라가 72채로 거의 대부분을 차지하고 4인까지 투숙 가능한 패밀리 빌라가 5채 있어 여행 구성원에 맞춰 객실을 선택할 수 있다. 차웽의 북쪽, 반 핫 응암 리조트 가까이 있으며 시내 접근성이 좋지 않아 택시나 숙소의 셔틀버스를 이용해야 한다. 하지만 이 숙소 앞 해변만큼은 누구라도 탄성이 나올 만큼 아름다운 빛깔을 지닌다.

지도 p.90-B
위치 차웽 비치 중심가에서 북단으로 올라가는 언덕, 반 핫 응암 리조트 옆
주소 154/14-15 Moo 2, Chaweng Beach Road
요금 디럭스 빌라 US$50~, 패밀리 빌라 US$150~
전화 077-914-750
홈피 www.alslaemsonsamui.com

> STAYING

노라 비치 리조트 & 스파
Nora Beach Resort & Spa

2005년 오픈했으며 깔끔한 시설과 멋진 해변 전망을 갖는다. 총 96개의 객실을 가진 리조트는 넓은 부지를 사용하며, 정원을 잘 꾸며놓아 열대 분위기가 난다. 수영장은 해변과 접하고 있어 전망이 훌륭하다. 차웽 비치의 북쪽 끝에 위치해 번화가까지 걸어가기에는 무리가 있다. 차웽 비치 중심가를 오가는 셔틀버스를 이용하자.

지도 p.90-B
위치 차웽 비치의 북쪽 언덕 위, 아난타라 라와나 옆
주소 222 Moo 2, Chaweng Beach Road
요금 슈피리어 3500B~, 빌라 5000B~
전화 077-429-400
홈피 www.norabeachresort.com

> STAYING

퍼스트 레지던스 호텔
First Residence Hotel

차웽 비치의 최남단에 2개의 숙소를 가진 퍼스트 하우스에서 장기 거주자를 위해 오픈한 서비스 아파트먼트 형태의 숙소이다. 차웽 비치에서 차웽 노이 비치로 넘어가기 직전 길가에 자리해 시끄러우며 위치도 불편한 편이다. 하지만 저렴한 가격에 깔끔한 객실, 아담한 수영장을 갖춘 시설은 주목할 만하다. 5인까지 머물 수 있는 2-베드룸도 있어 가족여행객이나 일행이 많은 경우 유용하다. 썽태우나 렌터카 등의 이용을 고려한다면 추천할 만하다.

지도 p.90-E
위치 차웽 비치 남쪽과 차웽 노이 비치 사이
주소 27/6 Moo 3, Tambon Bophut
요금 슈피리어 1300B~, 패밀리 2200B~
전화 077-413-149
홈피 www.samuifirsthouse.com

STAYING

르 파라다이스 리조트 빌라스 & 스파
Le Paradis Resort Villas & Spa

총 객실 26개의 작고 아담한 숙소로 아늑하고 조용한 분위기가 물씬 풍긴다. 해변과 수영장 사이에 있는 나무 문부터 태국 전통 양식의 목조건물, 키가 큰 나무가 있는 정원과 연못, 옛 농경 사회에서 쓰던 농기구까지 리조트 안으로 들어서면 태국 북부의 어느 마을에 온 듯 이국적인 풍경이 펼쳐진다. 전 객실에는 DVD가 있고 무료로 타이틀을 빌릴 수 있다. 체크아웃 후에 사용할 수 있는 샤워 시설이 별도로 마련되어 있다.

지도 p.91-E
위치 차웽 비치 남쪽, 마이 프렌드 타이 마사지가 있는 사거리에서 해변 쪽으로 10m
주소 101/1 Moo 3, Chaweng Beach Road
요금 빌라 8000B~
전화 077-239-041~3
홈피 www.leparadisresort.com

STAYING

아이야라 비치 호텔
Iyara Beach Hotel

아이야라 클래식 등 태국 로컬 브랜드를 소유한 패션 회사 아이야라가 오픈한 호텔이다. 메인 로드에서 보면 호텔보다 쇼핑 플라자가 먼저 눈에 띈다. 총 65개의 객실은 빌딩식 숙소와 빌라식 숙소인 카바나 등으로 이루어지며 부티크 호텔의 분위기를 연출한다. 객실 내부는 젠 스타일로 심플하면서 깔끔하게 꾸며져 있다. 객실 건물에 둘러싸인 수영장은 규모는 작지만 바다를 바라보고 있어 아늑한 느낌이 든다.

지도 p.90-B
위치 차웽 비치 북쪽, 아마리 팜 리프 리조트에서 도보 2분
주소 90/13-16 Moo 2, Chaweng Beach Road
요금 슈피리어 US$70~, 카바나 US$140~
전화 077-231-639~41
홈피 www.iyarabeachhotelandplaza.com
부속 아웃렛 빌리지 사무이(p.101), 창 사바이(p.121)

STAYING

사리라야 차웽 비치 사무이
Sareeraya Chaweng Beach Samui

오리엔탈 시크 (Oriental Chic) 콘셉트로 오픈한 디자인 호텔이다. 노출 콘크리트의 도시적인  외관이지만 리셉션과 정원, 객실 등은 동양적인 아름다움을 현대적으로 연출했다. 차웽 시내에 있는 리조트 중에서 상당히 여유로운 객실 공간을 자랑한다. 해변과 접한 공용 수영장도 단순하지만 세련된 멋이 있고, 길 건너편에는 사리라야 계열의 라야 스파가 자리한다.

지도 p.90-B
위치 아마리 팜 리프 리조트에서 북쪽으로 도보 2분
주소 100/1 Moo 2, Chaweng Beach Road
요금 사리라야 스위트 US$280~
전화 077-914-333
홈피 www.sareeraya.com
부속 라야 스파(p.121)

> STAYING

알스 리조트
Al's Resort

일단 위치가 합격점이다. 차웽 시내 지도를 놓고 보면 가장 중심에서 이 숙소를 찾을 수 있다. 차웽 시내에서 예약하기 힘든 숙소 중 하나로 해변과 마주 보는 레스토랑과 공용 수영장 덕분에 인기가 상당하다. 총 93개의 객실은 6가지나 되는 다양한 종류가 있다. 가장 기본적인 객실은 코트야드 디럭스로 리조트라기보다는 고급 게스트하우스 분위기이다. 코트야드 스튜디오는 건물 3층에 자리해 바다 전망이 시원하다.

지도 p.91-C
위치 차웽의 가장 중심
주소 162/21 Moo 2, Chaweng Beach Road
요금 코트야드 디럭스 US$70~, 코트야드 스튜디오 US$120~
전화 077-422-154
홈피 www.alsresortsamui.com

> STAYING

노라 차웽 호텔
Nora Chaweng Hotel

2008년 7월 노라 그룹에서 오픈한 호텔이다. 합리적인 가격과 친근한 서비스로 해변을 접하지 않은 불리함을 극복했다. 차웽 비치 로드의 중심에 있는 위치는 단연 돋보인다. 세련된 외관의 4층 건물로 객실 또한 세련된 블랙 & 화이트 콘셉트로 깔끔함을 갖추었다. 야외 수영장과 레스토랑 등도 손색없다. 로비에서 인터넷을 무료로 사용할 수 있다.

지도 p.91-A
위치 차웽 비치 로드, 사무이 시푸드 옆
주소 162/49-50 Moo 2, Chaweng Beach Road
요금 디럭스 3000B~
전화 077-913-666
홈피 www.norachawenghotel.com

> STAYING

노라 레이크뷰 호텔
Nora Lakeview Hotel

차웽에만 3개의 숙소를 가진 노라 비치 리조트 & 스파에서 운영하는 중저가 숙소이다. 해변을 접하지 않은 단점 때문에 합리적인 가격에 이용할 수 있다. 차웽 번화가와 가까워 매우 편리하다. 총 33개의 객실은 깔끔하고 넓은 편이다. 디럭스 12개와 슈피리어 21개를 갖추었다. 디럭스는 호수 전망과 차웽 비치 로드 전망으로 나뉜다. 욕조와 미니바, 세이프티 박스, TV가 있으며 헤어드라이어와 슬리퍼, 가운 등은 없으니 미리 준비하자. 길가에 접해 있기 때문에 소음은 다소 있는 편이다.

지도 p.91-E
위치 차웽 비치 로드, 세이버 슈퍼마켓 바로 옆
주소 18 Moo 2, Chaweng Beach Road
요금 슈피리어 1500B~, 디럭스 2000B~
전화 077-230-234
홈피 www.noralakeview.com

차웽의 기타 숙소

분다리 스파 리조트 & 빌라스
Bhundhari Spa Resort & Villas

태국 전통 스타일의 숙소로 일반 객실과 풀빌라가 언덕을 따라 자리한다. 한국 패키지 여행에서 저렴한 가격 때문에 많이 찾지만 위치 때문에 불만도 있는 편이다.
지도 p.90-B
홈피 www.bhundhari.com

더 사란
The Sarann

차웽 노이 비치 남쪽 끝에 자리한 숙소. 풀빌라 객실은 바다 전망이 있지만 투박한 내부와 숙소 앞 해변은 NG.
지도 p.90-E
홈피 www.thesarann.com

노라 부리
Nora Buri

차웽 비치 북쪽 끝에 자리한 노라 그룹의 또 다른 숙소. 태국 전통 양식의 목조건물을 모티브로 한다. 한국 패키지 여행에서 저렴한 풀빌라 가격 때문에 많이 찾는 편이다.
지도 p.90-B
홈피 www.noraburiresort.com

노보텔 칸타부리
Novotel Kandaburi

푸껫의 카타 그룹에서 운영하는 리조트로 2004년 오픈했다. 총 183개의 객실로 코사무이에서는 비교적 큰 규모이며 한국인 여행자도 많이 찾는다. 메인 로드를 사이에 두고 객실이 나뉘며 양쪽에 수영장이 있다.
지도 p.90-B
홈피 www.katagroup.com/kandaburi

차바 사무이
Chaba Samui

차웽에 모두 2개의 지점이 있는 대표 중저가 숙소. 가족여행객이 많이 찾으며 세련된 숙소를 원하는 사람은 실망할 수 있다.
지도 p.91-E
홈피 www.chabanet.com

쿤 차웽
Khun Chaweng

게스트하우스 스타일로 쇼핑몰을 숙소로 개조했다. 좋은 위치 외에는 크게 기대할 것이 없다.
지도 p.91-A
전화 077-601-030

차웽 센터 버짓 호텔
Chaweng Center Budget Hotel

상가 건물 2층에 자리한 숙소. 장기 투숙자나 하룻밤 저렴한 곳에서 머물고자 하는 여행자가 많이 찾는다.
지도 p.91-C
홈피 www.kohsamuibudgethotel.com

아콰 게스트하우스
Akwa Guesthouse

차웽 시내에서 저렴하면서 깨끗한 게스트하우스를 찾는 여행자에게 추천할 만하다. 귀여운 객실을 갖고 있다.
지도 p.90-C
홈피 www.akwaguesthouse.com

Northern Area
코사무이 북부

코사무이의 북쪽 지역인 매남, 보풋, 총몬 비치에도 숙소와 여행 관련 시설이 밀집해 있다. 고급 리조트의 격전지라 불러도 좋을 만큼 최고급 리조트와 럭셔리한 풀빌라가 많은 곳이기도 하다. 차웽과 가까우면서도 한가로운 휴양을 즐길 수 있다는 것이 가장 큰 장점이다.

보풋 비치는 모래가 곱지는 않지만 파도가 거의 없어 고요한 분위기다. 매남 비치는 로컬의 정서가 많이 남아 있는 클래식한 해변으로 보풋 비치와 접하고 있다. 코사무이의 가장 북동쪽에 곶처럼 나와 있는 총몬 비치에는 신혼여행객을 위한 로맨틱한 리조트가 모여 있다. 차웽과 비교적 가깝지만 한적하고 자연 풍광이 아름답다.

코사무이 북부

0 1 2km

- 방포 비치 Bangpor Beach
- 더 시 코사무이 리조트
- 짠 홈
- 헬스 오아시스 Health Oasis
- 4169
- 롬프라야 선착장
- 벨몬드 나파사이
- 매남 비치 Maenam Beach
- 산타부리 사무이
- 매남 선착장
- 포시즌스
- 램 야이 Laam Yai
- 더 패시지 사무이
- 마이 사무이 비치 리조트 & 스파
- 4169 링 로드 Ring Road
- 나톤
- 산티부리 골프 클럽
- 키리카얀 Kirikayan

138 코사무이 가이드

- 센시마 리조트 & 스파 코사무이
- 씨암 자연박물관 Siam Natural Histroy Museum
- 피스 리조트
- W 리트리트 사무이
- 보풋 리조트 & 스파
- 반다라 리조트
- 반다라 스파
- 자젠 부티크 리조트
- 아난타라 리조트
- 풀 문
- 호텔 이비스 보풋 사무이
- 한사르 사무이
- 사무이 팜 비치 리조트
- 보풋 선착장
- 피스 트로피컬 스파
- 보풋 비치 Bophut Beach
- 고카트
- 코코 탐스
- 피셔맨스 빌리지
- 만트라 사무이 리조트
- 반사바이 스파 Ban Sabai Spa
- 레츠 릴랙스
- 코사무이 공항
- 차웽

- 램 삼롱 Laem Samrong
- 식스 센스 하이드어웨이 사무이
- 다이닝 온 더 록
- 멜라티 비치 리조트 & 스파
- 리츠칼튼 코사무이
- 더 통사이 베이
- 사무이 보트 라군
- 살라 사무이
- 총문 비치
- 미니 골프 Mini Golf
- 총몬 비치 Choengmon Beach
- 판 섬 Fan Island
- 데바 사무이 리조트 & 스파
- 빅 부다
- 왓 쁠라이 램
- 돈 한국 식당
- 고사 한국 식당 Kosa Korea Restaurant
- 풋볼 골프 Football Golf
- 로열 무앙 사무이 빌라스
- 빅 부다 선착장
- 임피리얼 보트 하우스 Imperial Boat House
- 방락 비치 Bangrak Beach
- 아웃리거 코사무이 비치 리조트

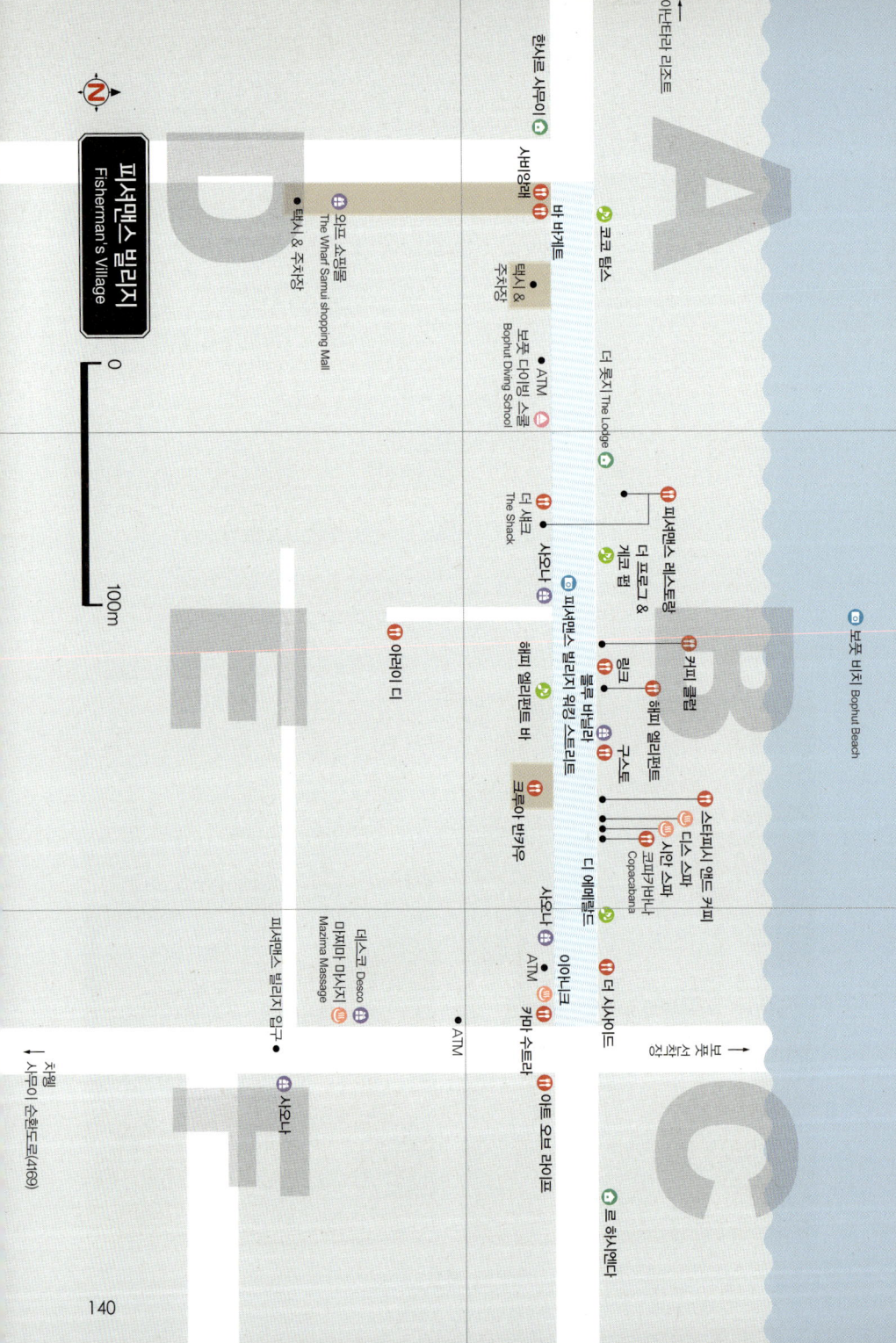

SIGHTSEEING

피셔맨스 빌리지
Fisherman's Village

보풋 비치에 있는 작은 마을로 이름처럼 어부들이 모여 살던 어촌이었다. 지금은 예전부터 거주해오던 현지인과 이곳에 정착한 유럽인이 함께 터를 잡고 살아간다. 오래되고 클래식한 목조건물이 줄지어 있어 코사무이의 작은 유럽이라고 할 만큼 이국적인 분위기를 갖는다. 길이 200~300m 정도 되는 이 작은 골목 안에는 트렌디한 카페와 세련된 레스토랑을 비롯해 장기 체류하는 여행자를 위한 아담한 부티크 숙소가 모여 있다.

특별한 볼거리가 있는 곳은 아니지만 낭만적이고 유유자적한 시간을 보낼 수 있다. 섬을 순환하는 4169 도로를 이용해 차웽에서 보풋 방면으로 가다 보면 매남 비치와 총몬 비치 방면으로 가는 삼거리가 나온다. 이 삼거리에서 총본 비치 방면으로 방향을 잡으면 바로 피셔맨스 빌리지 입구와 만난다. 피셔맨스 빌리지 입구를 따라 안으로 들어가면 옛 모습을 간직한 나무로 만든 보풋 선착장이 나온다. 이곳에서는 코팡안으로 향하는 스피드 보트가 출발하고, 일일 투어를 위한 보트도 많이 볼 수 있다. 이 선착장을 중심으로 숙소는 주로 동쪽에, 레스토랑과 카페는 주로 서쪽에 몰려 있다. 특히 해안선을 따라 이어지는 레스토랑과 카페는 안으로 들어서야 진짜 모습을 볼 수 있으니 밖에서만 휙 둘러보고 성급히 판단하지 말자. 마을의 서쪽 끝은 아난타라 리조트와 바로 인접하고 동쪽 끝은 빅 부다로 이어진다.

지도 p.140
위치 보풋 선착장 일대

SIGHTSEEING

피셔맨스 빌리지 워킹 스트리트
Fisherman's Village Waking Street

매주 금요일 피셔맨스 빌리지에 워킹 스트리트가 들어서는 날이면 오후 3시 30분부터 차량이 통제된다. 코사무이를 찾는 여행자의 수요가 많아지면서 볼거리, 먹거리, 쇼핑 등을 한번에 해결하고픈 여행자의 욕구와 로컬 상인 모두가 만족할 만한 장소가 생겨난 것이다.

말 그대로 정해진 시간 동안에는 오직 걸어서만 다닐 수 있다. 하룻밤의 신기루처럼 각종 먹거리 장사부터 의류, 신발, 잡화 등의 간이 시설이 눈 깜짝할 사이에 펼쳐진다. 초저녁이면 특히나 발 디딜 틈이 없는데 그 덕에 다른 레스토랑도 덩달아 성황이다. 간혹 브랜드는 없지만 마음에 드는 선글라스를 단돈 50B에 득템할 수도 있으니 두 눈 크게 뜨고 살펴보자. 간이 칵테일 바에서 나오는 신나는 음악에 몸을 흔드는 여행자부터 두 손 꼭 잡고 여행하는 커플, 어린아이와 함께하는 가족여행객까지 모두가 즐겁고 흥겨운 시간을 보낸다.

여러 지역에서 워킹 스트리트가 열리지만 이곳 워킹 스트리트야 말로 여행자에게 가장 핫한 곳임에 틀림없다.

지도 p.140-B
위치 피셔맨스 빌리지 내
오픈 금요일 17:00~22:00

SIGHTSEEING

빅 부다
Big Buddha

방락 비치에서 둑으로 이어진 판 섬(Koh Farn)에 있는 높이 15m의 커다란 좌불상이다. 1972년 코사무이와 현지인의 안녕을 위해 수코타이 왓 시춤(Wat Sichum) 불상을 본떠 만들었다. 금빛의 커다란 불상은 코사무이 북쪽 해변의 상징이 되었다. 불상에 올라가기 위해서는 신발을 벗어야 하지만 햇볕이 뜨거운 오전 10시부터 오후 4시까지는 신발을 신어도 된다. 근처의 해안선이 내려다보이는 전망이 일품이며, 특히 해 질 무렵의 풍경이 무척 아름답다. 멀리 코팡안까지 한눈에 보인다. 빅 부다가 있는 방락 비치 주변은 코사무이에서도 내륙 쪽으로 가장 깊이 들어온 지형이라 파도가 거의 없어 낚시나 수영을 하는 현지인을 자주 볼 수 있다.

지도 p.139-D
위치 방락 비치의 판 섬

SIGHTSEEING

왓 쁠라이 램
Wat Plai Laem

호숫가에 공원처럼 지어진 왓 램 수안 나람(Wat Laem Suan Naram)과 함께 있는 팔이 여러 개 달린 불상이자 사원이다. 연꽃에서 피어난 것 같은 모습을 하고 있는 이 화려한 사원은 멀리서도 금방 눈에 띈다. 석가모니의 삶을 형상화한 조각들이 입구에서부터 늘어서 있다. 전통적인 태국 사원의 건축양식을 현대적으로 발전시키는 데 많은 영향을 미쳤다.

지도 p.139-D
위치 빅 부다에서 쫑몬 비치 방면, 차로 5분

ACTIVITY
산티부리 골프 클럽
Santiburi Golf Club

두짓 체인인 산티부리에서 운영하는 골프 클럽으로 18홀 파 72의 챔피언십 골프 코스를 갖추었다. 해발 300m의 산 중턱에 위치해 코사무이의 북쪽 해안이 내려다보이는 장엄한 전망을 자랑한다. 키 큰 야자수와 2개의 호수, 언덕을 이용한 아름다운 코스가 있다. 특히 17번 홀은 코팡안과 보풋 비치가 한눈에 보이는 시원한 전망과 아름다운 코스로 유명하다. 사방이 탁 트인 클럽 하우스와 골프용품을 파는 숍 등도 있다. 보풋 리조트 & 스파와 산티부리 사무이 투숙객은 할인되며 홈페이지를 통해 예약하면 여러 가지 프로모션 혜택이 주어진다.

지도 p.138-B
위치 매남 지역의 내륙
주소 12/12 Moo 1, Maenam Beach
요금 캐디 350B, 카트 750B, 그린피 2250B(18홀)
전화 077-421-700~8
홈피 www.santiburigolfsamui.com

ACTIVITY
고카트
Go-kart

고카트는 일반인을 대상으로 하는 작은 경주용 차량을 말한다. 보통 지붕이 없는 1~2인승 자동차를 사용하며 경주용 트랙은 코너링이 많은 편이다. 차체의 바닥이 낮아 경주용 차량의 짜릿함을 맛보는 데는 손색없다. 최고 속력에 따라 펀(40km), 스피드(75km), 프로(100km)로 나뉜다. 귀중품을 보관할 수 있는 사물함이 있으며, 사물함 이용료는 20B이다.

지도 p.139-C
위치 보풋 비치, 아난타라 리조트 맞은편
주소 101/2 Moo 1, Bophut
오픈 09:00~21:00
요금 600~1000B(10분)
전화 077-425-097

Tip 보풋에서 즐기는 해양 스포츠

보풋 해변은 다른 지역에 비해 모래가 곱지는 않지만 바다가 파도도 없고 잔잔해 해양 스포츠를 즐기기 좋다. 예전에는 바나나보트, 제트스키, 워터스키를 찾았지만 최근 들어 패러세일링이나 플라이 보드 등의 이용자도 늘어나는 추세이다. 보기만 해도 시원하고 아찔한 플라이 보드는 균형 감각을 요하는 스포츠로 안전 교육과 트레이닝을 거친 뒤 실습이 가능하다. 요금은 15분에 2000B 정도, 패들 보드는 길고 좁은 형태의 보드를 물 위에서 노를 저으며 타는데, 요금은 30분에 200B 정도이다. 해양 스포츠는 인원수와 프로그램에 따라 가격이 달라지니 가격 협상이 가능한지 물어보도록 하자.

요금 제트스키 1200B(20분), 패러세일링 2000B(1인), 바나나보트 1000/1200/1300B(1/2/3인), 플라이 보드 2000B(15분), 워터스키 1500B(20분), 패들 보드 200B(30분)

SHOPPING

블루 바닐라
Blue Vanilla

평범함을 거부하고 특별한 기념품점을 지향하는 곳. 지중해를 닮은 푸른 바다색 외관이 눈에 확 들어온다. 여행지의 대표 기념품인 엽서부터 핸드메이드 액세서리, 물고기 모양의 핸드페인팅 원목 소품, 태국 음식에 사용되는 곱게 포장된 양념까지 흔히 로컬 숍에서 만나본 것은 다 있다. 그냥 지나치기 어려울 정도로 아기자기하고 예쁜 소품에 눈이 즐겁고, 지갑이 절로 열린다. 쇼핑하다 잠시 쉴 수도 있는데, 네스카페 캡슐 커피가 70B 정도이다.

지도 p.140-B
위치 피셔맨스 빌리지 내, 해피 엘리펀트 옆
주소 123/18 Moo 1, Bophut
오픈 11:00~23:00
전화 089-474-4671

SHOPPING

사오나
Saona

휴양지에서 편안하게 입을 수 있는 아이템으로 여심을 자극하는 패션 스토어. 외국인 오너가 직접 인도와 발리 등지에서 구입해온 아이템이 주를 이루며 남다른 패션 감각을 자랑한다. 쇼핑 마니아가 아니어도 둘러보게 만드는 독특한 디자인의 원피스나 바지, 비키니 외에 모자, 가방, 신발, 액세서리 등의 소품도 함께 판매한다. 대부분의 옷이 어느 정도 가격대가 있는 편이지만 품질이 나쁘지 않고, 매일 바뀌는 디스플레이는 구경하는 재미가 쏠쏠하다.

지도 p.140-C·F
위치 피셔맨스 빌리지 내(총 2곳)
주소 34/2 Moo 1, Tambon Bophut
오픈 10:00~23:00
홈피 www.saonacollection.com

SHOPPING

빅 C
Bic C

태국 전역에 지점이 있는 대형 쇼핑몰로 슈퍼마켓과 할인 매장이 입점해 있다. 현지인이 주로 이용하는 곳으로 저렴한 편이다. 한국에서 구하기 어려운 태국 식재료를 구입할 수 있다. 냉방 시설이 잘된 쇼핑몰에서 가벼운 식사와 쇼핑을 한번에 해결할 수 있다. 입구에는 스타벅스 매장이 넓게 위치한다. 1층은 슈퍼마켓과 와코루, 엘르 등의 속옷 매장, 스포츠 의류 전문 매장, Bata, Boots 등이 입점해 있다. 커피 월드, MK 수키, KFC, 젠 등의 레스토랑 체인도 함께 들어서 있다. 2층에는 은행과 서점이 있다.

지도 p.84-F
위치 보풋과 차웽 사이
주소 129/19 Moo 1, 4169 Ring Road
오픈 09:00~23:00
전화 077-960-711
홈피 www.bigc.co.th

RESTAURANTS

풀문
Full Moon

아난타라 리조트 내에 위치한 이탈리안 레스토랑이다. 보름달을 뜻하는 이름처럼 나른하면서 로맨틱한 분위기이다. 오픈에어 스타일로 좌석에 앉으면 수영장과 해변이 가깝게 느껴진다.

이곳 레스토랑을 지휘하는 남아프리카 출신의 데이비드 셰프는 15년의 요리 경력을 자랑하며 호주와 아시안 요리가 접목된 퓨전 요리를 선보인다. 전채 요리로 즐기는 사시미 살몬 인포노(Sashimi Salmon Inferno)를 주문하면 테이블에서 바로 커피 원두에 불을 붙여 연어에 향을 입히고, 라즈베리 폰즈 소스와 함께 먹는다. 보는 재미와 먹는 재미가 있는 요리다. 대표 메뉴인 구운 닭 요리(Roast Spatchcok)는 만드는데 시간이 걸리니 하루 전에 미리 예약하는 것을 추천한다. 카우보이 티본스테이크는 농업으로 유명한 까셋삿 대학교와 협업한 소고기를 사용하며, 직원이 테이블에서 직접 썰어준다. 식후 아이스크림은 70B 정도. 메뉴판에 그려진 고추는 매운 요리, 땅콩은 견과류 포함, V는 채식 메뉴, X는 글루텐을 함유하지 않는 메뉴를 의미한다. 메뉴판만 보더라도 이곳의 세심한 서비스를 엿볼 수 있다. 메뉴 선택에 어려움이 있다면 직원에게 추천받는 것도 좋다. 좌석이 많지 않고 인기가 많아 저녁식사를 위해 방문한다면 예약은 필수. 엄격한 드레스 코드는 없지만 너무 캐주얼한 복장은 피하는 것이 좋다. 리조트 입구에서 레스토랑까지 가는 길이 아름다워 식사 전후로 해변을 산책하거나 리조트의 정원을 둘러보는 것도 좋은 코스다.

지도 p.139-C
위치 아난타라 리조트 내
주소 99 Moo 1, Tambon Bophut
오픈 11:30~23:00(마지막 주문 22:30)
요금 파스타 350~600B, 피자 310~400B, 메인 요리 450B~, 커피 120B, 생수 175B(TAX & SC 17%)
전화 077-428-200

| RESTAURANTS |

카마 수트라
Karma Sutra

태국의 목조건물을 개조해서 만든 트렌디한 레스토랑 겸 카페이다. 인도풍 형형색색의 인테리어가 감각적이다. 피셔맨스 빌리지의 랜드마크 같은 곳으로, 아트 오프 라이프와 마주본다. 선착장 앞이라 차가 많이 다녀 번잡하다는 것이 흠이라면 흠. 그릇은 물론 메뉴 하나하나에 프랑스인 운영자의 남다른 센스가 깃들어 있으며, 장기 거주하는 외국인들에게 사랑방 같은 존재이다. 아침 일찍 문을 열어 아침부터 저녁까지 항상 식사가 가능하다. 태국 음식을 처음 접하는 사람일지라도 부담 없이 먹을 수 있는 팟타이는 고소하면서 달착지근한 맛이 일품이며, 양도 푸짐하다. 태국 음식은 160~210B, 파스타는 280~480B, 스테이크는 420~690B 정도의 가격이다. 피셔맨스 빌리지를 둘러보다가 차나 음료를 마시면서 쉬어가려는 여행자로 늘 북적거린다.

지도 p.140-C
위치 피셔맨스 빌리지 선착장 앞
주소 25 Moo 1, Tambon Bophut
오픈 07:30~01:00
요금 팟타이 190B, 샌드위치 170B~220B, 디저트 200B
전화 077-425-198, 080-073-4714
홈피 www.karmasutrasamui.com

| RESTAURANTS |

짠 홈
Jun Home

라마이의 사비앙래와 함께 현지인 추천 순위 1, 2위를 다투는 태국 음식 레스토랑이다. 사비앙래와 다른 점이라면 해산물 메뉴에 좀 더 집중하고 외국인 손님의 비율이 높다는 것이다. 그러나 여전히 로컬의 정서가 강하다. 운영자가 철저히 비밀로 하는 음식의 소스들은 이곳의 자부심이다. 한국의 김치찌개와 비교되는 깽쏨쁠라는 꼭 먹어봐야 할 음식. 늘 똠얌꿍에 밀리고 비릿한 맛에 대한 비호감으로 자주 식탁에 오르지 못하지만 현지인에게는 두터운 마니아층을 형성할 정도로 인기 있다. 특히 이곳의 깽쏨쁠라는 맛있기로 유명해서 이 음식을 먹으러 태국의 공주도 이 식당을 찾아왔다고 한다. 메뉴판에는 없지만 코사무이의 지역 음식인 돼지고기 요리 '무완'도 추천할 만하다. 코코넛 밀크를 사용해서 달착지근한 맛이 난다. 방포 비치에 넓게 자리하며 조용하고 한적하다.

지도 p.138-A
위치 방포 비치
주소 7/3 Moo 6, Bangpor Beach, Maenam
오픈 10:00~22:00
요금 카오팟 150B, 깽쏨쁠라 250B, 콜라 40B, 싱하 85B
전화 086-593-6323

RESTAURANTS

사비앙래
Sabienglae

현지인 사이에서 맛집으로 정평이 난 곳. 맵고 시고 달달하면서 자극적인 태국 음식 전문점이다. 여행자 사이에서는 해산물이 맛있기로 유명하다. 이곳의 대표 메뉴는 식당 이름과 같은 사비앙래 샐러드. 각종 해산물에 튀긴 마늘과 양파가 많이 들어가 고소하면서 매콤새콤한 맛이며, 가격은 230B 정도다. 신선한 해산물은 보통 100g 단위로 무게를 달아 시가 요금이 책정된다. 해산물을 고른 뒤 요리 방식을 선택하면 된다. 현지 식당이지만 메뉴판에 사진이 있어 주문하기 어렵지 않다. 화이트 스내퍼는 생선을 기름에 튀겨낸 요리로 겉은 바삭하고 생선 살은 부드럽다. 매콤한 피시 소스에 찍어 먹는데, 자꾸만 손이 간다. 게살볶음밥인 카오팟 뿌는 고소하니 자극적이지 않아 누구나 부담 없이 먹을 수 있다. 라마이같이 탁 트인 바다 전망은 없지만 교통편이 편리하다는 장점이 있다. 워낙 인기 있는 곳이라 항상 사람들로 북적인다.

지도 p.140-A
위치 피셔맨스 빌리지 내, 코코 탐스 맞은편
주소 25 Moo 1, Tambon Bophut
오픈 12:00~23:00
요금 화이트 스내퍼 80B(100g), 얌탈레 160B, 똠얌꿍 180B, 콜라 35B
전화 077-430-095

RESTAURANTS

바 바게트
BAR BARGUETTE

매일 만드는 맛있는 빵과 태국 북부에서 공수한 원두를 직접 로스팅한 커피로 서양인 여행자 사이에서 알음알음 입소문난 곳이다. 한낮의 더위를 식히는 시원한 에어컨 좌석도, 느긋하게 사람 구경하는 테라스 좌석도 있다. 24시간 동안 찬물에 천천히 우려낸 콜드브루 커피는 부드러운 풍미가 일품이다. 예쁜 병에 담겨 나오며, 기호에 맞게 우유나 시럽을 넣어 마실 수 있다. 샌드위치 메뉴는 바게트, 통밀, 토스트 등의 빵부터 안에 들어가는 재료와 소스까지 개인 취향대로 선택할 수 있다. 비프 파냉 카레는 태국식 카레 종류의 하나로 국물이 많지 않게 자작하게 끓여내는 요리이다. 밥이 아닌 바게트가 함께 나오는데, 담백한 빵을 달콤한 풍미의 카레에 찍어 먹으면 예상외로 잘 어울린다. 차 한 잔을 즐기기에도, 가볍게 식사하기에도 그만인 곳이다. 시간대별 메뉴가 따로 있으니 눈여겨보자.

지도 p.140-A
위치 피셔맨스 빌리지 비치 로드에서 와프 쇼핑몰 가는 입구
주소 The Wharf, Shopping Mall Bophut
오픈 08:00~23:30
요금 샌드위치 165B, 버거 아보카도 235B, 비프 파냉 카레 210B, 콜드브루 120B
전화 077-903-366
홈피 www.barbaguette-samui.com

`RESTAURANTS`

링크
LINK

2층 건물의 링크는 1층은 레스토랑으로 2층은 주로 오픈에어 루프탑 라운지로 이용한다. 이탈리아인 셰프와 아시아인 셰프가 이곳의 주방을 책임진다. 화덕에 구운 담백한 피자와 홈메이드 파스타 외에 팟타이, 똠얌꿍 같은 태국 음식을 포함한 아시안 메뉴도 있다. 레스토랑에서 바로 해변으로 내려갈 수 있으며, 날씨가 좋으면 바다 건너 코팡안을 바라보며 식사할 수 있다. 2층 라운지는 시원한 바닷바람과 탁 트인 공간이 주는 자유로움을 만끽하기 좋다. 특히, 매일 오후 5시부터 늦은 시간까지 DJ가 믹싱하는 음악을 감상할 수 있다.

지도 p.140-A
위치 피셔맨스 빌리지 내
주소 79/1 Moo 1, Fisherman's Village
오픈 11:00~24:00(마지막 주문 22:30)
요금 피자 295~550B, 홈메이드 파스타 295B~, 시저 샐러드 295B, 콜라 90B, 싱하 100B(TAX 7%)
전화 077-964-493
홈피 www.linkcuisine.com

`RESTAURANTS`

크루아 반카우
KRUA BAAN KHAOW

영어로 화이트 하우스 키친이란 뜻으로 오래된 태국 전통 목조건물에 하얀 외관이 특징이다. 태국 가정집 정원에서 식사하는 분위기를 제대로 느낄 수 있다. 피셔맨스 빌리지 비치 로드에 위치하지만 레스토랑이 도로에서 조금 떨어져 있어 번잡스럽지 않다는 장점이 있다. 숯불에 구워서 나오는 바비큐, 믹스드 그릴은 2인 세트로 1190B 정도. 생선, 새우, 조개, 오징어, 치킨, 돼지갈비 등이 채소, 레드 카레와 함께 나온다. 해산물은 보통 무게 단위로 금액이 책정된다. 이곳은 다른 곳과는 다르게 포장된 식기를 제공해 위생에 신경을 쓰는 것이 느껴진다.

지도 p.140-B
위치 피셔맨스 빌리지 내
주소 69/1 Moo 1, Fisherman's Village
오픈 12:00~23:00
요금 팟타이 120B, 쏨땀 100B, 망고 스티키 100B, 콜라 40B
전화 077-956-418

RESTAURANTS

커피 클럽
Coffee Club

미국에 스타벅스가 있다면 호주에는 커피 클럽이 있다! 호주에서 넘어온 커피 체인으로 깔끔하면서도 편안한 분위기다. 이른 아침부터 문을 열어 브런치를 즐기거나, 시원한 커피 한잔과 바다 전망을 즐기려는 여행자로 늘 인기다. 2층 건물로 되어 있는데, 1층에 보풋 비치로 바로 연결되는 계단이 있어 해변 산책 전후로 들르기 좋다. 단순히 음료만 즐기고 간다면 아쉬울 정도로 디저트와 태국 음식이 맛있으니 가벼운 식사도 맛보기를 추천한다.

지도 p.140-B
위치 피셔맨스 빌리지 내
주소 79/2 Moo 1, Fisherman's Village
오픈 07:00~22:30
요금 커피 110B~, 차 95B, 팟타이 215B, 브렉퍼스트 275B~(SC & TAX 17%)
전화 065-520-4078
홈피 www.thecoffeeclub.co.th

RESTAURANTS

스타피시 앤드 커피
STARFISH AND COFFEE

피셔맨스 빌리지에서 손님이 가장 북적이는 곳으로 태국 음식부터 스테이크까지 다양한 메뉴를 선보인다. 새우나 게, 생선 등을 즉석에서 골라 바비큐로 주문할 수도 있다. 온통 붉은색으로 장식한 인도풍의 인테리어는 몽환적이면서 로맨틱한 분위기를 자아낸다. 이름처럼 커피가 맛있어서 커피 한 잔 마시면서 여유로운 휴식을 취하기도 좋다.

지도 p.140-B
위치 피셔맨스 빌리지 내
주소 51/7 Moo 1, Fisherman's Village
오픈 11:30~24:00(마지막 주문 22:30)
요금 태국 음식 150B~, 콜라 60B, 커피 100B, 싱하 100B, 주스 100B~
전화 077-427-201

RESTAURANTS

구스토
Gusto

화덕 그림이 그려져 있는 간판만 보아도 어떤 음식이 자신 있는 집인지 알 수 있다. 전통 이탈리안 레스토랑으로 제대로 된 화덕 피자와 파스타를 맛볼 수 있다. 이탈리아, 프랑스, 칠레산 와인도 잘 갖추고 있다. 화덕에서 갓 구워져 나오는 피자는 담백한 맛이 일품인데, 매콤한 맛을 원한다면 칠리 오일을 뿌려 먹으면 된다. 채식주의자를 위한 음식은 메뉴에 나뭇잎을, 매콤한 음식에는 고추 그림을 표시해두었다. 낮에는 탁 트인 바다 전망을 보면서 식사를 즐길 수 있고, 저녁에는 은은한 조명 아래에서 로맨틱한 식사를 즐길 수 있다. 좌석 사이가 가까운 것이 조금 아쉽다.

지도 p.140-B
위치 피셔맨스 빌리지 내
주소 73/3 Moo 1, Fisherman's Village
오픈 12:00~23:00
요금 피자 280B~, 파스타 250B~, 리조토 400B, 콜라 70B(TAX 7%)
전화 087-265-6881

RESTAURANTS

해피 엘리펀트
Happy Elephant

1995년에 오픈한 피셔맨스 빌리지의 오랜 터줏대감으로 태국 모던 스타일로 꾸며져 있다. 입구에 회전하며 돌아가는 커다란 사진 메뉴가 있어 마음에 드는 음식을 미리 살펴볼 수 있다. 클래식한 태국식 목조건물의 실내는 앤티크 소품으로 장식되어 있다. 한낮의 바다 풍경도 일품이다. 인기 있는 테라스 좌석은 지중해 스타일로 햇볕이 바로 들지 않아 바다를 바라보며 식사하기에 좋다. 태국 음식 외에 피자, 파스타는 물론 키즈 메뉴도 있다.

지도 p.140-B
위치 피셔맨스 빌리지 내
주소 79/9 Moo 1, Fisherman's Village
오픈 11:00~22:00
요금 카오팟 100B~, 똠얌꿍 320B, 주스 120B(TAX 7%)
전화 077-245-347, 077-427-222

RESTAURANTS

MK 수키
MK Restaurant

태국에서도 인기 있는 레스토랑 체인으로 빅 C 1층에 있다. 수키는 육수를 끓인 뒤 각종 채소와 고기, 해산물 등을 넣어 먹는 태국식 샤부샤부로, 한국인 입맛에도 잘 맞는다. 채소보다 해산물이 더 비싸며, 취향에 맞게 원하는 것을 한 접시씩 추가할 수 있다. 면을 넣고 끓여 먹어도 맛있다. 한입에 쏙 넣을 수 있는 딤섬이나 훈제 오리, 국수도 인기 메뉴다.

지도 p.84-F
위치 빅 C 1층
주소 129/19 Moo 1, Big C, 4169 Ring Road
오픈 10:00~21:00
요금 버섯 세트 242B, MK 수키 세트 465B, 주스 40B~
전화 083-099-6239

> RESTAURANTS

다이닝 온 더 록
Dining On The Rock

2004년 등장과 동시에 단숨에 코사무이 최고의 숙소 반열에 올라선 식스 센스 하이드어웨이 사무이의 부속 레스토랑이다. 절벽 위의 넓은 나무 테라스에 세팅된 단 몇 개의 테이블이 전부인 모습은 다소 충격적이기까지 하다. 드라마틱한 파노라마 바다 전망을 또한 압권이다. 로맨틱한 분위기로 커플이나 신혼여행객에게 인기 있다. 1인당 최소 10만 원 정도의 예산은 잡아야 한다. '레스토랑'이라는 이름이 주는 구태의연한 의미를 깨뜨리는 경험을 원한다면 들러보자.

지도 p.139-D
위치 식스 센스 하이드어웨이 사무이 내
주소 9/10 Moo 5, Baan Plai Laem
오픈 17:00~22:00
요금 코스 세트 메뉴 2800B~(TAX & SC 17%)
전화 077-245-678

> RESTAURANTS

아러이 디
Aroy Dee

피셔맨스 빌리지에는 외국인 여행자가 주로 방문하다 보니 대부분 음식 가격이 높게 형성되어 있다. 그런 의미에서 이곳은 멋진 전망이나 고급스러움은 부족하지만 저렴한 가격대의 로컬 음식을 맛보고자 하는 여행자에게 추천한다. 오픈에어 레스토랑으로 깨끗하게 관리되고 있으며, 대부분의 태국 음식이 80~100B이다. 무선 인터넷도 가능하다.

지도 p.140-E
위치 피셔맨스 빌리지 내, 커피 클럽 건너편의 좁은 골목길 끝
오픈 11:00~22:00
요금 쏨땀 80B, 팟타이 100B
전화 098-754-1369

> RESTAURANTS

피셔맨스 레스토랑
Fisherman's Restaurant

피셔맨스 빌리지 내 비치 로드를 마주 보고 2곳이 있는데, 해변을 접하는 곳만 바다 전망이 있다. 태국 음식 전문점으로 메뉴 종류가 다양하다. 태국 카레의 한 종류인 그린 카레 치킨은 코코넛 밀크가 들어가 달콤하면서도 담백한 맛이 일품이다. 밥과 함께 비벼 먹으면 한 끼로 손색없다. 모닝글로리볶음은 짭조름하니 밥과 잘 어울리는 반찬으로 한국인 입맛에도 잘 맞는다. 레스토랑 입구에서는 생과일주스를 판매한다.

지도 p.140-B
위치 피셔맨스 빌리지 내
오픈 12:00~22:30
요금 그린 카레 치킨 150B, 모닝글로리볶음 100B, 싱하 80B, 콜라 30B
전화 063-385-4589

RESTAURANTS

아트 오브 라이프
Art of Life

태국식 2층 목조건물을 검정색과 회색으로 꾸며 세련미가 더해진 프렌치 시푸드 레스토랑이다. 테이블 커틀러리와 샹들리에 등 인테리어 소품 하나하나가 여심을 녹인다. 메인은 프랑스에서 직접 공수한 재료로 만든 해산물 요리이다. 여러 가지 해산물을 조금씩 맛보려면 플래터 메뉴를 시키는 것이 좋다. 플래터 중에 더 로열은 2단 트레이에 게, 랍스터, 새우, 조개 등의 해산물이 푸짐하게 나오는데, 가격은 2인 4900B 정도다. 메뉴판을 보기 어렵다는 단점이 있지만, 해산물 요리와 와인을 좋아하는 여행자라면 이곳에서 색다른 모험을 해보자.

지도 p.140-C
위치 피셔맨스 빌리지 내, 카마 수트라 맞은편
주소 25 Moo 1, Fisherman's Village
오픈 12:00~23:00(마지막 주문 22:30)
요금 생선 수프 350B, 파스타 350B, 굴 65B(1개), 시푸드 플래터(2인) 2850B~, 콜라 80B, 하우스 와인 170B
전화 080-319-1924

RESTAURANTS

더 시사이드
The Seaside

피셔맨스 빌리지의 아웃백 스테이크 하우스 같은 곳으로 바비큐 그릴에 구운 스테이크가 유명하다. 태국 음식과 서양 음식을 담당하는 셰프가 따로 있어 각자 자신의 분야에 최선을 다한다. 햄버거는 370B, 스테이크는 420~690B이다. 단품보다 세트가 인기로 2인 세트 음식은 그릴에 구운 잘 양념된 바비큐 립 2대와 텐더로인스테이크, 닭가슴살과 함께 사이드 메뉴가 같이 나오며 양도 푸짐한 편이다.

지도 p.140-C
위치 피셔맨스 빌리지 내
주소 54/2 Moo 1, Fisherman's Village
오픈 12:00~22:30
요금 나초 250B, 타코스 310B, 립아이 790B, 싱하 100B(TAX 7%)
전화 077-310-742
홈피 www.steakhousesamui.com

RESTAURANTS

돈 한국 식당
Dawn Korea Restaurant

여행지에서 현지 음식이 입에 안 맞거나 더위에 지친 입맛을 돌아오게 하고 싶을 때는 역시 한식이 최고! 김치, 감자볶음, 멸치조림 등 밑반찬이 푸짐하게 나오며 김치찌개, 오징어볶음, 쌈밥, 라면 등 웬만한 한식은 모두 먹을 수 있다. 이미 다녀간 여행자의 메모가 벽면을 가득 채우고 있으니 식사를 기다리는 동안 나만의 메모를 추가해보는 것도 좋다. 실외 정원에도 좌석이 있어 삼겹살 등을 구워 먹기에도 그만이다. 무선 인터넷도 무료로 이용 가능하다. 차웽에서 택시로 편도 700B 정도.

지도 p.139-D
위치 보풋 지역의 트릭 아트 초입
주소 37/45 Moo 5, Bophut
오픈 09:00~22:00
요금 쌈밥 300B, 삼겹살 300B, 찌개류 200B, 오징어 볶음 400B, 소주 400B
전화 084-850-1857

NIGHTLIFE

코코 탐스
Coco Tam's

차웽의 흥겨운 분위기와는 다르게 피셔맨스 빌리지에는 특별히 나이트라이프라고 할 만한 것이 없다. 그저 여행지에서의 정취를 느끼며 느긋하게 한잔하는 것이 이곳의 밤을 즐기는 방법이다. 발리의 휴양지 분위기가 물씬 풍기는 이곳은 이 일대에서 가장 인기 있는 장소로 트렌디하게 꾸며져 편안하면서도 로맨틱한 분위기를 낸다. 대부분의 자리가 해변을 바라보고 있어 바다 전망을 기본으로 갖추고 있다. 특히, 2층의 오픈에어 루프탑 라운지에는 사각의 그물로 된 좌석이 있는데, 신발을 벗고 착석해야 하며 아래 모래사장이 훤히 내려다보이는 구조로 이색적인 경험을 할 수 있다. 1층 레스토랑에서는 식사가 가능하지만, 해변에 마련된 좌석에서는 커피, 맥주, 칵테일과 함께 가볍게 곁들일 스낵만 판매한다. 물담배 시샤(ShiSha)도 체험해 볼 수 있는데 요금은 600B 정도이다. 편안한 빈백에 누워 파도 소리를 들으면서 식후나 식전 가볍게 즐기기 좋다.

지도 p.140-A
위치 한사르 리조트에서 피셔맨스 빌리지 들어서는 초입
주소 99/1 Moo 1, Fisherman's Village
오픈 15:00~02:00
요금 글라스 와인 170B, 싱하 100B, 칵테일 220B
전화 081-712-3333

NIGHTLIFE

디 에메랄드
The Emerald

원목과 붉은 벽돌로 꾸며진 실내는 클래식한 느낌을 살린 전형적인 아일랜드 펍 분위기이다. 안쪽으로 바다와 접한 좌석이 있으며, 등받이가 높은 의자가 있어 대화를 나누기도 좋다. 부드러운 맛이 일품인 킬케니 맥주를 비롯해 하이네켄, 기네스 생맥주도 취급한다. 가격은 보통 500㎖에 170~280B. 매일 저녁 9시부터 통기타 연주와 함께 잔잔한 팝송을 부르는 라이브 공연이 열린다.

지도 p.140-C
위치 피셔맨스 빌리지 내
주소 61 Moo 1, Fisherman's Village
오픈 12:00~02:00
요금 콜라 50B, 싱하 110B, 칵테일 220B
전화 077-332-476

NIGHTLIFE

해피 엘리펀트 바
Happy Elephant Bar

캐주얼한 분위기의 노천 바로 드럼통으로 만든 의자와 테이블에 알록달록하게 그려진 귀여운 코끼리 그림이 눈길을 사로잡는다. 피셔맨스 빌리지를 구경하다 지친 여행자들이 한숨 쉬며 목을 축이기 좋은 위치이다. 테이블에는 초보자도 쉽게 즐길 수 있는 빙고 보드게임이 놓여 있다. 입구에는 원하는 재료를 고르면 차가운 철판 위에 재료를 넣어 즉석에서 만들어 주는 롤 아이스크림을 판매한다. 오후 5시부터 10시까지가 해피 아워인데, 맥주는 80B, 칵테일은 180B의 할인가로 판매한다.

지도 p.140-B
위치 피셔맨스 빌리지 내, 해피 엘리펀트 맞은편
오픈 15:00~22:00
요금 싱하 90B, 칵테일 240B, 주스 100B
전화 077-427-222

NIGHTLIFE

더 프로그 & 게코 펍
The Frog & Gecko Pub

허름한 태국식 목조건물에 미국 개구리와 영국 도마뱀을 유머러스하게 표시해놓은 간판이 눈에 띄는 잉글리시 펍이다. 오후 5시부터 8시까지 해피 아워로 병맥주를 20B 할인해준다. 그래서인지 초저녁부터 맥주 한잔을 즐기려는 여행자가 제법 눈에 띈다. 피셔맨스 빌리지의 대다수 레스토랑이 문을 닫는 밤 10시 이후에 본격적인 북적거리기 시작한다.

지도 p.140-B
위치 피셔맨스 빌리지 내, 스마일 하우스 레스토랑 옆
주소 91/2 Moo 1, Fisherman's Village
오픈 08:00~02:00
요금 클럽 샌드위치 240B, 햄버거 260B~, 싱하 100B
전화 089-023-8310

SPA

피스 트로피컬 스파
Peace Tropical Spa

피스 리조트의 부속 스파이지만 리조트 입구와 도로를 사이에 두고 단독으로 자리한다. 넓은 녹지와 잘 가꾸어진 정원, 흐르는 물소리가 이름처럼 평화로운 분위기를 자아낸다. 입구에 태국 전통 스타일의 리셉션이 자리하고 그 뒤의 넓은 정원에 총 8개의 스파 룸이 배치되어 있다. 각 스파 룸은 에어컨이 나오는 실내 마사지 공간과 샤워 시설을 갖춘 야외 공간으로 나뉜다. 허브 사우나 시설도 갖추었으며, 타이 마사지는 정자처럼 생긴 야외 공간에서 받을 수 있다. 발 마사지는 1시간에 1000B로 리조트에서 운영하는 스파임에도 합리적인 가격대를 보인다. 이곳 추천 프로그램인 타이 마사지와 오일 마사지가 결합된 아시안 블렌드 마사지는 1시간에 1500B 정도이며 근육 이완과 피로 해소에 효과적이다. 홈페이지에 메뉴와 가격이 상세히 나와 있고 예약도 가능하다.

지도 p.139-C
위치 피스 리조트 입구 길 건너편
주소 178 Moo 1, Peace Resort Opposite, Bophut Beach
오픈 10:00~22:00
요금 타이 마사지 1300B(1시간), 스파 패키지 2500B(2시간)
전화 077-430-199~200
홈피 www.peacetropicalspa.com

SPA

레츠 릴랙스
Let's Relax

코사무이에도 태국 로컬 마사지 숍 체인 브랜드가 오픈했다. 이곳은 조용한 단독 건물로 비싼
호텔 스파는 가격이 부담스럽고, 로컬 숍은 시설이 마음에 안들 때 꽤 괜찮은 선택이 될 수 있다. 몸에 좋은 각종 허브를 넣은 허브 볼을 이용한 마사지는 이곳의 대표 프로그램 중 하나로 기본 타이 마사지에 200B를 더 내면 받을 수 있다. 아로마 오일 마사지는 1시간에 1200B 정도이며, 발 마사지 45분에 손 마사지 15분, 등과 어깨 마사지 30분이 포함된 드림 패키지는 총 90분에 800B 정도이다. 한국어로 된 프로그램 소개가 있어 어렵지 않게 선택할 수 있다. 인근 빅 C와 로터스에서는 무료로 픽업 서비스를 제공하며 그 외 보풋이나 차웽 지역은 유료로 운영된다.

지도 p.139-C
위치 빅 C 근처
주소 108/42, Moo 1, Tambon Bophut
오픈 10:00~24:00
요금 등 & 어깨 마사지 300B(30분), 발 마사지 400B(45분), 타이 마사지 500B(1시간)
전화 077-430-231~3
홈피 www.letsrelaxspa.com/samui

SPA

반다라 스파
Bandara Spa

리조트 부속 스파 중 시설과 가격 면에서 피스 트로피컬 스파와 견줄 만한 곳이다. 반다라 리조트 내에 자리한 단독 건물 스파로 잘 가꾸어진 정원에 트리트먼트 룸이 있다. 총 5개의 트리트먼트 룸은 커플이 함께 이용할 수 있으며, 2개의 스팀 사우나도 갖추고 있다. 어떤 프로그램을 선택하든지 간단한 설문 작성 후 마사지를 받게 된다. 이곳의 인기 프로그램은 핫 스톤 패키지. 몸의 노폐물을 빼주는 허브 스팀 사우나와 자쿠지로 시작해, 촉촉해진 피부에 보디 스크럽을 받는다. 그 뒤 선택한 아로마 오일로 핫 스톤 마사지를 받은 다음 페이셜 마사지로 마무리된다. 총 3시간이 걸리는 프로그램이므로 여유 있게 일정을 잡는 것이 좋다. 편안한 마음으로 반나절을 오롯이 지친 육체의 힐링에 집중해보자. 스파에서 직접 예약하는 것보다 현지의 한인 여행사를 통해 예약하는 것이 더 저렴하다.

지도 p.139-C
위치 반다라 리조트 내
주소 178/2 Moo 1, Tambol Bophut
오픈 10:00~22:00
요금 핫 스톤 패키지 4000B(3시간, 왕복 픽업 가능)
전화 077-245-795

SPA

이아니크
Yianik

피셔맨스 빌리지 일대에 새롭게 생겨난 마사지 숍에 비해 인테리어가 현대적이지는 않지만 여행자들이 꾸준히 찾는 곳이다. 1층은 발 마사지와 타이 마사지 공간이며, 2층에는 커플 룸과 샤워 시설이 있다. 등·머리·어깨 마사지는 1시간에 350B, 기본 타이 마사지는 1시간에 300B, 알로에 마사지는 500B 정도이다.

지도 p.140-C
위치 피셔맨스 빌리지 내, 선착장 앞 삼거리 카마 수트라 옆
주소 48/1 Moo 1, Fisherman's Village
오픈 11:00~23:00
요금 발 마사지 300B, 오일 마사지 350B(1시간 기준)
전화 098-160-1093

SPA

디스 스파
D's Spa

차웽에 3개의 지점이 있는 마사지 숍 체인으로, 피셔맨스 빌리지에 새롭게 오픈했다. 실내를 흰색 라탄 가구에 파란 패브릭으로 꾸며 산뜻한 느낌을 준다. 1층에서는 바다를 바라보며 발 마사지나 미용 관련 프로그램을 받을 수 있다. 2층에서는 타이 마사지가 가능한데, 프라이빗한 커플 룸 마사지를 원할 경우 별도의 비용이 추가된다. 마사지는 40분, 1시간, 1시간 30분으로 선택의 폭이 넓으며 금액은 시간에 비례해 추가된다.

지도 p.140-B
위치 피셔맨스 빌리지 내
주소 51/1 Moo 1, Bophut Road
오픈 10:00~23:00
요금 발 마사지 350B, 타이 마사지 350B(1시간 기준), 사우나 550B

SPA

시안 스파
Cyan Spa

이국적인 인도풍 외관도 눈에 띄지만, 외국인 매니저가 늘 매장 앞에 나와서 적극적인 영업을 펼친다. 에어컨이 작동하는 실내는 더위에 지친 여행자의 피로를 풀기에 안성맞춤이며, 바다 전망은 기본이다. 천연 재료의 스파 제품을 사용하며, 기본 타이 마사지나 발 마사지 외에 미용 관련 스파 패키지 프로그램도 인기 있다. 입구에 놓인 피시 스파는 호기심 많은 여행자에게 늘 인기 있는데, 요금은 10분에 250B 정도이다.

지도 p.140-B
위치 피셔맨스 빌리지 내, 디스 스파 옆
주소 65/1 Moo 1, Bophut
오픈 10:00~24:00
요금 타이 마사지 300B, 발 마사지 350B, 오일 마사지 500B(1시간 기준)
전화 080-746-6954
홈피 www.cyanspasamui.com

> STAYING

식스 센스 하이드어웨이 사무이
Six Sense Hideaway Samui

에바손(Evason)과 소네바(Soneva)의 브랜드를 가진 식스 센스 그룹에서 오픈한 고급 리조트이다. 한번 들어가면 나오기 힘든 위치적인 불리함에도 불구하고 커플을 비롯한 신혼여행객에게는 선망의 숙소로 자리매김하고 있다. 그것은 식스 센스 특유의 자연 친화적이면서 감각적인 디자인이 강렬할 만큼 멋지고도 독창적인 데서 그 이유를 찾을 수 있다.

단독 빌라 형태의 총 66개 숙소는 하이드어웨이 빌라를 제외하고는 모두 풀빌라이다. 대나무로 만들어진 빌라 외관은 별 볼일 없어 보이지만 내부의 하얀색 캐노피로 장식한 통유리 침실은 더없이 로맨틱하다. 일반적인 풀빌라 객실도 좋지만 조금 더 욕심을 부린다면 오션 뷰 이상의 풀빌라를 추천한다. 이곳에서는 조명 아래 특별한 밤을 보낼 수 있는 다이닝 온 더 록이나 바다와 이어지는 것처럼 보이는 인피니티 풀 등 남다른 과감성과 센스를 엿볼 수 있다. 식스 센스 스타일의 숙소를 좋아하는 마니아가 생겨날 정도로 개성이 뚜렷하다 보니 자연 친화적인 것보다 모던함을 좋아한다면 호불호가 갈릴 수 있다. 대중교통 이용이 어려우니 차웽과 피셔맨스 빌리지로 나가는 유료 셔틀버스를 활용한다.

지도 p.139-D
위치 삼롱 베이, 차웽까지 차로 30분
주소 9/10 Moo 5, Baan Plai Laem, Bophut
요금 하이드어웨이 빌라 1만3300B~, 풀빌라 1만8100B
전화 077-245-678
홈피 www.sixsenses.com
부속 다이닝 온 더 록(p.152)

`STAYING`

한사르 사무이
Hansar Samui

한사르는 고대 산스크리트어로 '행복과 기쁨'을 뜻한다. 모든 손님들이 행복하고 기억에 남을 만한 즐거운 경험을 하길 바란다는 철학과 콘셉트로 보풋 지역에서 가장 주목받는 숙소이다. 총 74개의 객실은 시 뷰, 시 뷰 XL, 비치 프런트로 나뉜다. 가장 낮은 카테고리인 시 뷰를 선택하더라도 메인 수영장과 보풋 비치가 한눈에 보이는 탁 트인 전망을 자랑한다. 차분하면서 안락한 객실의 하이라이트는 바로 여유로운 공간의 테라스로 오버사이즈의 데이베드는 바닷바람을 맞으면서 낮잠을 즐기기에도 안성맞춤. 커다란 직사각형의 메인 수영장은 해변을 접하며, 해변 길에 늘어선 야자수는 이국적인 정취를 더한다. 호텔 내 H@Bistro 레스토랑은 파인 다이닝을 즐기기에도 손색 없다. 피셔맨스 빌리지 바로 옆에 자리하니 해변을 따라 산책하듯이 둘러보는 것도 좋다.

지도 p.140-A
위치 아난타라 보풋 옆
주소 101/28 Moo 1, Bophut
요금 시 뷰 6300B~, 비치 프런트 1만 800B~
전화 077-245-511
홈피 www.hansarsamui.com

`STAYING`

피스 리조트
Peace Resort

현대적이면서 목가적인 분위기가 이름처럼 마음의 평화를 주는 곳이다. 1977년 방갈로로 시작해 현재는 총 102개의 객실을 보유한다. 모든 객실이 빌라 타입으로 지속적인 리노베이션과 관리로 최근에 지어진 곳과 비교해도 손색이 없다. 객실 내부는 젠 스타일로 짙은 티크로 만든 가구와 녹색 인테리어의 조화가 마음을 편안하게 한다. 특히 가족여행객에게는 더없이 반가운 키즈 풀과 어린이 놀이 시설 등을 갖추고 있으며 아기자기한 미니 카페, 인터넷 룸 등의 편의 시설도 충분하다. 얼리 체크인, 레이트 체크아웃 고객을 위한 편의 시설 또한 준비되어 있다. 리조트 길 건너편에 위치한 피스 트로피컬 스파는 시설도 좋고 합리적인 가격대라 인기. 리셉션 앞에 리조트 전용 택시 정류장이 있는데 이동 장소에 따른 요금이 표기되어 있어 바가지요금 걱정 없이 편리하게 이용할 수 있다.

지도 p.139-C
위치 보풋 비치, 보풋 리조트 바로 옆
주소 178 Moo 1, Bophut Beach
요금 슈피리어 가든 3000B~, 디럭스 방갈로 4200B
전화 077-425-357
홈피 www.peaceresort.com
부속 피스 트로피컬 스파(p.156)

STAYING

포시즌스
Four Seasons

세계 최고로 꼽히는 호텔 체인인 포시즌스의 전형을 보여주는 리조트이다. 눈을 크게 뜨고 찾아봐야 하는 작은 간판, 한 사람 겨우 통과할 수 있는 작은 문의 도착 리셉션. 그 좁은 문을 지나 리셉션에서 만나게 되는 경치는 눈앞에 펼쳐진 것을 믿지 못할 정도로 스펙터클하다. 삼면으로 펼쳐진 바다의 파노라마는 놀랍고도 감동적이다. 울창한 숲속에 자리 잡은 60개의 빌라는 모두 풀빌라이다. 메인 레스토랑인 란 타니아(Lan Tania)는 언덕 위에 있어 바다와 리조트 전경이 한눈에 들어온다.

지도 p.138-A
위치 섬의 북서쪽 램 야이, 공항에서 차로 30분
주소 219 Moo 1, Angthong
요금 빌라 디럭스 1-베드 2만5600B~, 1-베드 풀빌라 2만9000B~
전화 077-243-000
홈피 www.fourseasons.com

STAYING

W 리트리트 사무이
W Retreat Samui

스타일리시의 대명사, 스타우드 체인의 W에서 오픈한 숙소로 전 객실 모두 풀빌라로 구성되어 있다. 객실은 크게 4가지 종류이며 정글 오아시스, 트로피컬 오아시스, 오션 뷰 이스케이프, 오션 프런트 헤븐으로 나뉜다. 정글 오아시스, 트로피컬 오아시스, 오션 뷰 이스케이프는 아파트처럼 생긴 빌딩에 자리한 객실이며 오션 프런트 헤븐은 해변 쪽에 자리한 빌라 타입의 객실이다. 예쁘고 스타일리시한 객실을 최우선으로 하는 여행자에게는 매력적이지만 프라이버시 보호가 되지 않는 점 등은 아쉬움으로 남는다.

지도 p.139-C
위치 매남 비치, 페어 하우스 빌라 옆
주소 4/1 Moo 1, Tambol Maenam
요금 오션 뷰 이스케이프 3만4200B~, 오션 프런트 헤븐 3만7900B~
전화 077-915-999
홈피 www.starwoodhotels.com

STAYING

아난타라 리조트
Anantara Resort

태국 전통의 아름다움과 자연을 조화시킨 체인 리조트로 2004년 오픈했다. 3층 건물에 총 106개 객실이 정원을 감싸고 있다. 정원과 조경은 아난타라 리조트의 주요 테마라 할 수 있을 만큼 자연 친화적인 느낌을 준다. 하지만 리조트 부지가 작아 답답하게 느껴질 수 있다. 객실은 크게 디럭스와 스위트로 나뉘며 디럭스는 32㎡로 아담한 편이다. 로맨틱한 감성의 풀 문 레스토랑과 웅장한 스파가 있다.

지도 p.139-C
위치 보풋 비치
주소 99/9 Moo 1, Bophut Beach
요금 디럭스 가든 뷰 7000B~, 가든 뷰 스위트 1만2700B~
전화 077-428-300~9
홈피 www.anantara.com
부속 풀 문(p.146)

> STAYING

벨몬드 나파사이
Belmond Napasai

세계적인 호텔 벨몬드에서 운영하는 리조트로 나파사이는 '하늘 정원'이란 뜻이다. 객실은 총 69개이며 넓은 대지에 150명이 넘는 직원을 두었다. 고급 리조트가 갖춰야 할 멋진 수영장과 부대시설은 물론 이곳의 가장 핵심은 투숙객에 대한 철저한 서비스이다. 번화가인 차웽 비치와 거리가 있고, 리조트 주변으로 식당이나 상점 등이 없어 불편하지만 조용히 휴식을 취하고 싶은 여행자에게는 적합한 곳이다.

지도 p.138-B
위치 매남 비치의 서쪽
주소 65/10 Baan Tai, Maenam Beach
요금 시 뷰 빌라 8400B~, 오션 프런트 빌라 1만800B~
전화 077-429-200
홈피 www.belmond.com/napasai-koh-samui

> STAYING

보풋 리조트 & 스파
Bophut Resort & Spa

코사무이 최고급 리조트 중 하나인 산티부리의 자매 리조트이다. 객실이 총 61개로 작은 규모이지만 객실 크기는 최소 50㎡로 여유 있다. 태국 전통 스타일의 정갈한 실내 장식에 욕실은 분리된 욕조와 샤워 부스, 2개의 세면대를 갖추고 있다. 아름다운 정원이나 분위기, 서비스 면에서 산티부리 리조트 못지않다. 살라타이 레스토랑 앞의 연못은 로맨틱한 분위기를 연출한다. 작은 규모의 숙소, 프라이버시와 서비스를 중요하게 생각하는 여행자에게 추천한다. 가족여행객에게도 좋은 선택이 될 수 있다.

지도 p.139-C
위치 피셔맨스 빌리지에서 도보 10분
주소 12/12 Tambon Bophut
요금 디럭스 가든 뷰 6900B~, 가든 빌라 1만700B~
전화 077-245-777
홈피 www.bophutresort.com

> STAYING

산티부리 사무이
Santiburi Samui

'평화로운 마을'이란 뜻의 산티부리는 두짓의 체인으로 단독 빌라 스타일의 고급 리조트이다. 매남 비치를 넓게 차지하고 있다. 각 빌라 내부가 상당히 넓고 빌라 간격이 멀어 조용한 휴식을 원하는 이들에게 안성맞춤이다. 직원들의 정중하고 수준 높은 서비스 또한 장점이다. 전용 해변에는 투숙객을 위해 자외선차단제, 알로에 젤 등을 준비하고 오후에는 아이스크림을 제공하는 등 세심한 부분까지 신경쓴다. 투숙객에게는 산티부리 골프 클럽 이용 시 할인 혜택이 주어진다.

지도 p.138-B
위치 매남 비치
주소 12/12 Moo 1, Maenam Beach
요금 1-베드 8900B~, 디럭스 풀 빌라 1만6000B~
전화 077-425-031~8
홈피 www.santiburi.com
부속 산티부리 골프 클럽(p.144)

STAYING

리츠칼튼 코사무이
The Ritz-Carlton Koh Samui

고급스러운 이미지의 브랜드인 리츠칼튼은 체크인 로비에서도 보이는 탁 트인 전망의 시 뷰가 인상적이다. 총 175개의 객실은 스위트와 풀빌라로 나뉜다. 스위트는 모두 빌딩식 건물에 위치하며 신혼여행객에게 인기인 만점인 풀빌라 객실은 모두 바다를 향해 지어져 있지만, 제대로 된 바다 전망을 원한다면 최상위 카테고리의 얼티메이트 풀빌라를 선택하는 것이 좋다. 아름다운 해변 앞에 위치한 인피티니 수영장과 6개나 되는 다이닝 공간은 각각 개성이 뚜렷하며, 토요일에 열리는 반탈랏(Baan Talat) 오픈 마켓은 투숙객에도 인기몰이 중이다. 위치적인 단점이 있으나 투숙객을 위한 무료 액티비티나 리조트 내의 뷰포인트 등 편의 시설이 잘 갖추어진 곳임에는 틀림없다. 부지가 넓어서 버기 이용은 필수!

지도 p.139-D
위치 보풋 비치
주소 9/123 Moo 5, Tambon Bophut
요금 스위트 1만5470B~, 풀빌라 3만6000B~
전화 077-915-777
홈피 www.ritzcarlton.com/en/hotels/koh-samui

STAYING

센시마 리조트 & 스파 코사무이
Sensimar Resort & Spa Koh Samui

코팡안의 코스트 리조트에서 선보이는 스타일리시한 숙소이다. 만 16세 이상 만 투숙할 수 있기 때문에 조용한 휴식을 보장받을 수 있다. 단순하지만 시원한 전망의 수영장과 붉은색 선베드는 이 숙소의 트레이드 마크. 객실 종류는 빌라(풀빌라 포함)와 4층 건물에 자리한 일반 객실로 나뉜다. 객실의 크기나 구성은 동일한데, 층에 따른 뷰로 구분된다. 3층 이상 객실은 디럭스 시 뷰로 좀 더 시원한 바다 전망을 즐길 수 있다. 직원들의 서비스 평가도 좋은 편이다.

지도 p.139-C
위치 매남 비치
주소 44/134 Moo 1, Mae Nam
요금 디럭스 5000B~, 비치 풀빌라 1만3000B~
전화 077-4953-035
홈피 www.sensimarsamui.com

STAYING

사무이 팜 비치 리조트
Samui Palm Beach Resort

방콕에어웨이에서 운영하는 리조트로 1988년 오픈해 그 역사가 오래되었다. 코사무이의 선발 주자답게 보풋 비치의 상당 부분을 차지한다. 객실 내부는 태국 전통 스타일로 꾸며져 있으며 전체적으로 잘 관리되고 있으나 최근 트렌드에는 뒤처진 느낌이다. 새로 만든 로열 윙의 객실은 그나마 사정이 나은 편. 건물을 감싸고 도는 유선형의 수영장과 해변과 접하는 대형 메인 수영장, 6개의 레스토랑과 바 등 부대시설은 충실하다.

지도 p.139-C
위치 보풋 비치
주소 175/3 Thaveerat -Pakdee Road, Bophut
요금 디럭스 2300B~, 빌라 2700B~
전화 077-425-494~5
홈피 www.samuipalmbeach.com

STAYING

호텔 이비스 보풋 사무이
Hotel Ibis Bophut Samui

중저가 가격대로 인기를 누리는 호텔 체인이다. 총 209개의 객실은 크게 슈피리어와 패밀리로 나뉜다. 깔끔한 객실에는 작은 테라스와 샤워 시설을 갖춘 욕실이 있다. 전반적으로 좁은 편이라, 객실에서 보내는 시간보다 돌아다니는 일정이 많은 여행자에게 적합하다. 본격적인 수영을 즐기기에는 조금 아쉬운 아담한 크기의 수영장이 3개 있으며 키즈 풀도 있다. 해변 옆 수영장 주변에 있는 타이 마사지 숍에서는 마사지가 1시간에 300B로 저렴해서 손님들에게 인기이다.

지도 p.139-B
위치 보풋 비치, 보풋 리조트 옆
주소 197 Moo 1, Rob Koh Road, Bophut
요금 스탠더드 1300B~, 패밀리 1800B~
전화 02-659-2888
홈피 www.ibis.com

STAYING

르 하시엔다
Le Haccienda

론니 플래닛에 소개되어 서양인 여행자의 발걸음이 끊이지 않는 숙소이다. 지중해 스타일의 하얀색 외관을 가진 3층 건물로 총 12개의 객실을 보유한다. 그중 시 뷰 객실에서는 보풋 비치가 보이는데 테라스 쪽의 하얀 담장과 푸른 바다 전망이 단연 으뜸이다. 태국 스타일의 모든 객실에는 테라스가 있으며, 옥상에는 작지만 전망 좋은 수영장이 있다. 르 하시엔다 스위트가 바로 옆에 자리하며 르 하시엔다 스위트 객실은 보다 모던하게 꾸며져 있다.

지도 p.140-C
위치 피셔맨스 빌리지 내
주소 98 Moo 1, Fisherman's Village
요금 디럭스 빌리지 US$45~, 디럭스 시 뷰 US$64~
전화 077-245-943
홈피 www.samui-hacienda.com

STAYING

자젠 부티크 리조트
Zazen Boutique Resort

총 26개의 객실을 가진 아담하고 유니크한 숙소이다. 발리 스타일과 모로칸 스타일을 결합해 보풋 비치에서도 단연 눈에 띈다. 앙증맞게 꾸며진 정원과 개울, 노란색의 회벽칠을 한 건물과 강렬한 빨간색 파라솔 등은 마치 동화 속 작은 마을에 온 듯하다. 보풋 비치의 서쪽 끝에 자리해 조용하고 한적하다. 로맨틱한 분위기가 가족여행객보다는 커플이나 신혼여행객에게 더 잘 어울리는 리조트이다.

지도 p.139-C
위치 보풋 비치 서쪽 끝
주소 177 Moo 1, Tambon Bophut
요금 가든 디럭스 방갈로 4100B~, 가든 빌라 4700B~
전화 077-425-085
홈피 www.samuizazen.com

> STAYING

멜라티 비치 리조트 & 스파
Melati Beach Resort & Spa

차웽 리전트 비치 리조트에서 2008년 오픈한 리조트로 커플이나 신혼여행객에게 각광받는다. 현대적인 모로칸 스타일로 흰색 등의 밝은 색상의 가구가 깔끔하면서 정갈함을 보여준다. 총 77개 객실은 모두 7가지로 나뉜다. 풀빌라의 경우 개인 풀은 플런지 풀로 본격적인 수영에는 적합하지 않아 풀빌라 투숙객만 이용 가능한 전용 수영장을 따로 둔다. 메인 수영장은 크기가 여유롭고 해변과 바로 접하고 있어 훌륭하다.

지도 p.139-D
위치 통손 베이
주소 9/99 Moo 5, Bophut, Thongson Bay
요금 그랜드 디럭스 6400B~, 풀빌라 9990B~
전화 077-913-400~20
홈피 www.melatiresort.com

> STAYING

반다라 리조트
Bandara Resort

총 객실 151개로 코사무이에서는 비교적 규모가 있는 숙소로 2005년에 오픈했다. 현대적이고 깔끔한 객실과 40m에 달하는 메인 수영장을 포함해 총 3개의 수영장이 있다. 슈피리어와 디럭스는 빌딩식 건물에 자리하며 모두 발코니를 갖는다. 디럭스는 86㎡로 일반 객실의 2배 크기이다. 총 28개의 풀빌라는 외부와의 경계가 모호해 프라이버시를 보장받기 힘들어 보인다. 체크아웃 후에 이용할 수 있는 샤워 시설과 로커가 있어 편리하다.

지도 p.139-C
위치 보풋 비치, 아난타라 리조트 옆
주소 178/2 Moo 1, Tambon Bophut
요금 디럭스 3100B~, 풀빌라 스위트 6700B~
전화 077-245-795
홈피 www.bandarasamui.com
부속 반다라 스파(p.157)

> STAYING

더 통사이 베이
The Tongsai Bay

1987년 오픈한 전통 있는 고급 숙소이다. 인기는 예전 같지 않지만 전용 해변을 보유한 프라이빗한 고급 숙소로서의 위치는 변함없다. 꾸준한 관리와 노력으로 자연 친화적이면서 현대적인 시설을 갖추고 있다. 바다 전망의 객실과 테라스의 야외 욕조, 2개의 수영장과 전용 해변은 이곳의 자랑이다. 언덕이 해변을 감싸는 형태라 더 아늑해 보인다. 직원들의 수준 높은 서비스 또한 이곳의 장점이다.

지도 p.139-D
위치 통사이 베이
주소 84 Moo 5, Bophut
요금 비치 프런트 스위트 8800B~, 통사이 그랜드 빌라 1만5600B~
전화 077-245-480
홈피 www.tongsaibay.co.th

STAYING

만트라 사무이 리조트
Mantra Samui Resort

보풋 비치가 한눈에 내려다보이는 언덕 위에 자리 잡아 전 객실이 시 뷰이다. 내륙에 위치해 전용 해변은 없다. 객실마다 아담한 사이즈의 테라스가 있고 패브릭으로 된 선베드가 놓인 것이 특징. 파노라마와도 같은 시 뷰의 인피니티 수영장은 작지만 실용적이라 투숙객의 사랑을 받는다. 그 외 영화관, 키즈 클럽, 스파 등의 부대시설도 잘 갖추었다. 대중교통이 여의치 않아 투숙객의 편의를 위해 차웽과 피셔맨스 빌리지로 정해진 시간에 무료 셔틀버스를 운영하니 최대한 활용하자.

지도 p.139-C
위치 이비스 호텔 맞은편 내륙 쪽
주소 9/124 Moo 1, Maenam
요금 디럭스 2800B~, 러브 오션 뷰 3500B~
전화 077-951-600
홈피 www.mantrasamui.com

STAYING

살라 사무이
Sala Samui

총몬 비치에 2004년 오픈했다. 풀빌라는 내부 시설만 잘 갖추어놓으면 전망 없이도 성공할 수 있다는 것을 보여준 리조트이다. 총 69개 객실 중 일반 객실 16개를 제외하고 모든 객실이 풀빌라로 구성되어 있다. 풀빌라 건물과 내부 인테리어는 순백색으로 깨끗하며 패브릭을 많이 사용해 로맨틱한 느낌을 준다. 쾌적하면서 예쁜 디자인으로 신혼여행객에게 특히 인기가 높다. 차웽까지 셔틀버스가 오가며, 숙소 주변으로 로컬 마사지 숍과 레스토랑, 은행 등의 편의 시설이 있다.

지도 p.139-D
위치 총몬 비치
주소 10/9 Moo 5, Baan Plai Lam
요금 더블 디럭스 6800B~, 살라 풀빌라 1만200B~
전화 077-245-888
홈피 www.salasamui.com

STAYING

아웃리거 코사무이 비치 리조트
Outrigger Koh Samui Beach Resort

기존의 부티크 숙소를 아웃리거에서 인수했다. 총 객실은 52개이며 모두 풀빌라 형태이다. 풀스위트 객실은 풀빌라라고 부르기에는 자쿠지 정도 수준이니 한 단계 위인 풀빌라를 추천한다. 풀빌라 객실은 모던한 인테리어로 환한 실내에는 보기만 해도 로맨틱한 오픈 욕조가 놓여 있다. 더 에지(The Edge) 레스토랑은 피자가 맛있기로 유명하다. 특히 커다란 나무 아래 좌석은 늘 인기로 해변과 인접하고 탁 트인 바다 전망으로 운치 있다.

지도 p.139-D
위치 하누만 베이
주소 63/182 Moo 5, Tambon Bophut
요금 풀 스위트 7900B~, 1-베드 풀빌라 9500B~
전화 02-514-8112
홈피 www.outrigger.com

코사무이 북부의 기타 숙소

마이 사무이 비치 리조트 & 스파
Mai Samui Beach Resort & Spa

모던함과 태국 전통 느낌이 조화를 이루며 한적한 램 야이 비치에 자리한다. 물이 흐르는 듯 자연스럽게 디자인된 넓은 규모의 수영장이 특징.
지도 p.138-A
홈피 www.maisamui.com

더 시 코사무이 리조트
The Sea Koh Samui Resort

총 25개의 빌라와 스위트로 이루어진 중급 규모의 레지던스. 1-베드룸부터 3-베드룸 풀빌라까지 갖추었다. 특히 3-베드룸 풀빌라는 최대 8명까지 머물 수 있으며, 가격 대비 시설이 좋아 가족여행객에게 적합하다.
지도 p.138-A
홈피 www.theseasamui.com

데바 사무이 리조트 & 스파
Deva Samui Resort & Spa

일반 객실부터 풀빌라까지 모두 갖추고 있다. 가장 일반적인 비치 데코는 27㎡ 정도로 공간이 여유롭지 않다. 가격 대비 디럭스 스위트 이상을 추천한다.
지도 p.139-D
홈피 www.devasamuiresort.com

로열 무앙 사무이 빌라스
Royal Muang Samui Villas

원시의 이국적인 분위기를 자아내는 메인 수영장과 동굴에서 마사지를 받는 느낌의 독특한 Cave Rai Ra Beach Spa 시설이 있다. 차웽의 무앙 사무이 스파 리조트와는 자매 호텔.
지도 p.139-D
홈피 www.muangsamui.com

더 패시지 사무이
The Passage Samui

코사무이 북서쪽으로 공항에서 20~30분 거리의 램 야이 비치에 있다. 단독 빌라 형태로 4개밖에 없는 비치 프런트 빌라는 바다 전망과 더불어 멋진 일몰을 볼 수 있어 신혼여행객에게 인기있다.
지도 p.138-A
홈피 www.thepassagesamui.com

사무이 보트 라군
Samui Boat Lagoon

전 객실이 풀빌라로 단독 빌라 형태이며, 완벽한 프라이버시가 보장된다. 거실과 침실이 분리된 구조로 취사도구까지 갖추어 간단한 조리가 가능하다. 인근에 빅부다와 왓 쁠라이 램 등의 관광지가 있으니 함께 둘러봐도 좋다.
지도 p.139-D
홈피 www.samuiboatlagoon.com

Lamai
라마이

코사무이에서 차웽 다음으로 발달한 지역이다. 차웽이 너무 복잡하다고 느껴진다면 상대적으로 한적한 라마이가 대안이 될 수 있다. 고급 휴양지로 변신을 꾀하고 있지만 아직까지는 현지인의 소박한 정서와 배낭여행객을 중심으로 한 낭만적인 모습을 간직하고 있다. 전반적인 물가도 코사무이에서는 저렴한 편에 속한다.
라마이 비치는 크게 두 지역으로 나뉜다. 북부 해변은 자연환경이 조금 아쉽지만 어촌과 함께 있어 낭만적인 느낌이고 중남부 해변은 넓은 백사장과 깨끗한 바다가 있어 수영하기에 적합하다.

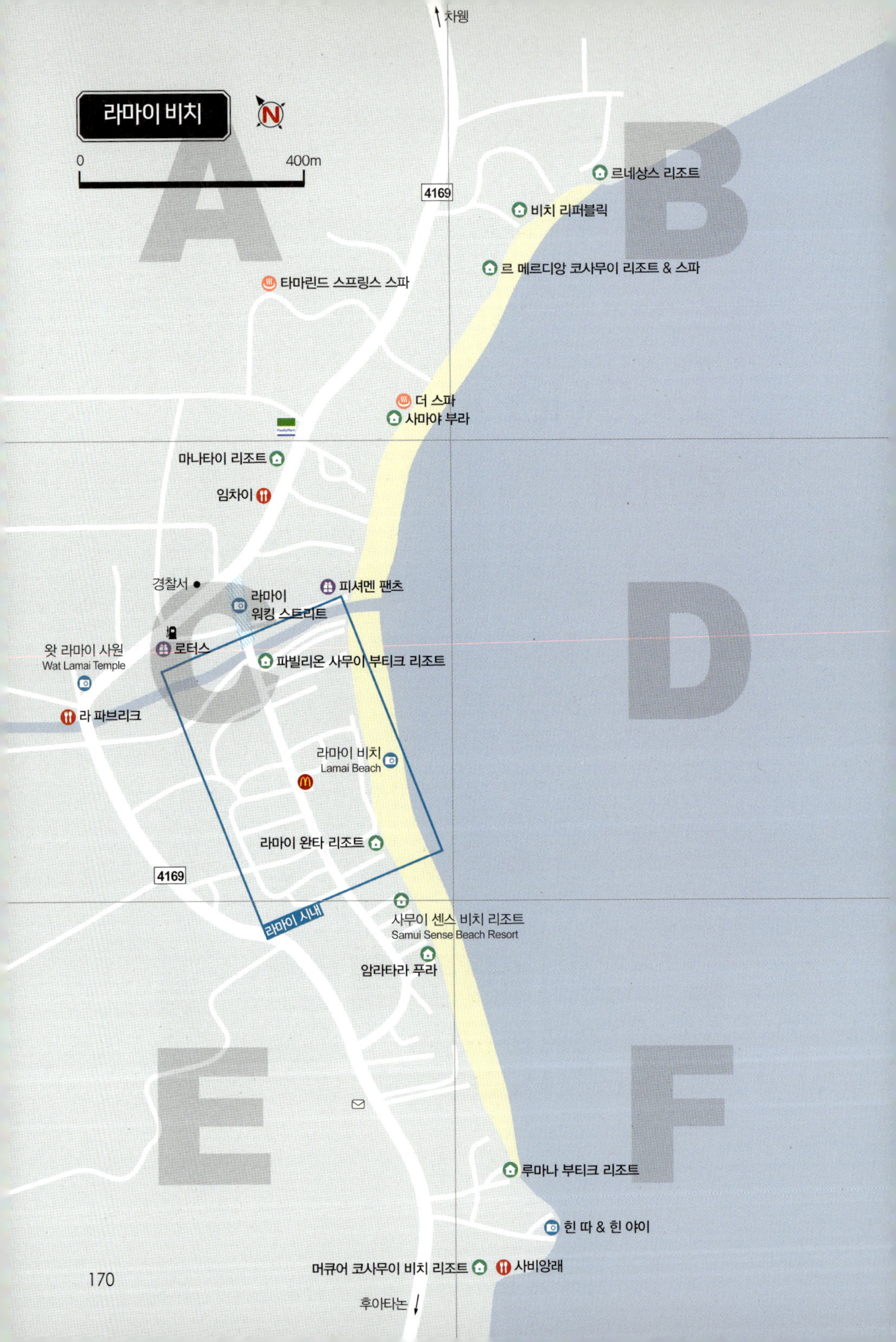

라마이 비치

0 — 400m

차웽 ↑
4169

- 르네상스 리조트
- 비치 리퍼블릭
- 르 메르디앙 코사무이 리조트 & 스파
- 타마린드 스프링스 스파
- 더 스파
- 사마야 부라
- 마나타이 리조트
- 임차이
- 경찰서
- 라마이 워킹 스트리트
- 피셔멘 팬츠
- 왓 라마이 사원 (Wat Lamai Temple)
- 로터스
- 파빌리온 사무이 부티크 리조트
- 라 파브리크
- 라마이 비치 (Lamai Beach)
- 라마이 완타 리조트
- 4169
- 라마이 시내
- 사무이 센스 비치 리조트 (Samui Sense Beach Resort)
- 암라타라 푸라
- 루마나 부티크 리조트
- 힌 따 & 힌 야이
- 머큐어 코사무이 비치 리조트
- 사비앙래

후아타논 ↓

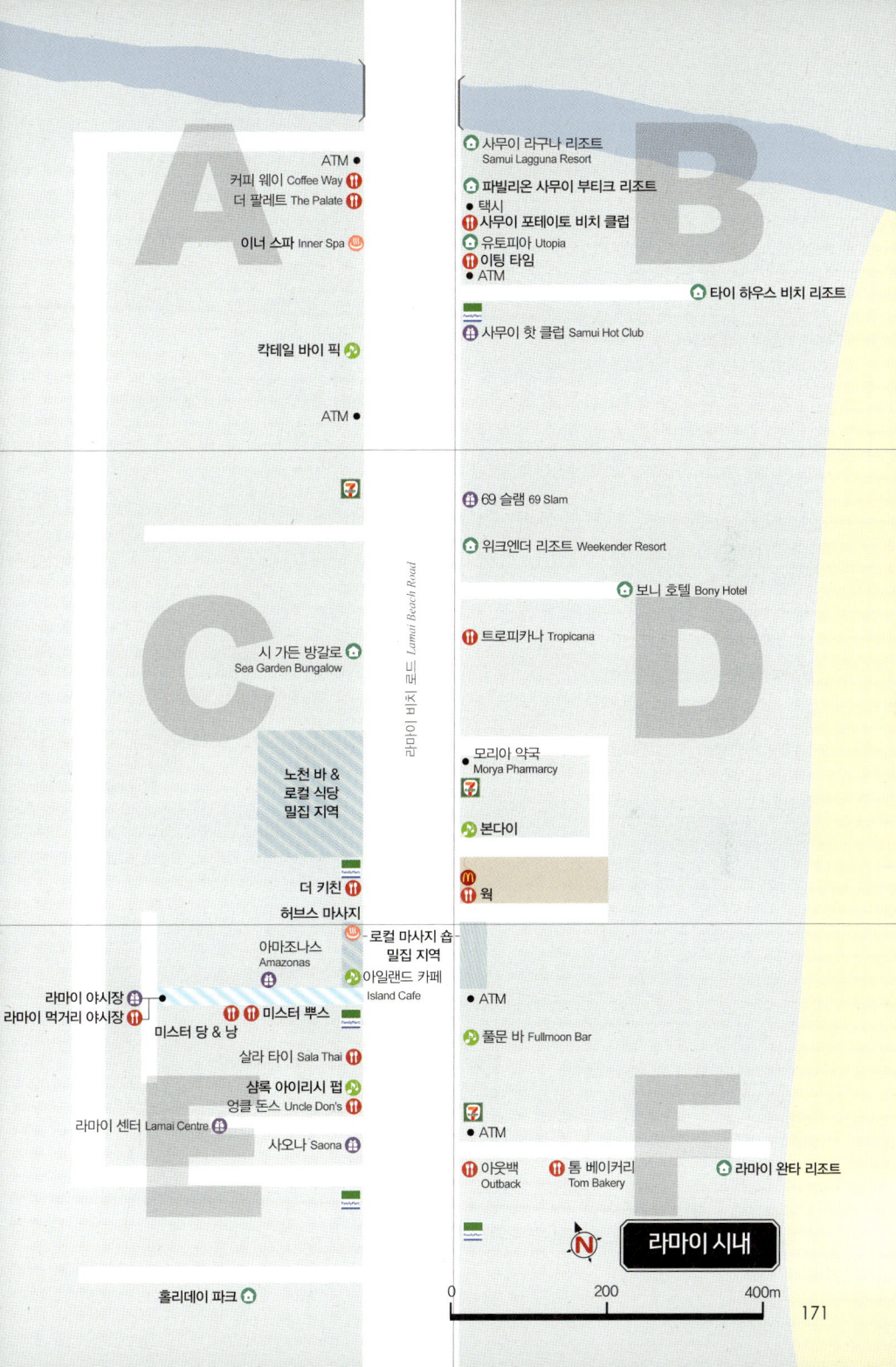

SIGHTSEEING

힌 따 & 힌 야이
Hin Ta & Hin Yai

우리말로 '할아버지, 할머니 바위'를 의미하며 남녀의 성기 모양처럼 생긴 2개의 거대한 바위이다. 먼 옛날 아들의 짝을 찾아 떠난 노부부가 풍랑을 만나 죽은 자리에 이 바위가 생겼다는 전설이 내려온다. 그 모양이 실물과 너무 흡사해 놀랍기도 하고 민망해서 웃음이 나오기도 한다.

라마이 비치 남쪽에 자리한 코사무이의 관광 명소로 기념사진을 가장 많이 찍는 장소 중 하나이다. 힌 따, 힌 야이라고 적힌 입구에서 골목 안쪽으로 들어서면 기념품이나 티셔츠, 음료수 등을 파는 작은 상점들이 몰려 있다. 골목 안쪽에 주차장이 있어 20B의 요금을 지불하고 이용할 수 있다. 이 골목을 따라 안으로 들어가면 바닷가 왼쪽에 할머니 바위인 힌 야이가, 오른쪽에 할아버지 바위인 힌 따가 보인다.

이곳에서 바라보는 바다 풍경도 좋고 주변에 평평한 바위와 작은 해변이 형성되어 있어, 쉬거나 해수욕을 즐기는 사람들도 있다. 제대로 된 태국 음식을 맛볼 수 있는 사비앙래가 가까워 연계한 일정을 계획하는 것도 좋다.

지도 p.170-F
위치 라마이 비치의 남쪽

SIGHTSEEING
통타키안 비치
Tong Takian Beach

뷰포인트에서 라마이 비치로 들어서기 직전에 자리한 둥글게 만을 그리는 아담한 해변이다. 실버비치(Silver Beach)라고도 불리며 에메랄드빛 맑은 바다와 눈이 부실 정도로 희고 고운 모래를 가진 해변이 아름답다. 하지만 정작 이곳은 코사무이에서도 유명한 스노클링 포인트로 산호와 다양한 열대어를 만날 수 있다. 해변 양쪽에 있는 바위 근처에서 스노클링을 즐기는 사람들을 많이 발견할 수 있다. 이곳에는 크리스털 베이 리조트를 비롯해 사무이 요트 클럽 등 5개의 리조트가 있다. 크리스털 베이 리조트의 레스토랑에서 바라보는 전망이 좋아 꼭 스노클링이 아니더라도 차를 마시며 전망을 감상하는 것도 좋을 듯하다.

지도 p.85-I
위치 뷰포인트와 라마이 비치 방면으로 500m

SIGHTSEEING
뷰포인트
View Point

차웽에서 라마이 쪽으로 넘어오자마자 언덕에 뷰포인트가 자리 잡고 있다. 처음 나오는 랏 코 뷰포인트보다 좀 더 스펙터클한 경치를 자랑한다. 사무이 클리프 뷰 리조트와 비벌리힐스 방갈로(Beverly Hills Bungalow) 사이의 조그마한 전망대에서 경치를 감상할 수 있다. 관광지에 있는 전망대가 대체로 그렇듯이 특별한 볼거리나 즐길거리가 있는 것은 아니지만 시원한 바람이 부는 곳에서 바다를 내려다보는 것만으로도 충분히 힐링이 된다. 비벌리힐스 방갈로에서 운영하는 카페 겸 레스토랑에서 식사를 하거나 시원한 음료를 마시며 지친 몸을 쉬어가기에 좋다. 바로 맞은편에는 록클라이밍을 즐길 수 있는 사무이 록클라이밍(Samui Rock-Climbing)이 있다.

지도 p.85-I
위치 라마이 비치와 차웽 비치 사이 언덕

[SIGHTSEEING]

라마이 워킹 스트리트
Lamai Walking Street

요즘 코사무이는 워킹 스트리트 붐이라고 해도 될 만큼 매주 지역마다 돌아가면서 워킹 스트리트와 야시장이 들어선다. 라마이에는 매주 일요일 오후부터 차량이 통제되고 대로변에 워킹 스트리트가 들어서는데, 라마이 지역의 특색이 그대로 묻어나 다른 지역과 달리 소박하고 정겨운 느낌이다.

가격 또한 차웽이나 피셔맨스 빌리지에 비해 조금 더 저렴하다는 강점이 있으니 평소 눈여겨본 아이템이 있다면 지갑 열 준비를 하는 것도 좋다. 쇼핑할 때 가격이 적혀 있지 않다면 가격을 물어보고 흥정하는 것은 기본이고, 필수 옵션은 웃음! 가격이 정해진 아이템이라도 몇 개를 사느냐에 따라 조금의 할인은 가능하다. 물건 흥정에 너무 힘을 빼지 않아도 되는데, 라마이는 차웽이나 피셔맨스 빌리지보다 처음부터 부르는 가격대가 낮으니 쇼핑 자체를 즐기도록 하자. 대부분의 워킹 스트리트가 그렇듯이 먹거리와 쇼핑을 동시에 해결할 수 있으며, 워킹 스트리트가 교차되는 패밀리마트 앞에서는 라이브 공연이나 불 쇼도 열린다. 쇼핑하다 배고프면 간식거리를 사서 한 손에 들고 다니면서 먹는 것 또한 워킹 스트리트에서 쉬이 볼 수 있는 여행자 모습이니 맛있어 보이는 음식이 있다면 주저하지 말고 동참해보자!

지도 p.170-C
위치 사무이 라구나 리조트 다리 건너부터 시작
오픈 일요일 17:00~22:00

SHOPPING

라마이 야시장
Lamai Night Plaza

라마이 시내 남쪽에는 오후 6시경이면 로컬 야시장이 열린다. 길이가 100m 정도 되는 작은 규모로 알록달록한 조명과 수공예품, 짝퉁 명품 가방 등을 판매한다. 바가지요금도 거의 없어 기념품을 사기에 좋다. 골목길이 비좁지 않아 걸어 다니기에 좋은 편이다. 미스터 뿌스 등의 로컬 식당이 골목에 있어 식사 후 산책하듯 구경해도 재미있다. 입구에 패밀리마트가 보인다면 제대로 찾은 것이다. 자정을 전후해서 문을 닫는다.

지도 p.171-E
위치 라마이 시내 남쪽, 패밀리마트가 야시장 입구

SHOPPING

피셔멘 팬츠
Fishermen Pants

이름에서부터 알 수 있듯이 '어부바지'라고 불리는 바지를 전문으로 파는 상점이다. 태국에서 흔히 볼 수 있는 어부바지에 디자인을 변형하고, 좋은 원단과 꼼꼼한 바느질로 일반 제품과 차별화를 두었다. 이 모든 공정은 이스라엘에서 디자이너로 일했던 오너 이레즈 씨의 손을 거쳐 만들어지고 있다. 매장에서 판매하는 어부바지 스타일의 바지는 보통 700~1500B 선에서 구입 가능하다.

지도 p.170-C
위치 라마이 비치의 북쪽
주소 156/7 Moo 4, Lamai
오픈 월~토요일 10:00~19:00
일요일 14:00~20:00
전화 089-586-5263

SHOPPING

로터스
Lotus

라마이의 유일한 대형 할인 마켓으로 각종 생활용품을 구입할 수 있다. 푸드코트가 있어 쇼핑과 식사를 한번에 해결 가능해 편리하다. 태국의 로컬 브랜드 커피숍인 블랙 캐니언 커피(Black Cayon Coffee), KFC, 던킨도너츠, 와인 컬렉션, 드러그스토어 왓슨과 같은 체인점이 많으며 그밖에 은행, 환전소 등의 편의 시설도 입점해 있다.

지도 p.170-C
위치 라마이 시내에서 5분
주소 131/12 Moo 4, Samui Ring Road, Maret
오픈 09:00~22:00
전화 077-256-500
홈피 www.tescolotus.com

| RESTAURANTS |

사비앙래
Sabienglae

SABIENGLAE Koh Samui

코사무이 최고의 로컬 레스토랑이다. 누구보다도 태국 음식을 사랑하는 운영자는 제대로 된 태국 음식을 만드는 식당을 꿈꾸어오다 직장을 그만두고 코사무이에서 그 꿈을 펼치기 시작했다.

좋은 재료를 아끼지 않고 사용하는 데다 외국인 여행자가 아닌 태국 현지인을 대상으로 삼아 제대로 맵고, 시고, 달달한 자극적인 맛을 경험할 수 있다. 이곳의 추천 음식은 식당 이름과 똑같은 사비앙래 얌이라는 샐러드로 튀긴 마늘과 양파가 많이 들어가 고소하고 자극적이다. 사비앙래 스타일로 변형된 얌탈레라 할 수 있다. 코사무이에서만 먹을 수 있는 지역 음식도 선보이는데 그중 추천할 만한 것은 뿌 팟 까티로 게에 코코넛 밀크와 마늘로 양념해 달착지근한 맛이 특징이다.

힌 따 & 힌 야이가 있는 입구에서 남쪽을 보면 작은 다리가 하나 있는데 그 다리를 건너자마자 간판이 보인다. 지역의 특성에 걸맞게 바위가 많은 해변을 접한다. 해변 가까이에 꽤 많은 좌석을 만들어 운영하는데, 모두 오픈에어이다. 식사 전후로 해변을 산책하기 좋다.

지도 p.170-F
위치 힌 따 & 힌 야이 입구에서 도보 5분
주소 438/82 Moo 1, Tambon Maret
오픈 10:00~22:00
요금 카오팟 뿌 90B, 뿌 팟 까티 250B, 사비앙래 얌 180B, 싱하 70/110B
전화 077-233-082
홈피 www.sabienglae.com

RESTAURANTS

더 클리프 바 & 그릴
The Cliff Bar & Grill

푸른 바다가 한눈에 보이는 언덕 위에 자리한 레스토랑으로 이탈리아, 지중해 음식을 메인으로 선보인다. 입구의 한쪽 벽면을 가득 채운 상패를 통해 단순히 입소문만으로 유명한 곳이 아님을 알 수 있다. 내부는 단순하면서도 세련된 분위기이며, 탁 트인 전망을 즐길 수 있는 테라스석이 인기 있다. 이곳의 최고 인기 메뉴는 그릴에 구운 호주산 스테이크와 해산물 요리. 그중에서도 점보 시푸드는 다양한 해산물을 그릴에 구워 2단 트레이로 제공하는데, 재료의 싱싱함과 더불어 양도 푸짐하다. 가격대가 조금 높은 편이지만 멋진 전망과 세련되고 이국적인 분위기 때문에 언제나 손님이 많다. 외국인 여행자 사이에서도 드라이브 코스로 유명세를 타고 있다. 오후 5시 무렵부터 가장 분위기가 좋으며, 주차 공간도 넉넉하다.

지도 p.85-I
위치 라마이 뷰포인트에서 남쪽으로 1km
주소 124/2 Tambon Maret, Lamai Beach
오픈 12:00~23:00(마지막 주문 21:45)
요금 스테이크 910~1280B, 점보 시푸드 4980(2인), 파스타 380B~, 싱하 150B(TAX 7%, SC10%)
전화 077-448-508
홈피 www.thecliffsamui.com

RESTAURANTS

라 파브리크
La Fabrique

빵 만드는 공방이 바로 옆에 있는 프렌치 베이커리로 차웽에도 지점이 있다. 이른 아침부터 커다란 바게트를 먹거나 차와 커피 한잔을 즐기는 여행자들로 식사 시간대 외에도 늘 분주하다. 기다란 유리잔에 나오는 따뜻한 카페라테와 초코 크루아상은 이곳의 인기 메뉴. 매남, 차웽, 라마이, 보풋 등 코사무이 지역명의 아침 메뉴는 달걀 2개를 기본으로 구성이 다양하다. 25B를 추가하면 카푸치노, 라테, 모카커피를 마실 수 있다. 눈이 즐겁고, 미각을 자극하는 맛있는 조각 케이크도 착한 가격대로 만날 수 있다.

지도 p.170-C
위치 로터스를 지나 왓 라마이 사원에서 90도 방향으로 꺾어 오른쪽
주소 105/1 Moo 6, Ban Lamai Market
오픈 06:30~20:00
요금 커피 50B~, 조각 케이크 100B, 크루아상 40B, 와플 190B, 크레이프 170B
전화 077-961-507

`RESTAURANTS`

사무이 포테이토 비치 클럽
Samui Photato Beach Club

커다란 감자튀김 간판이 맞이하는 입구를 따라 들어가면 탁 트인 바다 전망을 만날 수 있다. 해변과 접해있을 뿐만 아니라, 비치 클럽 내에 전용 수영장도 있다. 수영장 주변의 선베드는 1인당 400B로 음료 2잔이 포함되며, 저녁 6시 30분까지 이용 가능하다. 해변의 비치 베드는 1인당 200B. 테이블 석만 이용하는 경우에는 별도의 요금이 추가되지 않는다. 대표 메뉴 포테이터 플레터는 감자튀김, 웨지 포테이토, 크로켓을 한번에 맛볼 수 있다. 아이와 함께하는 여행자를 위한 피시 앤드 칩스, 치킨 앤드 칩과 같은 키즈 메뉴도 있다.

지도 p.171-B
위치 라마이 비치 로드 초입, 파빌리온 리조트 옆
주소 124/24 Moo 3, Maret
오픈 11:00~23:00(마지막 주문 22:30)
요금 태국 음식 170~220B, 샌드위치 180B, 버거 210B, 싱하 80B, 콜라 60B
전화 077-424-030/420
홈피 www.samuiphotatobeachclub.com

`RESTAURANTS`

임차이
Imchai

로컬 쏨땀집으로 장사를 시작해 10년 넘는 경력을 자랑하는 태국 음식 전문점이다. 본인의 이름을 내걸고 여행자와 현지인 모두를 대상으로 하다 보니 가격이 다른 곳에 비해 저렴한 편이다. 실내석과 실외 살라 모두 오픈에어이니 더위에 약하다면 선풍기 앞에 자리 잡자. 팟타이, 얌운센, 카레 등 대중적인 현지 음식을 잘하는 편이다. 쏨땀의 경우 주문을 받을 때 넣을 고추의 개수를 미리 물어보며, 취향에 따라 매운 정도를 조절할 수 있다. 다진 새우튀김인 텃만꿍은 120B 정도, 주변에 위치한 비치 리퍼블릭, 르 메르디앙 코사무이 리조트 & 스파 등의 투숙객이라면 이곳을 적극 활용하자.

지도 p.170-C
위치 마나타이 리조트 옆
주소 173/17 Moo 4, Tambon Maret
오픈 11:00~21:00
요금 텃만꿍 120B, 쏨땀 60B, 얌운센 120B, 콜라 20B, 싱하 60B
전화 081-266-5526

`RESTAURANTS`

이팅 타임
Eating Time

규모가 크지 않은 아담한 태국 음식 전문점이다. 여행자에게 친절한 사진 메뉴를 사용하는데, 벽뿐만  아니라 메뉴판 안에도 사진이 있어 쉽게 고를 수 있다. 똠얌꿍, 쏨땀, 팟타이 등 기본적인 태국 음식은 물론, 다른 곳에서는 보기 힘든 태국식 전통 면 요리인 수키남과 수키행도 취급한다. 육수에 국수와 채소, 달걀이 들어간 수키남, 국물이 없는 것이 수키행이다. 특히, 쌀국수는 시원하고 깔끔한 국물 맛이 일품이다. 실내는 금연이다.

지도 p.171-B
위치 라마이 비치 로드, 타이 하우스 비치 리조트 들어가는 골목길 초입
주소 130/3 Had Lamai Road
오픈 12:00~23:00(마지막 주문 22:30)
요금 팟타이 120B, 쌀국수 120B, 팟시유 120B, 똠얌꿍 140B, 콜라 40B, 싱하 90B
전화 077-232-446~9

RESTAURANTS

미스터 당 & 낭
Mr. Dang & Nang

한자리에서 10년 동안 꾸준히 여행자의 발걸음을 붙잡는 이싼 음식 전문점이다. 시설이 열악하고 테이블 수가 많지 않음에도 단골손님이 많은 이유는 이곳에서 수끼의 로컬 버전인 찜쭘을 착한 가격에 맛볼 수 있기 때문이다. 찜쭘은 태국식 옹기에 육수를 넣고 서서히 끓이다가 각종 채소와 글래스 누들, 버섯, 쇠고기, 새우, 오징어 등을 넣고 샤부샤부처럼 익힌 후 건져서 양념장에 찍어 먹는 요리이다. 곁들여 나오는 붉은 소스는 매콤해서 우리 입맛에도 잘 맞는다.

지도 p.171-E
위치 라마이 야시장 골목 안
주소 134/4 Moo 3, Maret
오픈 15:00~23:30
요금 찜쭘 400B, 쏨땀 70B, 톰얌꿍 200B, 주스 50B, 싱하 70B
전화 083-389-6542(3852)

RESTAURANTS

더 키친
The Kitchen

라마이는 소박한 정서가 감도는 지역인데, 최근 이곳을 중심으로 변화가 일고 있다. 프렌치 고유의 세련되고 편안한 분위기로 여행자에게 어필하는 곳으로, 태국 음식과 인터내셔널 요리를 모두 취급한다. 프렌치 오너가 운영하는데, 낮에 가볍게 식사를 즐기기에도 좋지만, 저녁 무렵 파인 다이닝을 즐기려는 손님들로 북적인다. 이곳의 대표 메뉴는 로스트 치킨으로 통째로 구운 치킨 한 마리와 샐러드가 함께 나오는데, 포장도 많이 해간다. 화덕에 구워져 나오는 피자도 담백하니 맛있다. 차웽의 센트럴 페스티벌 사무이에 지점이 있다.

지도 p.171-C
위치 라마이 비치 로드, 맥도날드 맞은편
주소 124/36 Moo 3, Maret
오픈 09:00~23:00
요금 피자 330B, 파스타 250B~, 로스트 치킨 270/510B(반 마리/한 마리), 콜라 70B, 싱하 110B
전화 077-458-581
홈피 www.kitchen-thailand.com

RESTAURANTS

미스터 뿌스
Mr. Phu's

라마이 야시장 골목 안에는 분위기가 비슷한 로컬 레스토랑이 모여 있다. 이곳은 그중 하나로 후아타논(Hua Thanon)의 무슬림 빌리지가 고향인 주인의 이름이다. 시설은 다소 열악하지만 맛있고 푸짐한 태국 음식을 저렴하게 먹을 수 있다. 음식뿐 아니라 직접 갈은 생과일주스도 먹을 수 있다. 더위를 식히는 데 그만인 수박 주스 땡모빤도 추천 메뉴. 바로 옆에는 수끼의 로컬 버전인 찜쭘과 쏨땀 등을 맛볼 수 있는 이싼 식당 미스터 당 & 낭이 있다.

지도 p.171-E
위치 라마이 야시장 골목 안
주소 137/3 Moo 3, Maret
오픈 14:00~23:30
요금 팟타이 70B, 팟팍까오무 100B, 톰얌꿍 120B, 땡모빤 60B, 싱하 75B
전화 081-891-8316

RESTAURANTS

웍
Wok

중식에서 요리할 때 쓰는 큰 냄비인 웍(Wok)으로 요리해서 붙은 이름으로, 일본, 중국, 태국, 인도네시아 등의 아시안 퓨전 요리 전문점이다. 휴양지 느낌이 물씬 나는 발리의 전통 지붕 외관에 실내는 모두 오픈에어 좌석이다. 라마이의 랜드마크인 맥도날드 바로 옆이라 찾기 쉽다. 한국인에게 잘 알려진 파인애플볶음밥이나 팟타이는 태국 음식을 처음 접하는 여행자도 무난하게 먹을 수 있는 인기 요리. 태국식 양념돼지갈비라 할 수 있는 시콩무의 가격은 120B이다. 요리의 매운 정도는 메뉴판에 고추 개수로 표시되어 있으니 참고하자.

지도 p.171-D
위치 라마이 비치 로드, 맥도날드 옆
주소 124/36 Moo 3, Maret
오픈 10:00~24:00
요금 쏨땀 160B, 얌운센 130B, 팟타이꿍 120B, 싱하 100B
전화 038-886-665

RESTAURANTS

라마이 먹거리 야시장
Night Restaurant of Lamai

라마이 시내에 저녁이 되면 생겨나는 도깨비 시장 같은 먹거리 야시장이 있다. 이곳에서는 웬만한 음식을 모두 맛볼 수 있는데, 특히 입구에서 파는 팟타이와 쏨땀은 줄을 서서 먹을 정도로 인기이다. 좁은 골목 안쪽으로 들어가면 앉아서 먹을 수 있는 좌석이 마련되어 있다. 원하는 음식을 고른 뒤 포장해서 안쪽으로 들어가 편하게 자리 잡고 먹으면 된다.

지도 p.171-E
위치 라마이 시내 맥도날드 맞은편, 패밀리마트 옆

RESTAURANTS

타르어 사무이 시푸드
Tarua Samui Seafood

살아 있는 해산물을 취급하는 레스토랑이 흔치 않은 코사무이에서 귀한 존재이다. 입구에 커다란 수족관이 있어 싱싱한 해산물을 공급하며 손님이 직접 고른 뒤 무게를 재고 주문할 수 있다. 당연한 말이지만 얼음에 재워둔 해산물과는 가격 차이가 있다. 세련된 외관과 거침없는 전망은 덤이다. 게나 생선 등의 가격은 매일 다르고 현지인에게 상당히 인기 있는 꼬막 등도 취급한다.

지도 p.85-I
위치 뷰포인트와 더 클리프 바 & 그릴 사이
주소 210/9 Moo 4, Maret
오픈 11:00~23:00
요금 게 120B(100g), 그루퍼 100B(100g), 꿍채남쁠라 180B, 호이라이 팟프릭파오 200B, 싱하 90B(TAX 7%)
전화 077-310-440

NIGHTLIFE

샴록 아이리시 펍
Shamrock Irish Pub

서양인 여행자의 아침식사부터 저녁식사까지 책임지는 곳으로 식사 시간이 끝나는 오후 9시를 전후해서 그 분위기는 완전히 달라진다. 영국식 펍이며 2005년 오픈 이래로 라마이에서 가장 열정적인 밴드의 연주를 들을 수 있다. 월요일과 금요일 밤이면 오후 9시 30분부터 영업이 마감되는 새벽 2시까지 여러 밴드가 돌아가며 공연을 펼친다. 필리핀 출신 5인조 밴드의 신나는 팝송과 색소폰 연주가 포함된 블루스 음악 등 다양한 장르의 공연이 펼쳐진다. 오픈에어 공간으로 맨 안쪽에 무대가 있고 커다란 스크린도 있어 축구 중계를 틀어주기도 한다. 포켓볼을 칠 수 있는 당구대도 있다.

지도 p.171-E
위치 라마이 시내 남쪽, 엉클 본 아이스크림 숍 옆
주소 124/144 Moo 3, Lamai
오픈 09:00~02:00
요금 싱하 110B, 콜라 70B, 기네스 생맥주 260(1파인트), 칵테일 190B
전화 081-597-8572
홈피 www.thesamuishamrock.com

NIGHTLIFE

본다이
Bondi

호주 시드니에 있는 본다이 비치에서 이름을 따온 곳으로 차웽과 라마이 2곳에 위치한다. 라마이 나이트라이프의 새 역사를 쓰고 있다고 해도 무방할 정도로 인기 있다. 밴드가 공연하는 것도 아니고 음식 가격이 저렴한 것도 아닌데 이곳이 핫한 이유는 직원들이 친절하고, 그릴에 직접 구운 스테이크와 립의 육질이 부드럽고 맛이 좋기 때문이다. 라이브가 있는 저녁이면 음악에 취해 술 한잔을 즐기려는 여행자로 북적거린다.

지도 p.171-D
위치 라마이 비치 로드, 맥도날드 옆
주소 124/88 Moo 3, Tambon Maret
오픈 11:00~24:00
요금 본다이 버거 380B, 더 그레이트 렉 립 580B
전화 077-601-738
홈피 www.bondisamui.com

NIGHTLIFE

칵테일 바이 픽
Cocktails by Pik

지붕도, 조명도 빨강 일색인 이곳은 가볍게 한잔하기 좋은 칵테일 전문점이다. 입구에 있는 트럭 모형의 귀여운 미니바에서는 100여 종류의 칵테일이 쉴 새 없이 분주하게 만들어지는데, 모두 단돈 70B로 가격까지 착하다. 원색의 컬러풀한 깡통과 자동차 보닛 모양의 의자를 인테리어 소품으로 활용했으며, 배트맨이나 헐크 같은 영화 속 히어로 모형을 곳곳에 장식해 재미를 두었다. 테이블에는 누구나 쉽게 할 수 있는 보드게임이 준비되어 있어, 주문한 음료를 기다리면서 혹은 마시면서 친구와 함께 즐거운 시간을 보낼 수 있다.

지도 p.171-A
위치 라마이 비치 로드, 뽀빠이 레스토랑 옆
주소 124/93 Had Lamail Road, Tambon Maret
오픈 14:00~01:30
요금 칵테일 70B, 창 50B
전화 082-422-6761

SPA

타마린드 스프링스 스파
Tamarind Springs Spa

자연에서 힐링하고 싶다면 이곳을 추천한다. 스파 프로그램 하나로 15년 이상 인기가 지속되는 곳으로 1993년까지만 해도 바위가 많은 정글이었다. 유럽인이 땅을 사서 개발하기 시작했는데 지금의 모습으로 탄생되기까지는 5년이 걸렸다고 한다.
1998년 오픈하자마자 기존 스파와는 전혀 다른 초자연적인 모습으로 단숨에 유명해졌다. 넓은 부지에 시설은 단지 5개의 마사지용 살라와 3개의 야외 풀, 바위를 이용한 허브 스팀 사우나가 전부이다. 특히 커다란 바위를 이용한 사우나 시설은 이곳의 트레이드마크로 입구부터 진한 레몬그라스 향기가 풍겨온다. 산속에 야자수가 펼쳐져 있고 군데군데 등장하는 바위의 존재는 그로테스크한 느낌마저 준다. 4시간 동안 진행되는 포레스트 드리밍 프로그램은 허브 스팀 사우나와 스크럽, 마사지가 포함되며, 간단한 스낵도 제공한다. 모든 프로그램은 허브 스팀 사우나로 시작되며 사우나 시설 앞에는 자연적인 느낌의 작은 풀이 있어서 사우나 후에 더위를 식힐 수 있다. 스파 리셉션 입구부터 사진 촬영을 금하며, 휴대품은 보관함에 넣은 뒤 프로그램이 끝나면 찾을 수 있다. 수영복은 꼭 챙겨 가는 것이 좋다.
조용하고 자연 친화적인 시설과 분위기를 좋아하는 사람에게는 더없이 좋은 환경이겠으나 세련되고 현대적인 시설을 좋아하는 사람에게는 불편할 수도 있다. 숲속 분위기를 그대로 느낄 수 있는 빌라도 함께 운영한다.

지도 p.170-A
위치 라마이 비치의 북쪽
주소 205/7 Moo 4, Tambon Maret
오픈 08:00~20:00
요금 포레스트 드리밍 5500B(4시간)
전화 077-230-571
홈피 www.tamarindsprings.com

SPA
더 스파
The Spa

식이요법과 해독을 통한 체중 감량 프로그램을 갖춘 스파로 숙소도 함께 운영한다. 1992년 오픈해 20년 이상의 역사를 갖는다. 이곳을 시작으로 코사무이에 웰빙을 콘셉트로 한 스파 리조트가 하나둘 생겨났다. 태국 고대 마사지를 계승한 타이 마사지를 선보인다. 각종 허브를 첨가한 스팀 사우나는 마사지 전후로 이용하면 좋은데 350B 정도 한다. 코창과 치앙마이에도 지점이 있다.

지도 p.170-A
위치 라마이 비치 초입, 버디 호텔 근처
주소 Moo 4, Tambon Maret
오픈 09:00~20:00
요금 타이 마사지 450B(1시간), 오일 마사지 570B(1시간), 클래식 타이 마사지 880B(2시간)
전화 077-230-855, 077-424-666
홈피 www.thesparesorts.net

SPA
허브스 마사지
Herbs Massage

라마이 시내에 5개 지점을 가진 로컬 마사지 숍 체인이다. 차웽에도 지점이 있으며, 가격대는 동일하다. 맥도날드 건너편에 있는 지점이 가장 크며 손 마사지는 1시간에 200B, 등 마사지는 1시간에 300B이다. 마사지 숍은 어떤 테라피스트를 만나느냐에 따라 서비스가 달라지지만 이곳은 대부분 기본 이상의 솜씨를 자랑한다. 다른 로컬 마사지 숍보다 발 마사지 의자가 편하다.

지도 p.171-E
위치 라마이 시내, 맥도날드 주변
주소 Lamai Main Road
오픈 10:00~24:00
요금 타이 마사지 200B, 발 마사지 200B(1시간 기준)

Tip
라마이 시내의 마사지

라마이 시내에는 수많은 소규모 마사지 숍이 거리를 따라 늘어서 있다. 특히 최근에 체인 형태의 소규모 숍이 라마이 시내를 장악하고 있으며 대표적인 곳으로 허브스(Herbs), 퀸(Queen), 리플렉싱(Reflexing) 마사지 등이 있다. 닥터 피시 마사지를 함께 선보이는 곳도 있다. 발 마사지 의자와 타이 마사지 베드를 4~5개 정도 갖춘 숍은 대부분 시설은 소박하지만 비교적 깨끗한 편이다. 가격은 보통 1시간에 200~250B이며 해변에서 받는 마사지도 비슷한 수준이다.

[STAYING]

르 메르디앙 코사무이 리조트 & 스파
Le Meridien Koh Samui Resort & Spa

코사무이 공항에서 20분 거리에 있으며 타임캡슐을 타고 시간을 거슬러 올라간 것 같은 고급스러운 타이 차이니스 스타일을 만나볼 수 있다. 랑함 플레이스로 알려지기 시작해서 르 메르디앙에서 재단장했다.

총 77개의 객실은 앤티크 소품을 적절히 믹스 매치해 꾸며져 있는데 과하지 않은 고풍스러운 인테리어가 돋보인다. 63개의 스위트 객실은 4가지 종류로 나뉘며 테라스 스위트의 경우 대부분 2층에 자리한다. 풀 액세스 스위트의 경우 6~8개 정도의 객실에서 수영장을 공유해 사용하는 형태이다. 14개의 빌라 내부는 캐노피 장식 침대와 폭신폭신해 보이는 패브릭, 앤티크 소품 등으로 로맨틱한 분위기를 자아낸다. 풀 주변으로는 편안하게 쉴 수 있는 살라와 에어컨이 나오는 별도의 거실 공간 등 진정한 휴식을 취하기에 부족함이 없게 디자인되었다. 또한 일리 커피머신이 있어 매일 무료로 캡슐 커피를 내려 먹을 수 있다. 레이티스트 레서피(Latest Recipe) 레스토랑에서는 뷔페식으로 아침식사를 즐길 수 있으며, 셰프가 직접 스페셜 음료를 손님에게 서비스하는 세심함이 돋보인다. 해변과 접하는 메인 수영장 앞바다의 피어는 이곳을 대표하는 아이콘으로 바닷바람을 쐬면서 산책 삼아 걷기에 그만이다.

하루에 한 번 저녁에 차웽 혹은 라마이로 가는 편도 무료 셔틀버스를 운행한다. 매일 저녁 태국 전통의 'Khom Loys'라 불리는 행운을 비는 연등 이벤트는 태국의 문화를 체험할 수 있는 기회로 이곳의 하이라이트!

지도 p.170-B
위치 라마이 비치 초입, 램난 비치
주소 146/24 Moo 4, Lamai Beach
요금 테라스 스위트 9200B~, 파빌리온 풀빌라 1만2900B~
전화 077-960-888
홈피 www.lemeridienkohsamui.com

STAYING

비치 리퍼블릭
Beach Republic

2009년 오픈했으며 라마이에서 가장 힙한 젊은 감각의 숙소로 자리 잡았다. 총 객실 40여 개로 크게 스위트와 풀빌라로 나뉘며 풀빌라는 1-베드룸부터 4-베드룸까지 두루 갖추었다. 신혼여행객에게 인기인 풀빌라의 경우 모던함을 강조한 인테리어로 군더더기 없는 세련미를 보여주는 모던 풀빌라와 발리 분위기로 오픈에어 구조의 욕실을 갖춘 트로피컬 풀빌라가 있다. 객실 내에 물 인심이 후하며, 풀빌라의 꽃인 개인 풀도 여유로운 크기다. 해변과 맞닿은 수영장 주변에서는 디제이가 믹싱하는 칠아웃 음악이 흐르고, 강렬한 붉은색을 중심으로 한 비치 베드와 살라는 투숙객이 자유롭게 휴식을 취하는 진정한 비치 클럽의 형태이다. 투숙객의 편의를 위해 라마이 시내로 하루에 2회, 차웽 시내로 하루에 1회 무료 셔틀버스를 운영한다.

지도 p.170-B
위치 라마이 비치 초입, 램난 비치
주소 176/34 Moo 4, Tambon Maret
요금 클럽 스위트 3370B~, 1-베드룸 모던 풀빌라 7516B~
전화 077-458-100
홈피 www.beachrepublic.com

STAYING

반얀 트리 사무이
Banyan Tree Samui

라마이 초입에 위치한 최고의 전망을 자랑하는 리조트이다. 세계적인 고급 리조트 반얀 트리 그룹이 그 명성에 걸맞게 태국 전통 스타일에 현대적인 감각을 살려 최고급으로 무장했다. 총 76개 객실은 모두 풀빌라 타입으로, 크게 전망과 위치에 따라서 디럭스 풀빌라, 오션 풀빌라, 힐 크레스트 풀빌라, 로열 반얀 트리 풀빌라, 생추어리 풀빌라로 나뉜다. 빌라 내 개인 풀은 5m 정도로 넉넉한 크기이다. 반타원형의 메인 수영장과 Saffron, The Edge, Sand, Pool Bar의 이름을 가진 각기 다른 분위기의 레스토랑 그리고 최고급 스파 등 부대시설도 훌륭하다. 다만 대부분의 풀빌라에서 완벽한 프라이버시가 보장되지 않는다는 것과 교통이 불편하다는 것이 단점. 그럼에도 시원한 바다 전망과 한적한 해변에서 휴식을 원하는 여행자에게 매력적인 곳이다.

지도 p.85-I
위치 라마이 비치 초입
주소 99/9 Moo 4, Lamai
요금 디럭스 풀빌라 2만3320B~, 오션 뷰 풀빌라 2만9790B~
전화 077-915-333
홈피 www.banyantree.com/en/samui

> STAYING

마나타이 리조트
Manathai Resort

차웽에서 라마이로 넘어가다 보면 노란색으로 단장한 콜로니얼풍의 건물을 만나볼 수 있다. 2층 구조로 1층은 커피 월드, 마마스 버거 등의 레스토랑과 쇼핑 아케이드가 자리하고, 2층에 객실이 있다. 총 133개 객실 중 슈피리어는 99개로 대부분의 객실을 구성한다. 그 외에 스위트 카테고리로는 주니어 스위트, 디럭스 스위트 등이 있다. 아이와 함께한다면 주니어 스위트를 추천. 객실 역시 콜로니얼풍의 인테리어로 고풍스럽고 클래식한 분위기이다.

지도 p.170-C
위치 라마이 초입
주소 173/41 Moo 4, Robkoh Road
요금 디럭스 2850B~, 라마이 스위트 3920B~
전화 077-458-560
홈피 www.manathai.com/samui

> STAYING

사마야 부라
Samaya Bura

2008년 오픈한 숙소이다. 총 78개의 객실은 심플하면서 모던한 감각으로 블랙 & 화이트 콘셉트로 깔끔하게 꾸며져있다. 가장 낮은 등급은 넓이 36㎡의 슈피리어로 마운틴 뷰와 시 뷰로 나뉘고, 48㎡의 디럭스는 모두 바다 전망이다. 1층에 위치한 10개의 풀 액세스 객실에는 선베드와 별도의 수영장이 따로 있다. 객실 건물 앞으로 잔디가 깔린 녹지가 있고, 수영장과 레스토랑이 라마이 비치와 바로 접하고 있어 바다 전망이 좋은 편이다.

지도 p.170-A
위치 라마이 비치 초입
주소 171/4-9, Tambon Maret
요금 슈피리어 1720B~, 디럭스 2736B~
전화 077-913-250
홈피 www.samayabura.com

> STAYING

르네상스 리조트
Renaissance Resort

바위와 야자수가 많은 원시적인 해변이 리조트 앞으로 펼쳐진다. 잘 가꾸어진 정원에 일반 객실, 풀빌라가 있어서 가족 여행이나 커플 여행 모두 잘 어울린다. 일반 객실인 디럭스에는 테라스와 자쿠지가 설치되어 있다. 일반 객실과 풀빌라는 수영장을 각각 따로 사용한다. 풀빌라는 로맨틱한 콘셉트지만 프라이빗함은 다소 떨어지는 것이 아쉽다.

지도 p.170-B
위치 라마이 비치 초입, 램난 비치
주소 208/1 Moo 4, Laem Nan Beach
요금 디럭스 5340B~, 1-베드 빌라 1만250B~
전화 077-429-300
홈피 www.marriott.com

STAYING

머큐어 코사무이 비치 리조트
Mercure Koh Samui Beach Resort

총 60여 개의 객실을 가진 리조트로 규모는 작지만 수영장, 레스토랑 등의 부대시설을 두루 갖추고 있다. 깔끔함이 돋보이는 객실은 슈피리어, 슈피리어 시 뷰, 1-베드룸 빌라로 나뉜다. 전망과 객실 크기를 따져볼 때 슈피리어 시 뷰가 가격 대비 실속 있다. 라마이 시내와는 차로 15분 정도 거리에 있으며, 투숙객의 편의를 위해 하루 3회 라마이 시내로 무료 셔틀버스를 운행한다. 코사무이에서 손꼽히는 로컬 음식점인 사비앙래가 도보로 이동 가능한 거리에 있다.

지도 p.170-F
위치 힌 따 & 힌 야이 근처
주소 26/1 Moo 3, Lamai Beach
요금 슈피리어 시 뷰 2300B~, 1-베드룸 빌라 9500B~
전화 077-424-008
홈피 www.accorhotels.com

STAYING

사무이 클리프 뷰 리조트
Samui Cliff View Resort

차웽에서 라마이로 진입하는 언덕에 자리한다. 입구에 있는 리셉션은 뷰포인트라 불러도 좋을 만큼 전망이 시원하다. 객실은 모두 빌라 형태로 언덕을 따라 높낮이가 다르게 배치되어 있다. 객실 내부는 실용적으로 아기자기하게 꾸며져 있으며, 욕실의 욕조는 모두 자쿠지로 되어 있다. 바다와 접하지만 바위가 많은 지형이라 수영에는 적합하지 않다. 경사가 심한 편이라 리셉션, 레스토랑 등으로 이동 시에는 호텔 제공 차량을 이용하는 것이 좋다.

지도 p.85-I
위치 라마이 초입, 뷰포인트 옆
주소 211/1 Moo 4, Tambon Maret
요금 디럭스 빌라 2500B~, 비치 프런트 빌라 2940B~
전화 077-414-001~10
홈피 www.samuicliffview.com

STAYING

루마나 부티크 리조트
Rummana Boutique Resort

드럼을 뜻하는 이름을 가진 부티크형 숙소이다. 방갈로 형태의 객실은 모두 40개다. 리조트 안으로 들어서면 아기자기한 정원이 나오고, 수영장은 해변과 접하고 있다. 리조트 인테리어에 티크를 많이 사용했는데, 곳곳에 화려한 색상의 소품으로 포인트를 줬다. 리조트 내의 바이통 스파는 타이 마사지, 발 마사지 등이 45분에 550B 수준으로 투숙객에게는 할인 혜택이 주어진다. 직원들의 친절한 서비스로 재방문객이 많은 편이다.

지도 p.170-F
위치 힌 따 & 힌 야이 입구에서 도보 5분
주소 124/10 Moo 3, Maret
요금 디럭스 빌라 2300B~
전화 077-418-418
홈피 www.rummanaresort.com

> STAYING

암마타라 푸라
Ammatara Pura

천 년 전, 고대 태국 궁전을 콘셉트로 지어진 숙소로 고풍스러운 객실 내부는 다른 숙소를 압도하고도 남는다. 객실은 티크와 타일, 금박 등을 사용해 고대 태국 왕실의 화려함을 재현했다. 객실이 단 18개뿐인데, 모두 풀빌라며 4가지 종류로 나뉜다. 전망과 가격 면에서 시 뷰 풀빌라를 선택하는 것이 가장 무난하다. 모든 객실에 주방 시설이 있어 조리도 가능하고, 넓은 테라스와 개인 풀, 자쿠지를 갖추고 있다. 적은 객실 수에 비해 부대시설이 충실한 편이다. 라마이 시내까지 무료 툭툭 서비스를 제공한다.

지도 p.170-E
위치 라마이 비치 남단, 라마이 시내에서 도보 15~20분
주소 128/75-76 Moo 3, Tambon Maret
요금 시 뷰 풀빌라 1만5000B~
전화 077-601-633~7
홈피 www.ammatarapura.com

> STAYING

타이 하우스 비치 리조트
Thai House Beach Resort

태국 전통 스타일로 지은 숙소로 라마이 시내에 자리해 위치적인 장점이 돋보인다. 객실 내부 또한 태국 전통 스타일로 꾸며져 있다. 모든 객실에는 TV와 에어컨, 세이프티 박스, 개별 테라스가 있다. 자쿠지를 포함한 아담한 수영장, 어린이를 위한 키즈 풀 등을 갖추고 가족을 위한 패밀리룸이 있어 가족여행객이 많이 찾는다. 객실 수에 비해 부지가 좁아 약간 답답할 수 있지만 라마이 비치와 바로 접하고 있어 해변으로의 접근성이 좋은 편이다. 해변에 마사지를 받을 수 있는 정자가 있는데 길거리 마사지와 가격 차이가 없어 이용해볼 만하다.

지도 p.171-B
위치 라마이 비치 시내
주소 135 Moo 5, Maret
요금 스탠더드 2535B~, 디럭스 2800B~
전화 077-418-005
홈피 www.thaihousebeach-resort.com

> STAYING

파빌리온 사무이 부티크 리조트
Pavilion Samui Boutique Resort

총 객실 70개의 부티크형 숙소로 일반과 빌라 타입으로 나뉜다. 태국 북부와 모던 스타일을 결합한 인테리어를 보여준다. 하이드로 풀빌라는 전망 없이 담장으로 둘러져 있고 옆 객실과의 간격이 좁아 프라이빗한 휴식을 보장받긴 어렵다. 가장 일반적인 객실은 슈피리어 스파로 일반 객실 빌딩 2층에 있다. 37㎡ 넓이로 테라스에 자쿠지와 아담한 야외 거실이 준비되어 있다. 객실이 상당히 쾌적하고 로맨틱한 분위기여서 일반 객실에 묵으면서 메인 풀을 이용하는 방법도 좋은 선택. 라마이 비치가 본격적으로 시작되는 초입에 자리해 위치적인 장점이 크다.

지도 p.170-C
위치 라마이 비치, 라마이 센터에서 도보 10분
주소 124/24 Moo 3, Lamai Beach
요금 디럭스 5750B~, 하이드로 풀빌라 1만00B~
전화 077-424-030
홈피 www.pavilionsamui.com

> STAYING

홀리데이 파크
Holiday Park

물가 수준이 높은 코사무이에서 깔끔한 객실과 비교적 넓은 수영장을 갖추고 1000B대 요금으로 제공되는 숙소다. 라마이 시내 남쪽에 자리해 해변을 접하지는 않지만 라마이 센터와 가까워 주변의 편의 시설을 이용하기에 편리하다. 디럭스와 슈피리어가 가격 차이는 많이 나지 않지만 넓이나 쾌적함에서는 차이가 많이 나니 참고하자. 홈페이지에서 예약할 수 있다.

지도 p.171-E
위치 라마이 시내 남쪽
주소 124/25 Moo 3, Maret
요금 슈피리어 950B~, 디럭스 1430B~
전화 077-232-293
홈피 www.holidayparksamui.com

> STAYING

실라바디 리조트
Silavadee Resort

실라바디는 태국어로 '아름다운 바위'라는 뜻으로 44개의 풀빌라와 36개의 디럭스 객실을 갖춘 리조트이다. '자연으로 돌아가자'라는 콘셉트로 목재를 주로 사용한 객실은 친환경적이면서도 유니크한 스타일을 잘 살렸다. 일반 객실인 디럭스는 개인 풀을 갖추진 않았지만 인피티니 메인 수영장에서 수영도 즐기고 사방으로 펼쳐진 시 뷰도 감상할 수 있다. 주로 패키지 커플 여행자가 많으며, 한국인 커플 여행자에게는 오션 프런트 풀빌라가 인기 있다.

지도 p.85-I
위치 차웽과 라마이 중간의 램 남 비치
주소 208/66 Moo 4, Maret
요금 풀빌라 1만3650B~
전화 077-960-555
홈피 www.silavadeeresort.com

> STAYING

라마이 완타 리조트
Lamai Wanta Resort

단출하게 10개의 개인 방갈로 스타일로 지어 10년 동안 운영해오다 총 74개 객실을 갖춘 리조트로 탈바꿈했다. 라마이 비치 남단 해변에 코스트(Cost) 레스토랑과 메인 수영장이 자리한다. 객실은 디럭스가 48실로 가장 많은데, 타일 바닥이 심플하게 꾸며져 있다. 일반 객실은 디럭스와 30㎡로 크기는 같지만, DVD 플레이어와 드라이어가 구비되어 있지 않으니 참고하자.

지도 p.171-F
위치 라마이 비치 남단
주소 124/264 Moo 3, Tambon Maret
요금 디럭스 1660B~, 라마이 완타 빌라 3070B~
전화 077-424-550
홈피 www.lamaiwanta.com

Southern Area
코사무이 남부

후아타논부터 시작되는 남쪽 해안과 딸링암 비치로 통용되는 서쪽 해안, 행정의 중심지인 나톤을 포함한 지역을 말한다. 잘 알려져 있지 않지만 이 지역의 해변은 코사무이에서 가장 아름답다. 유난히 수심이 얕은 옥색 바다는 보라카이나 몰디브가 부럽지 않을 정도이다. 또한 코사무이 내 최대 야자수 농장이 있어 야자수 숲에 무성하게 둘러싸인 남국의 파라다이스 같은 풍경을 제공한다. 내륙의 산악 지대에서 즐길 수 있는 레저 스포츠와 볼거리도 대부분 이 지역을 중심으로 퍼져 있다. 나톤은 코사무이 행정의 중심지로 육지로 연결하는 선착장이 자리한다. 밤이면 현지인이 주로 이용하는 먹거리 야시장이 열려 서민적인 음식을 맛볼 수 있다.

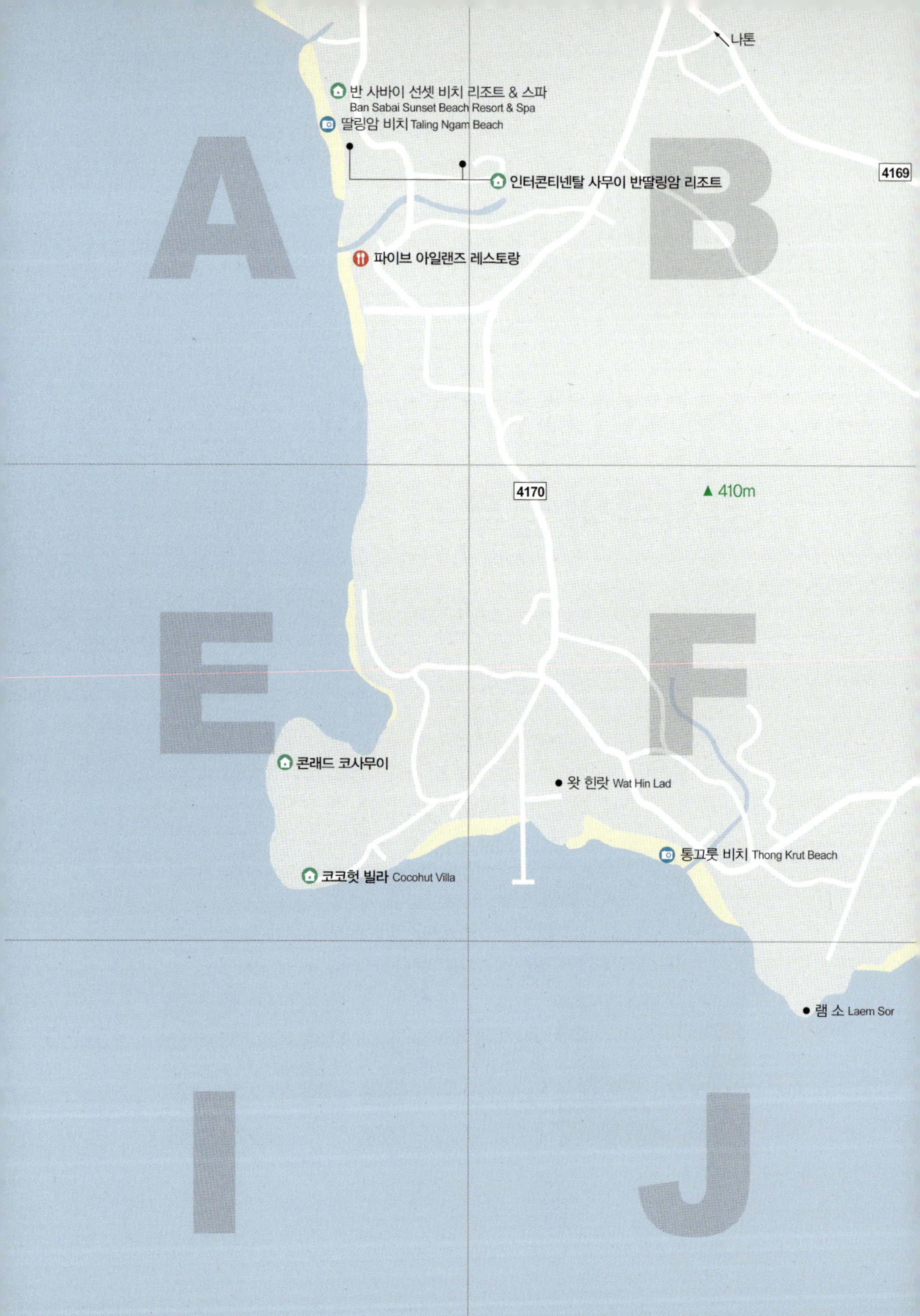

🏠	반 사바이 선셋 비치 리조트 & 스파 Ban Sabai Sunset Beach Resort & Spa
📷	딸링암 비치 Taling Ngam Beach
🏠	인터콘티넨탈 사무이 반딸링암 리조트
🍴	파이브 아일랜즈 레스토랑
🏠	콘래드 코사무이
●	왓 힌랏 Wat Hin Lad
📷	똥끄룻 비치 Thong Krut Beach
🏠	코코헛 빌라 Cocohut Villa
●	램 소 Laem Sor

↘ 나톤

4169

▲ 410m

4170

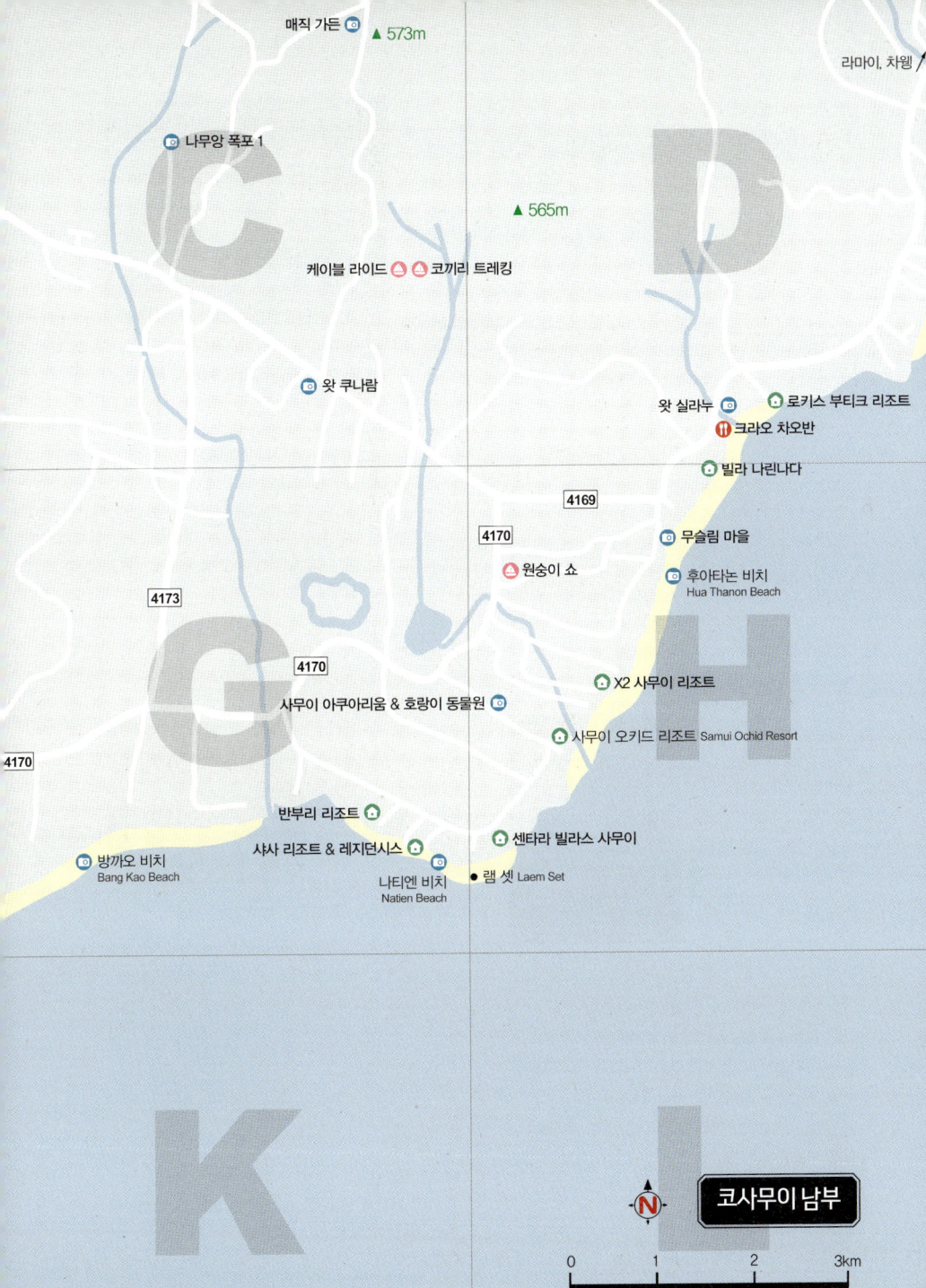

SIGHTSEEING

사무이 아쿠아리움 & 호랑이 동물원
Samui Aquarium & Tiger Zoo

바다로 둘러싸인 섬, 코사무이에도 해수 수족관을 갖춘 아쿠아리움이 있다. 그러나 싱가포르나 한국의 대형 수족관을 생각한다면 실망이 클 것이다. 한국에서 보기 힘든 열대어와 희귀종을 갖추었지만 시설은 열악한 수준. 입장료는 새와 호랑이가 펼치는 쇼를 포함한 금액이기 때문에 쇼가 시작되는 오후 1시 30분에 맞추어 가는 것이 좋다. 아쿠아리움과 호랑이 동물원은 모두 바로 옆에 있는 사무이 오키드 리조트(Samui Ochid Resort)에서 운영하며 리조트 안에는 열대 조류를 구경할 수 있는 버드 파크가 있다. 리셉션에서 입장권을 확인하는 경우도 있으니 버드 파크를 보려면 입장권을 잘 보관해두는 것이 좋다.

지도 p.193-H
위치 코사무이 동남쪽, 사무이 오키드 리조트 옆
주소 33/2 Moo 2, Ban Harn Beach, Maret
오픈 09:00~19:00(쇼 13:30)
요금 어른 750B, 어린이 450B
전화 077-424-017
홈피 www.samuiaquariumandtigerzoo.com

SIGHTSEEING

무슬림 마을
Muslim Village

코사무이의 동남쪽에 있는 후아타논에는 무슬림이 모여 사는 마을이 있다. 녹색 지붕의 모스크 사원과 히잡을 두른 여성들의 모습에서 또 다른 여행지로 이동한 것 같은 색다른 분위기가 느껴진다. 해안 쪽에 있는 소박한 어촌 마을은 새벽부터 이른 아침까지 어시장이 설 때면 가장 생동감이 넘친다. 이 무슬림 마을부터 남쪽으로 사무이 오키드 리조트까지 연결되는 수 킬로미터의 해안선은 아름다운 바다색을 가지고 있다. 화려한 볼거리보다는 현지인의 삶을 느끼며 야자수 숲길과 아름다운 해변을 걷는 즐거움이 있다.

지도 p.193-H
위치 코사무이 동남쪽
주소 128/13 Moo 3, Pangponrat Road

SIGHTSEEING

매직 가든
Magic Garden

시크릿 부다 가든(Secret Buddha Garden)이라고도 불리는 해발 400m 산속에 은밀히 숨어 있는 개인 정원이다. 두리안 농장 주인이었던 님(Nim)이 1976년부터 조성한 이 정원에는 산속 작은 폭포와 계곡을 따라 물고기, 거북이 등의 조각이, 그 주변으로는 태국 전통 무용을 하는 무용수와 악사 등의 조각이 장식되어 있다. 이 조각상은 잘 가꾸어진 식물들과 어우러져 신비롭고 고즈넉한 분위기를 만들어낸다. 길이 꽤 가파르기 때문에 4륜구동 차량만 올라갈 수 있다.

지도 p.193-C
위치 반 두리안(Baan Durian), 왓 쿠나람 맞은편에 매직 가든 이정표가 있다
오픈 09:00~17:00
요금 입장료 80B

SIGHTSEEING

나무앙 폭포
Namuang Waterfall

코사무이에서 가장 유명한 폭포로 걸어서 20여 분 거리에 나무앙 폭포 1과 나무앙 폭포 2가 각각 있다. 나무앙 폭포 1은 길이 18m 정도 되는 높이에서 물줄기가 떨어지는데 차량으로도 접근이 가능하고 수영도 할 수 있어 현지인과 여행자가 자주 찾는다. 나무앙 폭포 2는 산길을 따라 좀 더 올라가야 하는데 일부러 찾기보다는 일일 투어나 코끼리 트레킹과 연계해 둘러보는 것이 좋다.

지도 p.193-C
위치 코사무이의 내륙 산악 지대, 나톤에서 10km

SIGHTSEEING

왓 실라누
Wat Sila Ngu

황금빛 뱀을 의미하는 이름으로, '스네이크 스톤 파고다'라고도 부른다. 1935년에 지어졌으며, 사원 안에는 아름다운 부조들이 가득 차 있어 둘러볼 만한 가치가 있다. 특히 입구의 붉은색 사원이 인상적이다. 사원 중앙에 자리한 황금색의 체디(Chedi) 안에는 스리랑카에서 가져온 불상이 안치되어 있다. 체디 앞으로 이어진 계단을 따라 내려가면 공원처럼 꾸며진 공간이 나와 조용히 휴식을 취하기도 안성맞춤이다. 별도의 입장료는 없다.

지도 p.193-D
위치 라마이와 후아타논 사이
주소 60/22 Moo 2, Bophut
오픈 09:00~17:00
요금 무료
전화 077-938-299

SIGHTSEEING

왓 쿠나람
Wat Khunaram

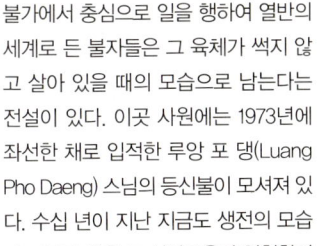

불가에서 충심으로 일을 행하여 열반의 세계로 든 불자들은 그 육체가 썩지 않고 살아 있을 때의 모습으로 남는다는 전설이 있다. 이곳 사원에는 1973년에 좌선한 채로 입적한 루앙 포 댕(Luang Pho Daeng) 스님의 등신불이 모셔져 있다. 수십 년이 지난 지금도 생전의 모습과 다르지 않은 그 신비로움과 영험함이 느껴져 많은 사람이 찾는다.

지도 p.193-C
위치 코사무이 동남쪽, 4169 도로 나무앙 폭포 입구 맞은편

Tip
태국에서 사원 관광 시 주의할 점

- 사원의 실내는 신발을 벗고 들어가야 한다.
- 방콕의 왕궁처럼 복장에 대한 규제는 없으나 노출이 심한 복장은 적절하지 않으니 참고한다.
- 여성은 승려와 신체적 접촉을 할 수 없다.

SPECIAL

나톤, 코사무이의 또 다른 관문

나톤(Nathon)은 코사무이 서쪽에 자리한 행정 중심지이다. 육지인 수랏타니와 연결하는 배들이 드나드는 선착장이 있고 여행자를 대상으로 하는 숙소 등 편의 시설과 현지인 마을이 자연스럽게 섞여 있다.
관공서와 은행, 경찰서, 전화국 등이 있으며 관광안내소 T.A.T.(077-420-720~2)가 선착장 북쪽에 자리해 이곳에서 지도와 자세한 관광 안내를 받을 수 있다. 나톤은 여행자가 오래 머물기보다는 배 시간을 기다리며 잠시 머물다 가는 곳이지만 숙소가 저렴하고 로컬 분위기가 여유로워 이곳에서 일부러 숙박하는 여행자도 꽤 있다. 배가 끊기는 오후 7시 이후에는 문을 연 가게들이 드물지만 숙소와 레스토랑, 먹거리 야시장, 대형 할인점 로터스(Lotus)가 있어 불편한 점은 없다.
섬의 주요 지역을 순환하는 썽태우가 출발하는 곳으로 차웽까지는 150~200B 정도 요금이 나온다. 코사무이 공항과 차웽까지는 약 1시간 정도 소요된다.

수랏타니와 코사무이를 연결하는 선박 회사들

라자 페리(Raja Ferry), 시트란 페리(Seatran Ferry), 송섬(Songserm) 등의 선박이 육지인 수랏타니와 코사무이를 연결한다. 오전 5시부터 오후 7시까지 1시간마다 운행한다. 선박 요금은 회사별로 200~300B이고 차량을 실을 수도 있다. 선박 회사별로 출발과 도착 선착장이 조금씩 다르니 주의하자. 수랏타니 공항이나 기차역에 내리면 코사무이로 들어가는 항구인 돈삭(Donsak) 선착장까지 트랜스퍼 서비스를 제공하기도 한다.

라자 페리 www.rajaferryport.com **시트란 페리** www.seatrandiscovery.com

ACTIVITY
케이블 라이드
Cable Ride

해발 600m 이상의 산악 지대와 넓은 야자수 숲을 가진 자연적인 특성은 다양한 액티비티를 제공하는 무대가 된다. 케이블 라이드는 주로 섬의 내륙 지대에서 진행되는 투어로 산의 중턱에서 높은 나무와 나무 사이에 줄을 연결해놓고 레일을 이용해 이동한다. 보호 장비를 갖추고 줄을 따라 이동하면서 발아래로 펼쳐진 산의 풍경을 즐길 수 있다. 짧게는 수십 미터에서 길게는 수백 미터까지 다양한 코스를 갖추었다. 보통 길이와 경사도에 따라 3종류의 라인이 있다. 대부분 섬을 둘러보는 일일 투어 코스에 포함되지만 단독으로 케이블 라이드만 탈 수도 있다. 코사무이에서 케이블 라이드가 가장 활발하게 진행되는 장소는 나무앙 폭포 근처의 산악 지대이다. 이곳에는 어린이를 위한 코스도 준비되어 있다.

지도 p.193-C
위치 코사무이의 내륙 산악 지대, 나톤에서 10km
주소 25/11 Moo 2, Tambon Namuang, Namuang Safari Park
요금 1인 700B
전화 077-424-098

ACTIVITY
코끼리 트레킹
Elephant Trekking

코사무이에는 코끼리를 이용한 투어가 많다. 짧게는 30분에서 길게는 하루 종일 코끼리를 타고 산악 지대를 이동하면서 에코 투어(Eco Tour)를 한다. 보통 1시간 코스는 1000B 정도이며 여러 가지 옵션에 따라 프로그램이 다양하게 준비되어 있다. 폭포에서 수영하기, 매직 가든 방문하기 등이 주로 포함되고 코끼리 트레킹만 단독으로 즐길 수도 있다. 투어 신청을 하면 다른 여행자와 조인 픽업도 가능하다. 차웽 시내의 현지 여행사나 한인 여행사에 신청하면 된다.

지도 p.193-C
위치 코사무이의 내륙 산악 지대, 나톤에서 10km
주소 25/11 Moo 2, Tambon Namuang, Namuang Safari Park
요금 1인 700B
전화 077-424-098

ACTIVITY
원숭이 쇼
Monkey Show

코사무이는 유난히 많은 코코넛 나무로도 유명하다. 관광객이 코사무이에 발을 들여놓기 전에는 야자수가 코사무이의 주된 소득원이기도 했다. 후아타논 지역에는 코사무이 최대 야자수 농장이 있고 부족한 인력을 원숭이로 대체해 야자수를 채취하던 전통이 남아 있다. 농장을 방문해 원숭이가 코코넛 열매를 따는 것을 구경하고 코코넛 음료도 마시며 코코넛 밀크를 만드는 과정 등을 견학할 수 있다. 원숭이와 함께 기념 촬영도 할 수 있다. 이곳만 둘러보기보다는 다른 투어와 연계해 이용하는 것이 좋다.

지도 p.193-H
위치 후아타논 지역, X2 사무이 리조트 가는 방면
오픈 09:00~17:00

RESTAURANTS

크라오 차오반
Krao Chaoban

라마이 비치에서 후아타논으로 넘어가기 직전인 로키스 부티크 리조트와 무슬림 마을 사이의 해안에는 태국 식당이 몰려 있다. 크라오 차오반은 그중 하나로 오리지널에 가까운 태국 음식을 맛볼 수 있다. 멋진 바다 전망과 함께 나무로 지은 건물에 초가지붕을 얹은 클래식한 모습이다. 에어컨이 없는 야외석이지만 바닷바람이 시원하게 불어와 덥지 않게 느껴진다. 가까운 어시장에서 매일 가져온 싱싱한 재료로 요리를 만드는 데다 가격도 현지 수준을 유지해 더 매력적이다.

지도 p.193-D
위치 라마이 비치 남쪽에서 후아타논으로 넘어가기 직전
주소 438/18 Moo 1, 4169 Road
오픈 11:00~22:00
요금 쏨땀 100B, 톰얌꿍 165B, 얌탈레 165B, 콜라 30B, 싱하 70B
전화 077-418-589

RESTAURANTS

파이브 아일랜즈 레스토랑
Five Islands Restaurant

숙소 주변에 마땅한 식당이 없는 딸링암 지역에서는 보석 같은 존재이다. 로맨스 그레이 운영자 콜린이 오랫동안 이끌고 있는데, 넓은 부지에 리조트 리셉션처럼 꾸며져 있다. 한가롭고 잔잔한 바다 풍경은 이곳의 하이라이트. 멋진 풍경을 감상하며 식사하기 위해 찾아오는 여행자가 많아 음식은 퓨전 스타일로 제공된다. 롱테일 보트를 단독으로 빌려 일몰과 함께 식사를 즐길 수 있는 프로그램도 운영한다. 인터콘티넨탈 사무이 반딸링암 리조트 투숙객에게는 전화하면 픽업 서비스를 무료로 제공한다.

지도 p.192-A
위치 딸링암 비치, 인터콘티넨탈 사무이 반딸링암 리조트에서 차로 3분
주소 123/9 Moo 2, Lip Noi
오픈 11:30~22:00
요금 애피타이저 150B~, 메인 290~720B, 칵테일 200B, 싱하 100B
전화 077-423-577
홈피 www.thefiveislandssamui.com

RESTAURANTS

나톤 야시장
Nathon Night Market

지도 p.196
위치 나톤 선착장 근처
오픈 17:00~23:00

섬의 가장 큰 항구인 나톤 선착장 부근에는 해가 질 무렵이면 먹거리 야시장이 들어선다. 코사무이에서 가장 크고 로컬의 멋이 흐르는 먹거리 야시장이다. 쌀국수, 쏨땀, 까이양 등 길거리 음식을 파는 포장마차가 양쪽으로 들어서고 가운데 좌석이 있어 원하는 음식을 골라서 가져다 먹을 수 있다. 30~40B이면 충분히 한 끼를 해결할 수 있다. 시원한 바닷바람을 맞으며 맥주를 마시는 현지인도 많이 보인다. 일찍 도착했다면 선착장 주변을 산책하며 아름다운 일몰을 감상하자.

[STAYING]

인터콘티넨탈 사무이 반딸링암 리조트
Intercontinental Samui Baan Taling Ngam Resort

'아름다운 절벽 위의 집'이라는 뜻의 이름이 어울리는 코사무이에서 가장 멋진 전망을 가진 숙소이다. 아름다운 해변과 야자수가 어우러져 리조트 어디에서나 아름다운 전망을 감상할 수 있다. 1993년 오픈해 25년이 넘었지만 리노베이션을 통해 여전히 고급스러운 시설을 유지하고 있다. 일반 객실은 여유로운 공간과 넓은 테라스를 가지며 오션 뷰로 전망 또한 뛰어나다. 산과 바다를 한눈에 볼 수 있는 메인 수영장을 비롯해 모두 7개의 수영장이 있다. 메인 레스토랑인 앰버(Amber)를 비롯해 모두 3개의 레스토랑과 2개의 바가 있으며 부티크 숍, 피트니스 센터, 테니스 코트 등을 갖추었다. 스파 또한 호평받는다. 작은 길을 사이에 두고 대부분의 시설들이 언덕 쪽에 위치하며, 해변 쪽에는 12개의 풀빌라와 이탈리안 레스토랑, 1개의 수영장이 있다.

차웽 비치까지 하루 4회 셔틀버스를 운행한다. 해가 지기 시작하는 오후 6시 전후로 세상에서 가장 아름다운 일몰을 볼 수 있다.

지도 p.192-A
위치 딸링암 비치
주소 295 Moo 3, Taling Ngam Beach
요금 프리미어 오션 뷰 US$450~, 비치 프런트 풀빌라 US$700~
전화 077-429-100
홈피 www.samui.intercontinental.com

`STAYING`

콘래드 코사무이
Conrad Koh Samui

2011년 오픈 당시 화제를 몰고 왔으며 전 객실이 풀빌라로 가파른 언덕을 따라 들어섰다. 딸링암 지역에서도 산길 같은 샛길로 한참 올라가야 나오는 로비를 시작으로 로비와 가장 가깝고 전망이 좋은 오션 뷰 리트리트 풀빌라, 중간 층인 오션 뷰 풀빌라, 해변과 가장 가까운 워터 프런트 풀빌라가 있다. 가격은 오션뷰 리트리트 풀빌라가 가장 높으며 워터 프런트 풀빌라, 오션뷰 풀빌라 순서이다. 어떤 객실에 머물러도 시원한 전망이 보장된다. 럭셔리한 객실과 욕실, 인피니티 스타일의 크고 넓은 개인 풀과 충분한 부대시설 등을 갖추었다. 하지만 치명적인 단점이 있으니 바로 위치이다. 사무이의 모든 숙소 중에서 가장 외진 곳에 있다고 해도 과언이 아니다. 장점이 많은 숙소이지만 높은 몸값, 외진 위치 등 단점도 극명하니 신중한 선택이 필요하다.

지도 p.192-E
위치 딸링암 지역
주소 49/8-9 Moo 4, Hillcrest Road, Tambon Taling-Ngam
요금 오션뷰 풀빌라 US$800~, 오션뷰 리트리트 풀빌라 US$900~
전화 077-915-888
홈피 conradhotels3.hilton.com

`STAYING`

샤사 리조트 & 레지던시스
Shasa Resort & Residences

램 셋 비치에 위치한 고급 서비스 아파트이다. 방콕의 쑤쿰윗 쏘이 49와 통로 등에 콘도미니엄을 가진 에이큐 그룹의 작품이다. 시골 같은 주변 환경과는 대조적으로 시크하면서 세련된 모습이 방콕 한복판에 있어도 전혀 손색없어 보인다. 태국 상류층을 대상으로 지어졌기 때문에 고급 아파트가 갖추어야 할 사양을 모두 구비했다. 주방에서 쓰는 작은 찻잔부터 조명, 가구, 침구, 비누까지 모두 일일이 제작하고 맞추었다. 1-베드룸부터 3-베드룸까지 객실이 다양하고 1-베드룸이 최소 넓이 120~134㎡로 큰 편이다. 모든 객실은 시 뷰로 전망이 상당히 시원하고 조리를 할 수 있는 주방과 DVD, 세탁기까지 준비되어 있다. 총 34개의 객실을 가진 아담한 숙소임에도 수영장은 3개가 있어 여유롭게 사용할 수 있다. 조식은 Z 레스토랑에서 한다. 일행이 많은 여행자나 관광보다는 휴양을 원하는 여행자라면 좋은 선택이 될 것이다. 숙소에서 많은 시간을 보낼 계획이라면 좋아하는 영화 타이틀이나 음악 등을 미리 준비하자.

지도 p.193-G
위치 램 셋 비치
주소 116/1 Moo 2, Tambon Mared, Laem Set
요금 1-베드룸 7800B~
전화 077-913-888
홈피 www.shasahotels.com

`STAYING`

빌라 나린나다
Villa Nalinnadda

나린나다는 연꽃을 의미하는 나린(Lalin)과 운영자 이름인 나다(Nadda)가 합쳐진 말로 단 9개의 객실을 가진 자그마한 숙소이다. 특히 젊은 여성에게 사랑받을 만한 아이템으로 가득하다. 삼면이 모두 유리로 된 바다 전망의 객실, 야외 자쿠지가 설치된 객실, 옥상에 선베드와 소파가 있는 객실 등 9개의 객실이 모두 조금씩 디자인이 다르다. 리조트라기보다는 별장에 놀러 온 기분을 느낄 수 있다. 다만 객실 수가 적고 인기가 많아 예약하기 힘들다는 것이 흠이다. 주변에 저렴하고 맛있는 크라오 차오반 등의 로컬 레스토랑이 자리한다.

지도 p.193-H
위치 라마이 비치와 후아타논 사이
주소 399/1-4 Moo 1, Maret
요금 오션 러버 7200B~
전화 077-233-131
홈피 www.nalinnadda.com

`STAYING`

센타라 빌라스 사무이
Centara Villas Samui

센타라 그룹에서 운영하는 코티지 스타일의 리조트이다. 총 100개의 코티지는 언덕을 따라 높낮이가 다르게 자리한다. 외부로 드나들기 힘든 경사를 가진 계단만 제외한다면 아기자기하게 꾸며진 객실 등은 커플이나 여성에게 어필할 만하다. 리조트 앞의 나티엔 비치는 투숙객 전용 해변으로 선베드 등이 준비되어 있다. 차웽의 센타라 그랜드 비치 리조트 사무이까지 하루 5회 무료 셔틀버스가 운행되고 두 호텔의 부대시설은 함께 이용할 수 있다. 바로 앞에는 ATM이 있다.

지도 p.193-H
위치 나티엔 비치
주소 111 Moo 2, Maret, Natien Beach
요금 가든 빌라 4500B~, 풀빌라 1만200B~
전화 077-424-020
홈피 www.centarahotelsresorts.com

`STAYING`

로키스 부티크 리조트
Rocky's Boutique Resort

2003년 오픈한 부티크 숙소로 총 34개 객실이 있다. 코사무이에서는 드물게 태국 북부 스타일로 고산족이 떠오르는 수공예품과 종이로 만든 우산 등이 리조트 곳곳을 장식해 이국적인 느낌이다. 잘 가꾸어진 정원은 자연 친화적인 분위기와 함께 편안한 기분이 든다. 입구부터 언덕을 따라 객실이 있으며, 리조트 앞으로 평평하게 펼쳐진 커다란 바위는 레스토랑의 야외석으로 사용된다. 리셉션 한쪽에 마련된 공간에서 인터넷을 무료로 할 수 있다.

지도 p.193-D
위치 라마이 비치에서 후아타논으로 넘어가기 직전
주소 438/1 Moo 1, Tambon Maret
요금 디럭스 가든 4500B~, 주니어 스위트 오션 5500B~
전화 077-233-020
홈피 www.rockyresort.com

STAYING

X2 사무이 리조트
X2 Samui Resort

코사무이에서 손꼽히게 아름다운 해변 중 하나를 차지하고 있는 숙소이다. 뒤로는 무성한 야자수 숲이 있어 어느 곳보다도 원시적인 아름다움을 간직한 이곳에서 리조트의 모습은 파격적이기까지 하다. 단순한 아름다움을 살린 미니멀한 디자인의 건물은 주변 환경과 대조되어 더 스타일리시하게 느껴진다. 풀빌라를 포함한 객실은 옅은 티크와 검정 톤으로 꾸며져 세련되어 보인다. 풀빌라는 담으로 둘러져 사생활 보호가 완벽하게 이루어지고, 외진 위치 때문에 객실도 저렴한 편이다. 공용 수영장과 레스토랑은 해변과 접하고 있고 주변으로는 녹지가 많아 더욱 여유롭게 느껴진다.

지도 p.193-H
위치 무슬림 마을에서 도보 5분, 사무이 오키드 리조트에서 도보 5분
주소 442 Hua Thanon
요금 1-베드룸 풀빌라 US$300~
전화 077-233-013
홈피 www.x2resorts.com

STAYING

반부리 리조트
Banburee Resort

후아타논 지역의 남쪽, 램 셋 로드(Laem Set Road)에는 각각의 전용 해변을 가진 리조트가 있다. 반부리 리조트는 그중 하나로 일반 객실 외에 140㎡의 2-베드룸 빌라가 있어 가족 여행에 좋은 조건을 갖추었다. 리조트 앞 해변은 약간 파도가 거칠어 수영하기에는 어려움이 있다. 하지만 버섯 섬(Mushroom Island)이 멀리 보이는 바다 전망은 물감을 풀어 놓은 듯 전형적인 남국의 바다색을 자랑한다.

지도 p.193-G
위치 램 셋 비치
주소 102/8 Moo 3, Laem Set Road
요금 디럭스 3200B~, 빌라 3900B~
전화 077-429-600
홈피 www.banbureeresort.com

STAYING

니키 비치 리조트
Nikki Beach Resort

마이애미의 비치 클럽이 연상되며 총 48개의 객실을 보유한다. 아기자기한 정원을 갖춘 방갈로와 2층으로 된 리조트 형태로 객실은 7가지 종류로 나뉜다. 일반 디럭스가 자리한 건물은 75m의 기다란 직사각형 수영장을 마주 보는 형태로 프라이버시 보장은 어렵지만 전 객실이 풀 뷰라는 이점이 있다. 투숙객의 대부분이 서양인 여행자이다. 온통 하얀색 일색인 메인 수영장은 DJ가 믹싱하는 하우스 뮤직이 흥겹고, 넓은 선베드는 편안하게 휴식을 취하기에 그만이다. 특히 해변 쪽 자리는 바다 전망뿐만 아니라 나무 그늘도 있어 인기.

지도 p.85-G
위치 딸링암 지역, 통양 비치
주소 96/3 Moo 2, Lipa Noi Beach
요금 디럭스 9900B~, 디럭스 방갈로 1만7700B~
전화 077-914-500
홈피 www.nikkibeachthailand.com

SPECIAL

드라이브로 즐기는 코사무이

코사무이에서 운전은 그리 쉬운 편이 아니다. 도로가 좁고 트럭 등 교통량이 많은 편이라 위험하며 차웽 같은 곳은 너무 복잡하다. 하지만 그럼에도 쉽게 포기하지 못하는 매력이 있다. 우선은 직접 운전을 함으로서 얻을 수 있는 자유로움이다. 생각해보라. 여행자를 찾아볼 수 없는 한적한 해변에서 산책하고 마음에 드는 현지 식당에서 여유롭게 식사하며 즐기는 드라이브를!

또한 일반 여행자는 차웽과 그 주변을 벗어나지 못한 채 여행을 마치는 경우가 많다. 하지만 차를 타고 섬을 한 바퀴 돌아보면 코사무이의 진면목을 알 수 있을 것이다. 차를 멈추지 않고 달리면 2~3시간이면 충분히 둘러볼 수 있지만 이것저것 구경하고 밥도 먹다 보면 하루가 짧게 느껴질지도 모른다. 다음은 여유롭게 즐기기 좋은 코사무이의 추천 드라이브 코스이다. 드라이브 여행은 개인의 취향을 마음껏 반영하기 좋으니 추천 코스를 참고해 자신에게 맞는 일정을 만들어보자.

10:00 출발

10:30 빅 부다 관광

11:30 뷰포인트 구경, 아이스크림 사 먹기

13:30 사비앙래에서 점심식사

12:30 힌 따 & 힌 야이 관광

16:30 인터콘티넨탈 사무이 반땔링 암 리조트에서 전망 즐기며 커피 타임

18:00 나톤 마을 구경 및 나톤 야시장에서 간식 사 먹기

19:00 피셔맨스 빌리지에서 저녁식사와 가벼운 칵테일 즐기기

203

PLUS AREA

Koh Phangan
코팡안

코팡안은 코사무이에서 북쪽으로 약 20km 떨어진 섬으로, 매달 음력 보름에 열리는 풀문 파티로 유명하다. 섬의 이름은 모래톱(砂洲)을 의미하는 응안(Ngan)이라는 말에서 유래되었다. 그만큼 섬 주변에 모래톱이 발달했고, 코팡안의 해변이 눈부신 백사장에 에메랄드빛 바다색을 띠는 이유이기도 하다. 섬의 내륙은 거의 모든 지역이 열대우림의 산악 지대이다.

여행자가 가장 많이 모여드는 핫 린(Haad Rin)을 비롯해 북쪽의 아오 찰록럼(Ao Chaloklum)과 아오 통나이판(Ao Thong Nai Pan)에도 숙소가 몰려 있다. 도로가 없어 배로 접근해야 하는 숨겨진 해변이 산재해 있고 해변 하나에 숙소 하나인 곳도 많다.

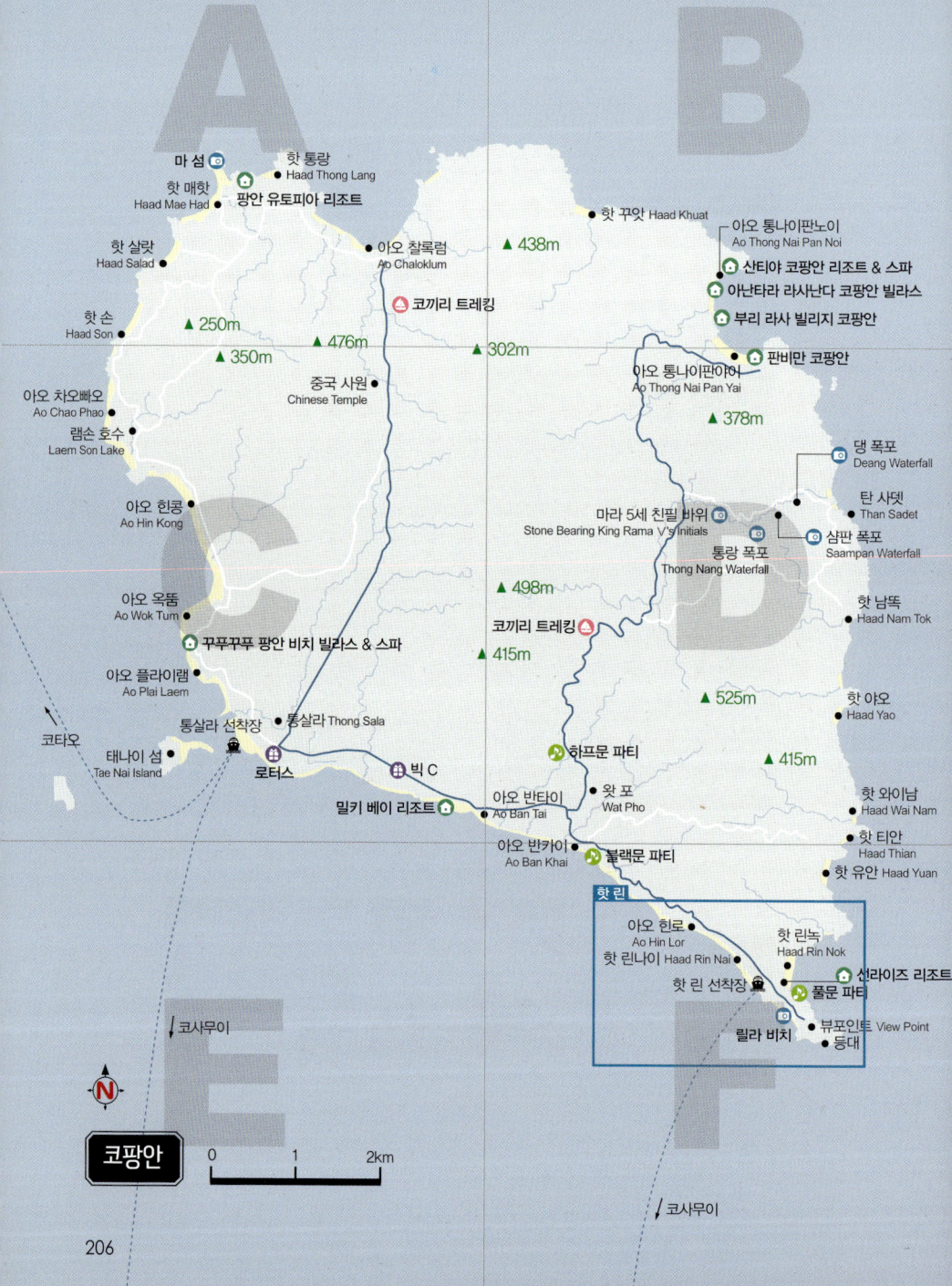

01 Plus Area Koh Phangan
가는 방법

코사무이에서 출발하는 방법과 방콕에서 춤폰까지 버스를 타고 이동한 뒤 선박을 이용해 들어가는 방법으로 나눌 수 있다.

코사무이에서 출발

코사무이-코팡안-코타오의 순으로 연결하는 페리를 이용하는 것이 가장 편리하다. 가장 대표적인 회사로 시트란 디스커버리와 롬프라야가 있다. 보통 오전과 오후 하루 2회 출발하며, 코팡안까지는 300B 정도이다. 왕복 티켓을 사면 조금 저렴하다. 시즌별로 출발, 도착 시간이 약간 달라질 수 있으니 홈페이지에서 자세한 스케줄을 참고하자.

• 시트란 디스커버리 Seatran Discovery
전화 077-246-086~8
홈피 www.seatrandiscovery.com

• 롬프라야 Lomprayah
전화 077-427-765~6
홈피 www.lomprayah.com

코사무이 — 20분 — 코팡안 — 1시간 15분 — 코타오

방콕에서 출발

방콕에서 춤폰을 경유해 코팡안으로 들어갈 수 있다. 버스와 선박을 연계한 여행사의 조인트 티켓을 많이 이용한다. 오후 9시경 카오산을 출발해 오전 6시경에 춤폰에 도착한 후 오전 10시경에 도착한다. 요금은 900~1000B이다. 코사무이에서 코팡안-코타오-춤폰-방콕의 역순으로도 연결된다. 방콕에서는 롬프라야만 운행되며 카오산 람부트리 로드에 사무실이 있다. 그 외에 방콕 남부터미널에서 출발하는 버스를 이용할 수도 있다. 하루 1회(버스 999번) 출발한다.

방콕 — 9시간 — 춤폰 — 4시간 — 코팡안

02 Plus Area Koh Phangan
섬 내 교통

코팡안의 내륙은 경사가 가파른 산악 지형으로 도로 사정이 여의치 않다. 그나마 핫 린과 아오 찰록럼까지만 포장도로이고 아오 통나이판까지는 비포장도로가 이어진다. 그 외 대부분의 해변은 도로가 없어 롱테일 보트 등으로만 접근이 가능하다. 섬의 관문인 통살라(Thong Sala) 선착장에서는 썽태우와 미니버스를 이용해 각 지역으로 이동할 수 있다.

🚐 썽태우

썽태우는 노선버스 개념으로 통살라와 섬의 주요 지역인 핫 린(100B), 아오 찰록럼(150B), 아오 통나이판(300B)을 연결한다. 정해진 노선대로만 움직이기 때문에 비치에서 비치로 이동할 때는 일단 통살라까지 와서 갈아타는 식으로 이용해야 한다. 차량에 영어로 목적지가 쓰여 있다. 풀문 파티 때가 되면 모두 정해진 요금보다 훨씬 비싼 금액을 요구하기도 한다.

🛵 오토바이 렌트

섬을 돌아다니기 위해 오토바이를 렌트할 때는 각별한 주의가 필요하다. 하루 빌리는 데 보통 200~300B이지만 그 어느 곳보다 도로가 가파르고 노면이 좋지 않아 사고의 위험이 높기 때문이다. 조그마한 긁힘에도 많은 금액의 수리비를 요구하니 주의해야 한다. 어지간한 초보자들은 가급적 오토바이 렌트는 생각하지 않는 것이 좋다.

코팡안의 관문, 통살라

통살라(Thong Sala)는 코사무이를 비롯해 코타오를 오가는 선박이 드나드는 선착장이 있는 곳으로 코팡안의 행정 중심지이기도 하다. 은행과 우체국, 병원, 주유소 등이 밀집해 있고 대형 할인 매장인 로터스와 빅 C가 있다. 배가 끊기는 저녁에는 대부분의 상점이 일찍 문을 닫고 먹거리 야시장인 판팁 플라자(Phantip Plaza)가 들어선다. 매주 토요일에는 오후 4시부터 워킹 스트리트가 생겨난다. 풀문 파티를 전후해 숙소를 구하지 못한 여행자가 머물 때를 제외하고는 무척 조용한 편이다.

 Tip

오토바이 택시

통살라에 도착하면 오토바이 택시의 기사들이 목적지를 물어보며 접근하는데, 통살라에서 핫 린까지는 비포장도로이고 가파른 언덕 지형이라 위험한 선택이 될 수 있다. 요금 또한 착하지 않으니 조금 불편하더라도 여럿이 함께 움직여야 하는 미니버스나 썽태우 이용을 추천한다.

03 **Plus Area** Koh Phangan
코팡안에서 해야 할 5가지

1 풀문 파티, 하프문 파티 등
세계적으로 유명한 축제 즐기기

2 다양한 바다 빛을 가진
아름다운 릴라 비치에서 휴식 취하기

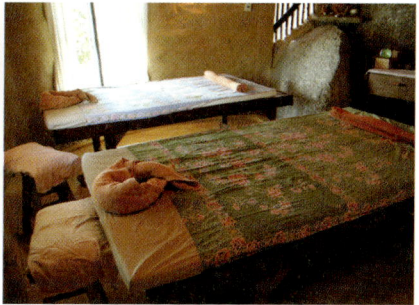

3 웬만한 스파 부럽지 않은
로컬 마사지 숍에서 마사지 받기

4 태국에서 가장 맛있는 미스터 K 치킨 코너의
로스트 치킨 샌드위치 먹기

5 핫 린의 비치 바에서
양동이 칵테일 마시기

SIGHTSEEING

핫 린
Haad Rin

풀문 파티 하면 핫 린을 떠올릴 만큼 풀문 파티의 대명사가 되어버린 해변이다. 동쪽의 해변을 핫 린녹(Haad Rin Nok, 선라이즈 비치)이라고 하고 서쪽의 해변을 핫 린나이(Haad Rin Nai, 선셋 비치)라고 한다. 풀문 파티가 열리는 곳은 핫 린녹이고 핫 린나이에는 선착장이 있다. 주로 코사무이의 빅 부다 선착장으로 드나드는 선박들이 사용한다. 두 해변 사이를 잇는 도로에는 숙소와 식당, 마사지 숍, 여행사 등이 들어서 있다. 길이가 1km 조금 넘는 핫 린녹(이하 핫 린)에는 파도가 없는 잔잔한 바다와 희고 고운 백사장이 있다. 그 폭 또한 상당히 넓어 수천 명에서 많게는 1만 명까지도 모이는 풀문 파티 장소로서 최적의 조건을 갖추었다. 파티가 없는 평소에는 대부분 해변에서 책을 보거나 일광욕, 수영을 즐기는 사람들로 조용한 분위기이다. 저녁에는 해변을 따라 돗자리와 태국 삼각 방석으로 좌석을 만든 비치 바가 자리 잡는다. 해변 뒤쪽으로 숙소와 식당 등 여행자 편의 시설이 늘어서 있다. 해변 중앙부에서 북쪽으로는 주요 숙박 시설이, 남쪽으로는 작은 방갈로 몇 개와 바가 모여 있다. 동쪽의 작은 해변은 도로가 없어 차로는 접근할 수 없는데 그곳으로 가는 롱테일 보트도 이곳에서 탈 수 있다. 아직까지 시골스럽고 소박한 모습을 간직한 곳이다.

지도 p.206-F
위치 코팡안 동쪽 해변

SIGHTSEEING

릴라 비치
Leela Beach

섬의 대부분이 원시림으로 뒤덮여 있고, 도로 사정이 좋지 않은 편이라 어디에 머무느냐에 따라 코팡안의 해변 평가 또한 각각 달라질 수 있다. 다른 곳으로의 이동이 쉽지 않은 환경에서 숙소 주변의 해변만 보고 판단하기 쉽기 때문이다. 코팡안의 최남단에 자리한 길이 200m 정도 되는 이 해변을 만나기 전에는 코팡안의 해변에 관해 성급히 논하지 않는 것이 좋다. 진한 남색부터 연한 연두색까지 바다가 보여줄 수 있는 모든 색을 품고 있고 아침과 한낮, 해 질 무렵까지 시시각각 변하는 아름다운 해변의 모습을 선사한다. 양쪽으로 숲이 무성한 절벽이 있고 군데군데 키가 낮은 나무가 있어 아기자기하면서 아늑한 느낌이다. 숙소는 사리칸탕 리조트 & 스파와 코코헛 비치 리조트 & 스파가 있다. 핫 린에서 도보로 10~15분 정도 소요된다. 약간의 수고를 감수하더라도 방문해볼 만한 가치가 있는 아름다운 해변이다.

지도 p.207-B
위치 코팡안의 최남단

SIGHTSEEING

마 섬
Ma Island

코팡안의 북서쪽에 자리 잡은 작은 섬으로 물이 빠질 때면 모래톱 길이 생겨 핫 매햇(Haad Mae Had) 비치와 연결된다. 이 섬에도 방갈로가 있어 고립된 파라다이스를 꿈꾸는 여행자가 주로 모여든다. 바다가 맑고 투명해서 스쿠버다이빙, 스노클링 포인트로 이용될 만큼 시야가 좋고 다양한 산호와 바다 생명을 만나볼 수 있다. 핫 매햇 비치에도 드문드문 방갈로가 있지만 소풍 나온 현지인 외에는 무척 한가로운 모습이다. 숲이 무성한 산이 병풍처럼 해변을 감싸고 있고 파파야, 코코넛 나무가 자연 그늘을 만들어줘 쉬어가기에도 안성맞춤이다. 특히 해 질 무렵에는 파노라마 선셋을 감상할 수 있다.

지도 p.206-A
위치 코팡안 북서쪽

`ACTIVITY`

다이빙 & 스노클링 투어
Diving & Snorkeling Tour

코팡안의 스노클링 환경은 코타오와 비교해도 손색이 없을 정도로 수준이 높다. 다양한 포인트와 더불어 산호의 보존 상태가 훌륭하고 어종도 많은 상급 코스이다. 코팡안의 북서쪽 해안에도 스노클링 포인트가 있지만 본격적인 스노클링 투어는 20km 정도 떨어진 코타오와의 중간 지점에서 진행된다. 코팡안에는 일일 투어 형식으로 섬의 주요 관광 지역을 함께 묶어 진행하는 프로그램이 많아 본격적인 스노클링 투어를 원한다면 잘 살펴보고 선택하는 것이 좋다. 요금은 1000B 정도이다. 수영을 잘하는 서양인이 많아 구명조끼나 핀(오리발)이 포함되지 않은 경우도 있으니 잘 체크해보자. 그 외 앙통 해상국립공원, 코타오와 낭유안 섬 투어도 진행한다. 요금은 1800B 정도이다.

펀 팩토리 Fun Factory
홈피 www.phanganfunfactory.com
찰록럼 다이빙 Chaloklum Diving
홈피 www.chaloklum-diving.com
드림랜드 다이버 Dreamland Diver
홈피 www.dreamland-diver.de

`ACTIVITY`

코끼리 트레킹
Elephant Trekking

코팡안은 산과 원시림이 많은 섬인 만큼 코끼리 투어가 필수 코스이다. 보통 30분에 500B, 1시간에 800B 정도이며 어른 2명이 함께 탈 수도, 따로 혼자 탈 수도 있다. 아이들의 경우 반값이며 4세 미만은 무료이다. 코끼리 트레킹이 포함된 어드벤처의 경우 왕복 픽업 서비스, 점심식사, 폭포, 사원, 마 섬이 포함된 하루 코스 요금은 1350B이다. 반나절 투어도 있으니 여행사에 가서 업체마다 다양한 종류의 프로그램을 비교해 보고, 포함 내역을 잘 살펴본 뒤 선택하면 된다.

지도 p.206-A·D

`ACTIVITY`

사파리 보트 투어
Safari Boat Tour

코팡안은 내륙 대부분이 울창한 산악 지대이다. 이로 인해 도로는 극히 일부 지역에만 있고 육로로 가기 어려운 곳은 따로 보트를 렌트하거나 보트 택시를 타야 한다. 보트 이용 시에는 여행사의 일일 투어 프로그램을 이용하는 것이 편리하다. 코팡안의 해변과 마 섬, 폭포 등을 둘러보고 코끼리 트레킹을 할 수도 있다. 일일 투어는 보통 오전 9시에 시작해서 오후 5시에 마치며 점심과 왕복 픽업 서비스를 포함해서 1500B 정도이다. 반나절이 소요되는 투어는 1000B 정도이니 원하는 코스를 비교해보고 잘 선택하자.

사파리 보트 Safari Boat
전화 077-961-915~6
홈피 www.safariboat.info
블랙 코럴 투어
Black Coral Tour
전화 084-898-8298,
090-868-0198

`SHOPPING`

네이처 아트 갤러리
Nature Art Gallery

핸드메이드 액세서리와 은 수공예품을 전문으로 하는 숍으로 독창적인 제품을 만날 수 있다. 준보석 등의 원석도 다양하며 직접 원석과 디자인을 골라 나만의 액세서리를 맞출 수 있다. 아기자기한 디자인보다는 화려하고 기하학적인 디자인이 많은 편이다. 핫 린 지역에만 모두 2개의 숍을 갖고 있다.

지도 p.207-B
위치 핫 린
주소 94/27 Moo 6, Haad Rin
오픈 12:00~23:00
전화 077-375-246

`SHOPPING`

로터스
Lotus

세계적인 할인 매장 체인이다. 코팡안 최초의 대형 마트로 태국 내 다른 지점에 비해 단층으로 된 작은 규모이다. 슈퍼마켓에서는 각종 소스를 비롯한 식료품과 화장품, 가전제품, 생활용품 등을 구매할 수 있다. 은행과 안경점, 약국, 베이커리 등도 입점해 있어 필요한 물품을 한번에 쇼핑할 수 있다는 것이 장점.

지도 p.206-C
위치 통살라
주소 209/9 Moo 1, Thong Sala
오픈 09:00~22:00
전화 077-239570~1
홈피 www.tescolotus.com

`SHOPPING`

빅 C
Big C

대형 할인 매장으로 기존에 있던 로터스의 강력한 라이벌이다. 대형 슈퍼마켓이 있어 일반적인 생활용품부터 화장품, 잡화 등의 구입이 가능하며 가격 경쟁력이 있다. KFC, 맥도날드, 던킨도너츠 등이 입점해 있고, 매장 한쪽에는 푸드코트도 있어 쇼핑을 전후로 다양한 음식을 골라 먹을 수 있다.

지도 p.206-C
주소 통살라
주소 112/42 Moo 1, Thong Sala
오픈 08:00~22:00
전화 077-377-007

`SHOPPING`

아티마
Atjima

아티마는 방콕 출신의 오너 이름으로 액세서리부터 의류까지 모두 취급하는 멀티숍이다. 그녀가 직접 디자인하고 생산한 독특한 핸드메이드 가죽 가방과 소품, 휴양지에서 입으면 좋을 에스닉풍의 의상이 가득하다. 비키니, 민소매 티셔츠, 원피스 등 아이템을 다양하게 갖추고 있다. 개성이 뚜렷하고 찾아보기 힘든 디자인이라 구경만 해도 시간이 금방 지나간다. 가까운 곳에 있는 아리조나(Arizona)도 함께 운영한다.

지도 p.207-D
위치 핫 린 메인 도로
주소 Beach Front Road, Haad Rin
오픈 11:00~23:00
전화 089-800-9907

| RESTAURANTS |

니라스 홈 베이커리
Nira's Home Bakery

통살라 여행자들의 사랑방! 1985년에 문을 열었으며 통살라와 핫 린에 위치한다. 홈메이드 스타일의 정성이 듬뿍 들어간 빵을 만나볼 수 있다. 샌드위치는 맞춤 주문이 가능하며 몸에 좋은 헬시 주스는 물론 피자, 태국 음식 등도 판매한다. 커피 한잔을 즐기기에도 그만인데, 음료 메뉴 중 우유가 들어가는 경우는 기호에 따라 두유나 저지방 우유, 코코넛 밀크로 대체 가능하다. 느긋하게 앉아서 친구와 수다를 떨거나 인터넷 서핑을 하는 여행자를 흔히 볼 수 있다. 실내 에어컨 좌석이 있어 더위에 지친 여행자라면 더없이 반가울 것이다. 여행자들이 많이 모이다 보니 다른 지역으로 이동하는 썽태우도 쉽게 잡아 탈 수 있다. 한 달에 한 번 20일에 쉬고, 저녁 7시면 문을 닫으니 유의하자.

지도 p.209
위치 통살라 시트란, 롬프라야 선착장 근처
주소 74/10 Moo 1, Thong Sala
오픈 07:00~19:00
휴무 매달 20일
요금 크루아상 샌드위치 120B, 아이스커피 75B, 주스 70B
전화 077-377-523

| RESTAURANTS |

마마스 슈니첼
Mama's Shnitzel

24시간 운영하는 데다 가격대도 부담스럽지 않고 맛도 좋아 아침부터 저녁까지 여행자의 발걸음이 끊이지 않는다. 치킨 코너 사거리의 미스터 K 치킨 코너와 마주 보고 있어 찾기 쉽다. 입소문을 타고 다녀간 여행자의 메모와 낙서가 벽면을 가득 메우며, 2층에도 좌석이 있다. 태국 음식과 서양 음식 모두 취급하는데 어느 것을 주문해도 기본 이상의 맛을 보여주기 때문에 오히려 무엇을 먹을지가 즐거운 고민이다. 서양인 여행자가 주로 찾는 햄버거나 샌드위치 등은 푸짐한 양을 자랑하는 이곳의 대표 메뉴이며, 팟타이나 랏나탈레 같은 현지 음식도 추천할 만하다. 바로 앞 사거리는 다른 지역으로 이동하는 썽태우 정류장이어서 핫 린 메인 도로의 이정표 같은 곳이다.

지도 p.207-D
위치 핫 린 메인 도로 치킨 코너 사거리
오픈 24시간
요금 햄버거 60~120B, 카오팟 70~100B, 랏나탈레 100B, 팟타이 꿍 100B, 주스 60B

RESTAURANTS

서울 바이브
Seoul Vibe

2017년 코팡안에도 드디어 한식당이 오픈했다. 여행 중 현지 음식이 맞지 않아 고생 중인 여행자라면 반가운 소식이 아닐 수 없다. 이곳에서는 현지인을 대상으로 해 순화된 한국 음식이 아니라 제대로 된 한식을 맛볼 수 있다. 우리에게는 익숙한 한식 메뉴이지만 처음 접하는 외국인들을 위해 메뉴판에 친절하게 음식에 대한 설명도 있다. 음식을 시키면 5가지 정도의 기본 반찬이 나오는데, 직접 담근 김치로 맛을 낸 김치찌개는 엄지가 번쩍 올라가는 맛이다. 바비큐, 소고기, 돌솥비빔밥 등은 이곳의 인기 메뉴. 에어비앤비 숙소도 운영 중이며, 식후 바로 옆의 판팁 마켓을 구경하기에도 좋다.

지도 p.209
위치 통살라, 판팁 마켓 옆 방콕 은행을 끼고 골목 안
주소 44/160 Moo 1, Thong Sala
오픈 15:00~23:00
요금 김치찌개 180B, 삼겹살 260B, 소주 330B, 상하 70B
전화 099-078-5769

RESTAURANTS

미스터 K 치킨 코너
Mr. K Chicken Corner

치킨 코너 사거리라는 말이 생길 정도로 유명한 곳이다. 마마스 슈니첼 뒤편의 골목에 위치하며 간판에는 오리지널이라고 표기되어 있다. 넓은 실내 좌석을 갖추고 있으며, 이곳의 명물인 로스트 치킨 외에 태국 음식과 인터내셔널 요리도 취급한다. 하지만 뭐니 뭐니 해도 메인은 로스트 치킨을 먹기 좋게 썰어 넣은 치킨 샌드위치이다. 샌드위치와 햄버거, 과일 음료 등은 식당 입구 쪽에서 판매하고 있어 바로 주문해서 포장해 갈 수 있다. 24시간 영업하기 때문에 출출할 때면 언제든지 찾아갈 수 있어 편리하다.

지도 p.207-D
위치 핫 린 메인 도로 마마스 슈니첼 뒤편
주소 Moo 6, Haad Rin
오픈 24시간
요금 치킨 샌드위치 80B, 치킨 다리 50B
전화 077-375-214

RESTAURANTS
더 록
The Rock

핫 린녹 끝 커다란 바위 위에 자리해서 이름이 더 록이다. 전망 좋은 곳에서 부담 없는 가격에 식사를 하고픈 여행자에게 안성맞춤이다. 핫 린녹을 한눈에 내려다볼 수 있으며, 파노라마 시 뷰 분위기를 즐기기에 더할 나위 없이 좋다. 다만, 오픈에어 레스토랑이기에 한낮의 더위는 살짝 피하는 것이 좋다. 매운 요리에는 고추로 그 강도를 표기해두었으니 음식을 주문할 때 참고하자.

지도 p.207-D
위치 핫 린녹의 더 록 리조트 옆
주소 130/4 Moo 6, Haad Rin
오픈 08:00~23:00
요금 파스타 120B~, 피자 120B~, 팟타이 50B~, 톰얌꿍 60B, 주스 40B, 싱하 60B
전화 089-472-3869

RESTAURANTS
고요고
Go Yo Go

코팡안에서 유일한 디저트 전문점으로 아이스크림, 케이크, 크레이프, 와플 등을 맛볼 수 있다. 심플하면서 산뜻한 외관은 물론 늦은 시각까지 문을 열어 달콤한 맛을 찾는 여행자에게 반가운 곳이다. 이름마저 달콤한 초콜릿 러버 케이크는 보기만 해도 군침이 돌 정도이며, 냉동고에서 갓 꺼내 살짝 해동시켜 먹는 젤라토는 쫄깃한 맛이 일품이다. 상큼한 요거트 아이스크림은 100g당 89B로 양뿐만 아니라 토핑도 원하는 대로 선택할 수 있다.

지도 p.207-D
위치 세븐일레븐 골목에서 카사노스트라 옆
주소 133/34 Moo 6, Haad Rin
오픈 10:30~01:00
요금 젤라토 150B(1컵), 초콜릿 러버 케이크 180B, 와플 250B, 커피 80B
전화 085-795-9452

RESTAURANTS
코코헛 레스토랑
Cocohut Restaurant

코코헛 비치 리조트 & 스파 내에 위치한 레스토랑으로 리셉션과 마주 본다. 넓고 캐주얼한 분위기로 대형 스크린과 삼각 방석이 놓인 실내석과 해변 쪽의 야외 데크 좌석으로 나뉜다. 실내의 대형 스크린에선 축구 경기나 영화를 틀어주기 때문에 언제나 사람들로 북적이는 편. 조용하고 한가롭게 식사하고 싶다면 야외 데크 좌석을 추천한다. 비치 바도 함께 운영하는데 식사 전후로 칵테일 한잔하기 좋은 분위기이다. 날씨가 좋으면 코사무이 해변의 불빛을 볼 수 있다.

지도 p.207-B
위치 코코헛 리조트 내
주소 130/20 Moo 6, Haad Rin Nai, Sun Set, Leela(Seekantang) Beach
오픈 07:00~22:30
요금 태국 음식 210B, 인터내셔널 요리 180B~, 콜라 40B, 주스 90B, 싱하 110B
전화 077-375-368

RESTAURANTS

카사노스트라
Casanostra

평소 토마토 소스와 햄, 모차렐라 치즈가 듬뿍 들어간 칼조네 피자 마니아라면 이곳을 기억하자! 테이블 5개의 작은 이탈리안 레스토랑으로 주로 피자와 파스타를 선보인다. 오늘의 스페셜 피자는 보기만 해도 먹음직스럽다. 여행자들에게 파스타보다는 피자가 더 인기이며, 마르게리타 피자 가격은 160B부터 시작해 부담 없는 가격에 치즈, 양파, 햄 등의 토핑 추가할 수 있다. 늦은 오후부터 영업을 시작하며, 규모는 작지만 깊은 내공의 실력을 자랑한다. 무선 인터넷도 무료로 가능하다.

지도 p.207-D
위치 세븐일레븐 골목에서 고요고 옆
주소 133/26 Moo 6, Haad Rin
오픈 16:00~24:00
요금 칼조네 220B, 콜라 30B
전화 086-267-8445

RESTAURANTS

미스터 K 핫 린 시푸드
Mr.K Haad-Rin Seafood

2017년에 오픈한 시푸드 레스토랑으로 탁 트인 바다 전망이 자랑이다. 또한, 해변에서 물놀이나 일광욕을 하다 더위를 피해 시원한 음료 등을 간단히 즐기기에도 좋은 위치다. 토르티야나 나초 같은 멕시칸 요리부터 스테이크, 햄버거, 라자냐 등 인터내셔널 요리도 취급하지만 태국 음식이 가장 인기 있다. 해산물은 무게를 달아 시가로 판매한다. 무선 인터넷이 가능하며, 직원들이 친절한 편이다. 2층에 숙소도 함께 운영한다.

지도 p.207-D
위치 핫 린녹 북쪽
주소 202/4 Haad Rin Beach
오픈 24시간
요금 태국 음식 70B~, 멕시칸 150B~, 햄버거 150B, 콜라 30B, 싱하 70B
전화 063-092-7246

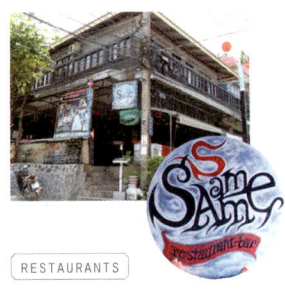

RESTAURANTS

세임세임 레스토랑
Same Same Restaurant

덴마크와 태국 출신 커플이 운영하며 태국 음식과 서양 음식 외에 멕시칸 요리를 맛볼 수 있다. 양이 푸짐한 샌드위치와 햄버거가 인기 있으며 돌로 만든 오븐에 구워낸 피자도 손님들이 자주 찾는다. 풀문 파티 때는 레스토랑 메뉴 외에 뷔페를 운영하기도 한다. 레스토랑은 밤 11시까지만 주문 가능하며, 바는 새벽 1~2시까지 영업한다. 2층은 여행자를 위한 게스트하우스로 운영 중이다.

지도 p.207-D
위치 코코헛 리조트 가는 길목에 위치
주소 130/19 Moo 6, Haad Rin Beach
오픈 09:00~23:00
요금 태국 음식 120B~, 피자 180~300B, 커피 50B, 주스 70B, 싱하 80B
전화 077-375-200
홈피 www.same-same.com

SPECIAL

풀문 파티

매달 음력 보름에 열리는 풀문 파티는 코팡안을 찾는 여행자에게 중요한 이유가 되고 있다. 1990년, 핫 린에 있는 게스트하우스 파라다이스 방갈로에서 여행자를 위해 시작했던 조촐한 파티가 이제는 세계적인 축제가 되었다.

풀문, 카오스의 밤

평소에는 한적하고 조용한 해변인 핫 린에 보름달이 차오르면 세계 각국의 배낭여행객을 비롯해 인근 섬에서 모여든 젊은 여행자, 방콕에서 온 현지 태국인까지 합세해 그야말로 인산인해를 이룬다. 이 수많은 사람이 끊임없이 흘러나오는 하우스, 테크노, 레게 등의 음악에 맞추어 춤을 추고 몽환적인 달빛 아래에서 술을 마시며 밤새도록 젊음을 불태운다. 해변 전체를 들썩이게 하는 시끄러운 음악에 한쪽에서는 불 쇼가 벌어지고, 다른 한쪽에서는 바다로 뛰어들어 수영을 즐긴다. 어지럽고 혼란스러운 파티는 아침까지 계속 이어진다.

가장 피크 시즌은 12월과 1월, 송크란 축제가 있는 4월이다. 사람이 많이 모이고 술에 취한 사람도 많아 사고가 종종 일어나기도 한다. 본인의 안전을 스스로 챙기는 일이 무엇보다 중요하다. 술을 마시고 바다로 뛰어들어 수영을 하거나 정신을 잃을 정도로 술을 마시는 일은 자제한다. 도난 사고도 자주 발생하므로 여권과 현금, 귀중품 관리를 철저히 하는 것이 좋다. 모르는 사람이 주는 음료 등은 절대 마시지 말 것. 수년 전까지만 해도 풀문 파티에서 마약을 복용하는 경우도 있었으나 몇 차례의 인명 사고로 태국 당국에서 철저하게 마약 단속을 한다. 마약에 관련된 일은 매우 위험한 문제로 말썽의 소지가 될 만한 일은 아예 하지 않은 것이 상책이다.

풀문 파티 즐기기

❶ 풀문 파티 때만큼은 숙소에 대해 유연한 사고가 필요하다. 풀문 파티를 전후해 핫 린에 위치한 숙소들은 가격이 상당히 올라갈뿐더러 대부분 최소한 3박 또는 5박을 해야 예약할 수 있다. 하늘 높은 줄 모르고 올라가는 가격의 숙소보다 차라리 바가지요금의 썽태우가 나을 수도 있다. 밤 11시 전후로 핫 린에 도착해 새벽 3~4시경에 숙소로 돌아와 쉬는 일정도 권할 만하다. 아침까지 계속되는 시끄러운 음악도 핫 린의 숙소가 부담스럽게 느껴지는 요소이다.

❷ 풀문 파티를 전후해서 코팡안에 들어오게 된다면 현금을 많이 보유하지 말 것. 도난 사고가 자주 일어나기 때문이다. 섬 내 곳곳에 ATM과 은행이 있어 돈을 찾아 쓰거나 현금 서비스를 받는 데 전혀 불편함이 없다. 특히 풀문 파티 당일에는 현금을 꼭 필요한 만큼만 갖고 있도록 한다. 위스키 바스켓이 200~300B, 맥주는 100B 정도 한다.

❸ 코사무이에 머물면서 일일 투어 형식으로 코팡안의 풀문 파티를 즐길 수도 있다. 코사무이의 숙소에서 빅 부다 선착장이나 보풋 선착장까지의 픽업 서비스와 코팡안을 오가는 왕복 스피드 보트를 포함한 금액이 750B 정도이다. 코팡안까지는 20~30분이 소요된다. 풀문 파티 투어는 모든 여행사에서 취급할 정도로 코사무이에 보편화되어 있다. 보통 코사무이에서 오후 7시부터 자정 사이에 출발하고 새벽 2시부터 아침 7시 사이에 돌아온다. 사람이 많아 상당히 혼잡하므로 조금 일찍 들어가 첫 배를 타거나 아침 늦게 나오는 것이 좋다.

스페셜 파티 매년 12월 25일, 12월 31일
홈피 www.fullmoonparty-thailand.com

연도 \ 월	1	2	3	4	5	6	7	8	9	10	11	12
2018	1	–	2/31	29	30	27	29	26	24	25	22	22
2019	20	20	20	19	19	17	18	15	13	14	11	11

SPECIAL

하프문 파티 & 블랙문 파티

세계적으로 유명한 축제가 되어버린 풀문 파티는 젊은 여행자를 코팡안으로 모여들게 하는 주체가 되었다. 풀문 파티의 높은 인기에 편승해 코팡안에 새로운 축제가 생겼으니 바로 하프문 파티와 블랙문 파티이다.

하프문 파티는 한 달에 두 번, 풀문 파티가 있기 전후 일주일 간격으로 열린다. 풀문 파티가 해변을 무대로 한다면 하프문 파티는 숲속을 무대로 한다. 나무로 둘러싸인 숲속의 넓은 공터에 오로지 하프문 파티만을 위한 음향 설비와 조명 등이 갖추어진다. 신선한 설정과 독특한 분위기로 가득해 풀문 파티의 대안으로 점점 그 인기가 높아지고 있는 추세이다. 반타이(Baan Tai) 지역과 반카이(Baan Khai) 지역 사이에서 열린다. 누구에게나 열려 있는 풀문 파티와 다르게 하프문 파티는 600B의 입장료를 내야 하며 오디오 CD와 웰컴 드링크 1잔이 제공된다.

블랙문 파티는 매달 음력 마지막 날에 아오 반카이(Ao Baan Khai)에서 열린다. 다른 파티에 비해 사람들이 많이 찾는 편은 아니다. 자정을 넘겨야 제대로 된 분위기를 느낄 수 있으며 아침 6~7시까지 밤새도록 파티가 계속 이어진다.

하프문 파티 홈피 www.halfmoonfestival.com
블랙문 파티 홈피 www.blackmoon-culture.com

SPA

반 카라분
Baan Karaboon

태국 전통 스타일의 입구에서부터 분위기가 남다르다. 입구로 들어가면 소규모 숍인 듯 규모가 작아보이지만 지하에 마사지 베드가 20개나 있는 대형 업소이다. 그래서 많은 손님에도 불구하고 북적거리지 않으며, 남자 테라피스트도 있어 마사지를 받기 전에 여성에게 받을지 남성에게 받을지 선택 가능하다. 매니큐어와 페디큐어도 받을 수 있지만 이곳에서는 주로 타이 마사지와 발 마사지를 추천한다. 마사지는 30분도 가능하며 요금은 180B 정도이다.

지도 p.207-D
위치 핫 린 메인 도로 딜라이트 리조트 맞은편
주소 128/14 Moo 6, Haad Rin
오픈 11:00~23:00
요금 타이 마사지 250B, 발 마사지 250B(1시간 기준)

SPA

코코헛 스파
Cocohut Spa

코팡안의 최남단에 자리한 코코헛 비치 리조트 & 스파의 스파이다. 스머프의 집이 떠오르는 귀여운 외관에 코티지 스타일의 스파 룸 4개와 사우나 시설을 갖추었다. 언덕을 따라 높낮이가 다르게 지어져 있고 리조트 내에서도 전망이 가장 좋은 곳에 자리해 멋진 바다를 감상할 수 있다. 바위가 많은 언덕을 이용한 스파 룸 내부는 특이한 모습이다. 진흙과 돌을 이용하고 아기자기한 색감과 장식으로 마치 동화 속 마을에 놀러 온 느낌이다. 모두 커플 룸으로 2인용 욕조와 샤워 시설 등을 갖추었다. 욕조에 편안히 앉아 창을 통해 바다를 바라볼 수 있다. 타이 마사지를 비롯해 발 마사지, 오일 마사지가 인기 프로그램이다. 그 외에 선번 피부에 좋은 알로에 마사지는 1100B에 이용할 수 있다. 사우나만 이용할 때는 30분에 400B로 진한 허브 향이 기분을 상쾌하게 한다. 직원들의 친절하고 극진한 서비스를 받을 수 있어 언제나 인기가 좋다. 로맨틱한 공간에서 마사지나 스파를 받고자 한다면 가장 추천할 만한 곳이다. 반드시 예약해야 한다.

지도 p.207-B
위치 릴라 비치, 코코헛 비치 리조트 & 스파 내
주소 130/20 Moo 6, Haad Rin Nai, Sun Set, Leela(Seekantang) Beach
오픈 10:00~21:00
요금 타이 마사지 700B, 발 마사지 700B, 오일 마사지 900B(1시간 기준)
전화 077-375-368
홈피 www.cocohut.com

SPA

씨암 스파야
Siam Spa-Ya

핫 린에 2개의 지점이 있다. 세임세임 레스토랑 바로 앞에 자리한 지점이 찾기가 쉽다. 발마사지 의자와 마사지 베드가 따로 놓여 있으며, 아담지만 깔끔하고 편안하게 꾸며져 있다. 선번에 좋은 알로에 마사지는 1시간에 500B이며, 타이 마사지와 허브 볼, 스팀 사우나가 포함된 트래디셔널 타이 패키지는 90분에 600B 정도이다. 마사지를 받을 때는 대나무 발을 내려 외부와 차단한다. 아로마오일, 스크럽 제품, 알로에 등 직접 만든 스파 제품을 판매한다.

지도 p.207-C
위치 핫 린의 세임세임 레스토랑 맞은편
주소 130/34 Moo 6, Haad Rin
오픈 10:00~24:00
요금 타이 마사지 300B, 발 마사지 300B, 아로마 오일 마사지 500B(1시간 기준)
전화 084-963-9616

SPA

치다라야 스파
Chidaraya Spa

핫 린에 위치한 소규모 스파다. 비교적 고급스러운 시설로 길거리 마사지 숍과 차별된다. 외관은 식물로, 내부는 태국 스타일로 꾸며놓았다. 별도의 사우나 시설을 갖추었으며, 타이 허벌 스팀 사우나가 30분에 300B로 로컬 숍과 큰 차이가 없어 깨끗한 시설에서 마사지를 받고자 하는 여행자에게 적합하다. 반탈레이 게스트하우스를 같이 운영한다.

지도 p.207-D
위치 핫 린녹과 핫 린나이 사이의 도로
주소 74/1 Moo 6, Haad Rin Beach
오픈 08:00~23:00
요금 타이 마사지 300B, 오일 마사지 350B(1시간 기준)
전화 077-375-083

SPA

사라이 스파
Sarai Spa

릴라 비치의 사리칸탕 리조트 & 스파 내에 자리한 스파로 조용하고 프라이빗한 분위기가 마음을 편안하게 한다. 리조트 내에서도 가장 한적한 해변 바로 앞에 위치한다. 길거리 마사지 숍보다 비용은 추가되지만 눈앞에 펼쳐진 옥색 바다 풍경을 덤으로 얻을 수 있다. 3개의 룸을 갖추었으며 원하는 시간대가 있다면 예약하는 것이 좋다. 등과 어깨 마사지는 1시간에 690B 정도.

지도 p.207-B
위치 사리칸탕 리조트 내
주소 129/3 Moo 6, Seekantang Beach
오픈 10:30~20:00
요금 타이 마사지 390B, 발 마사지 390B(1시간 기준)
전화 077-375-055~7
홈피 www.sarikantang.com

STAYING

부리 라사 빌리지 코팡안
Buri Rasa Village Koh Phangan

2013년 'Our home is your home'을 모토로 고급 리조트가 즐비한 격전장에 뛰어들었다. 갈색을 주로 사용해 리조트가 갖는 위압감보다는 내 집 같은 편안함을 느낄 수 있다. 전 객실이 디럭스로 전망에 따라 시 뷰, 가든 뷰, 풀 뷰 등으로 나뉜다. 투숙객 대부분이 유럽인이며, 아기자기한 정원과 아담하지만 실용적인 메인 수영장이 있다. 지리적 위치의 불리함은 주변 여타 고급 리조트와 다를 바 없으나 리조트 초입에 자리한 로컬 마사지 숍, 식당, 여행사, 환전소 등의 시설은 이곳만의 장점이다. 아오 통나이판의 한적한 해변에 아기자기한 정원을 갖춘 이곳은 후발 주자임에도 불구하고 현재 여행자에게 가장 핫한 숙소임에 틀림없다.

지도 p.206-B
위치 섬의 북동쪽, 아오 통나이판
주소 55 Moo 5, Thong Nai Pan Noi Beach
요금 디럭스 3500B~
전화 077-445-211
홈피 www.burirasa.com/phangan

STAYING

판비만 코팡안
Panviman Koh Phangan

오염되지 않은 원시림과 푸른 바다의 조합! '파라다이스'라는 뜻의 이곳은 1987년 작은 방갈로로 시작해서 현재는 일반 슈피리어 객실부터 코티지 스타일, 신혼여행객이 좋아할 만한 풀빌라까지 두루 갖추었다. 태국 스타일의 목가적인 분위기의 객실은 시 뷰와 마운틴 뷰로 나뉜다. 판 시(Pan Sea) 레스토랑에서 조식이 제공되는데, 이곳에 머문다면 아침식사는 꼭 먹어보기를 추천한다. 창가 쪽에 자리 잡으면 뷰포인트가 따로 없을 정도로 눈앞에 시원스레 펼쳐진 시 뷰 전망에 시간을 잊게 될지도 모른다. 폭포가 흘러내리는 것 같은 계단식 모양의 인피니티 수영장은 또 하나의 뷰포인트로 주변 지형과도 잘 어우러진다. 코창과 치앙마이에도 지점이 있으며, 투숙객의 사진을 기념으로 출력해주는 것도 이곳만의 선물이다.

지도 p.206-D
위치 섬의 북동쪽, 아오 통나이판
주소 22/1 Moo 5, Thong Nai Pan Noi Beach
요금 디럭스 4300B~, 풀빌라 7000B~
전화 077-445-101
홈피 www.panviman.com/kohphangan

`STAYING`

더 코스트 리조트
The Coast Resort

코팡안에서 US$100 정도의 트렌디한 숙소를 찾는 여행자라면 이곳을 눈여겨보자. 심플하면서 모던한 객실은 회색으로 차분함을 살리면서 강렬한 붉은색으로 포인트를 주어 세련됨을 더했다. 객실은 슈피리어와 디럭스, 스위트, 빌라로 나뉜다. 디럭스는 다시 전망과 크기에 따라 디럭스, 디럭스 풀 뷰, 디럭스 시 뷰로 나뉘는데, 전망을 고집하지 않는다면 가격 대비 디럭스가 낫다. 아기자기한 정원을 가로지르면 야자수가 뻗어 있는 푸른 바다를 배경으로 수영장과 해변에 주황색 파라솔과 붉은 빈백이 놓여 있어 유니크한 스타일을 보여준다. 핫 린 번화가까지 10분 정도가 걸린 핫 린까지 하루에 4회 무료 셔틀버스를 운행하며, 16세 이상의 성인만 투숙이 가능하다.

지도 p.207-A
위치 핫 린나이 대로변
주소 117/21 Moo 6, Ban Tai
요금 슈피리어 2300B~, 디럭스 2700B~
전화 077-951-567
홈피 www.thecoastphangan.com

`STAYING`

꾸푸꾸푸 팡안 비치 빌라스 & 스파
Kupu Kupu Phangan Beach Villas & Spa

발리 우붓의 아름다운 숙소인 꾸푸꾸푸 바롱에서 2012년 오픈한 숙소이다. 총 20여 개의 객실은 모두 개별 빌라 타입으로 낮은 언덕을 따라 높낮이가 다르게 배치되어 있다. 객실 내부는 태국 모던 스타일로 상당히 여유로우며 로맨틱한 분위기이다. 무엇보다 주목해야 할 것은 숙소 앞에 있는 해변이다. 숙소 앞으로 펼쳐진 에메랄드빛 바다와 야자수는 마치 엽서에 나오는 그림처럼 아름답다. 코팡안의 관문인 통살라 선착장(Thong Sala Pier)에서 호텔까지 무료 픽업 서비스를 제공해 투숙객은 어려움 없이 이동할 수 있다.

지도 p.206-C
위치 통살라에서 아오 옥똠 방면으로 차로 5분
주소 469/4 Moo 4, Naiwok
요금 시 뷰 4300B~, 풀빌라 5700B~
전화 077-377-384
홈피 www.kupuresorts.com/kohphangan

`STAYING`

부리 비치 리조트
Buri Beach Resort

풀문 파티가 열리는 해변의 반대편인 선셋 비치에 자리한 총 103개의 객실을 보유한 중급 숙소다. 디럭스보다 빨간 지붕의 코티지가 더 인기 있다. 코티지는 조금 투박하게 꾸며져 있지만 2개의 수영장과 스파, 미니 마트, 은행 등의 편의 시설이 잘 갖추어져 있다. 해변과 접한 수영장은 타원형인데 그늘이 없다는 것은 조금 아쉽지만, 선베드에 앉아서 편안하게 멋진 노을을 감상할 수 있다.

지도 p.207-C
위치 핫 린나이(선셋 비치)
주소 120/1 Moo 6, Haad Rin Nai Beach
요금 슈피리어 1000B~, 디럭스 가든 1300B~
전화 077-375-481~9
홈피 www.buri-beach-phangan.com

`STAYING`

산티야 코팡안 리조트 & 스파
Santiya Koh Phangan Resort & Spa

리조트에 사용된 엄청난 양의 티크와 나무마다 일일이 새긴 예술작품이 독특하다. 온통 티크 장식으로 둘러싸인 리셉션과 메인 레스토랑은 나무의 은은한 느낌을 경험하기에 가장 좋은 장소이다. 객실은 건물 내에 있는 일반 객실과 단독 빌라로 나뉜다. 가장 많은 객실인 디럭스는 이곳에서 가장 높은 지대의 건물에 있어 코팡안의 바다와 원시림 전망을 자랑한다. 구조는 다른 리조트의 일반 객실과 비슷하지만 나무로 마감되어 마치 산장에 들어온 분위기이다. 메인 레스토랑인 찬타라(Chantara)는 전망이 훌륭할 뿐만 아니라 가장 아름다운 공간으로 꼽힌다.

지도 p.206-B
위치 섬의 북동쪽 아오 통나이판
주소 22/7 Moo 5, Bantai
요금 디럭스 4300B~, 산티야 시 뷰 풀빌라 1만2900B~
전화 077-428-999
홈피 www.santhiya.com

`STAYING`

아난타라 라사난다 코팡안 빌라스
Anantara Rasananda Koh Phangan Villas

코팡안에서 북동쪽으로 험한 산길을 넘어가면 나오는 아오 통나이판에 자리 잡은 고급 리조트이다. 2008년 커플을 비롯한 신혼여행객을 대상으로 오픈했으며, 아난타라에서 관리한다. 기존 코팡안의 숙소와는 다르게 세련되고 럭셔리한 스타일을 보여준다. 발리에서 쉽게 볼 수 있는 오픈에어 구조의 거실과 욕실을 갖춘 풀빌라는 로맨틱한 분위기이다. 와인 셀러가 있는 레스토랑과 스파 등의 부대시설은 물론 정중한 직원들의 서비스를 기대해도 좋다.

지도 p.206-B
위치 섬의 북동쪽인 아오 통나이판
주소 5/5 Moo 5, Thong Nai Pan Noi Beach
요금 풀 스위트 8700B~, 스위트 풀 9500B~
전화 077-239-555
홈피 phangan-rasananda.anantara.com

STAYING

선라이즈 리조트
Sunrise Resort

풀문 파티가 열리는 핫 린녹(Haad Rin Nok)에서도 가장 중심에 자리하고 바로 해변과 접해 있어 풀문 파티 때가 되면 그 인기는 하늘 높은 줄 모르고 치솟는다. ㄷ자로 생긴 객실 건물이 수영장을 감싸는 구조로 객실에는 침대와 TV, 냉장고, 에어컨 등이 갖추어져 있다. 욕실에는 샤워 시설이 준비되어 있는데 다소 수압이 약한 것이 흠이다.

지도 p.207-D
위치 핫 린녹 중심
주소 136 Moo 6, Haad Rin
요금 슈피리어 2000B~, 가든 뷰 빌라 4300B~
전화 077-375-145
홈피 www.sunrisephangan.com

STAYING

밀키 베이 리조트
Milky Bay Resort

통살라에서 동쪽으로 이어진 수 킬로미터의 해안은 아름다운 바다색을 자랑한다. 이 리조트가 자리한 해변 역시 모래톱을 중심으로 우유를 섞은 것 같은 아름다운 바다가 펼쳐진다. 남아프리카가 고향인 운영자 크리스는 가족여행객을 대상으로 편안하고 조용한 공간을 만들기 위해 노력했다. 리조트 통행로에는 톱밥과 나뭇잎을 깔아 발자국 소리조차 나지 않게 만들었다. 대나무가 반겨주는 입구를 지나면 리셉션과 방갈로 타입의 객실이 나온다. 객실은 대나무 발과 돌, 나무 등을 이용한 소박한 장식으로 아프리카의 자연을 닮아 로맨틱한 분위기가 물씬 풍긴다.

지도 p.206-C
위치 아오 반타이
주소 102 Moo 1, Ban Tai
요금 스튜디오 2500B~, 빌라 2800B~
전화 077-238-566
홈피 www.milkybaythailand.com

STAYING

팡안 유토피아 리조트
Phangan Utopia Resort

이런 곳에 리조트가 있을까 싶을 정도로 외로운 고지에 자리한 숙소다. 험한 산길을 한참 올라간 후에야 만나게 되는데 숲속에 둘러 싸인 고요한 모습이 이름과 더없이 잘 어울린다. 산 위에 있는 만큼 전망은 무척 시원하다. 핫 매핫과 핫 통랑이 한눈에 내려다보인다. 리셉션 건물에 있는 레스토랑은 가장 높은 곳에 위치해 스펙터클한 전망을 자랑한다. 선착장에서 무료 픽업 서비스가 가능하다. 외진 곳에 있는 만큼 장점도, 단점도 극명하게 갈린다.

지도 p.206-A
위치 섬의 북서쪽 핫 통랑
주소 85/2 Moo 7, Baan Chaloklum
요금 슈피리어 마운틴 뷰 900B~, 클래식 시 뷰 1360B~
전화 077-374-093
홈피 www.phanganutopiaresort.com

STAYING

사리칸탕 리조트 & 스파
Sarikantang Resort & Spa

릴라 비치의 태국 이름인 시칸탕(Seekantang)에서 가져온 이름으로, 핫 린 주변의 숙소 중 가장 쾌적하고 고급스러운 시설을 갖추었다. 스탠더드 방갈로와 바로 위 디럭스의 수준 차이가 크게 나는 편이다. 수영장과 레스토랑에서 무선 인터넷이 가능하다. 핫 린의 중심과는 도보로 10~15분 정도 걸리지만 도로 상태가 좋지 않아 걷기에 불편할 수 있다. 조용한 해변에서 휴식을 취하고자 하는 여행자에게 적합하다. 풀문 파티 때는 최소 7박을 해야 한다.

지도 p.207-B
위치 코팡안의 최남단 릴라 비치
주소 129/3 Moo 6, Seekantang Beach
요금 디럭스 1980B~, 시 뷰 빌라 4200B~
전화 077-375-055~7
홈피 www.sarikantang.com
부속 사라이 스파(p.225)

STAYING

코코헛 비치 리조트 & 스파
Cocohut Beach Resort & Spa

릴라 비치에 자리한 총 100여 개의 객실을 갖춘 숙소다. 객실은 게스트하우스부터 풀빌라까지 모두 8가지로 다양하게 구성되어 있다. 다양한 빛깔을 가진 숙소 앞 해변은 코팡안에서도 손에 꼽을 정도로 아름답다. 귀여운 스파와 친절한 서비스는 물론 수영장과 레스토랑, 비치 바 등 부대시설도 충실하다. 핫 린의 선착장에서 무료 픽업 서비스를 제공한다. 홈페이지에 객실 종류와 가격이 자세하게 나와 있으니 참고하자.

지도 p.207-B
위치 코팡안의 최남단 릴라 비치, 사리칸탕 옆
주소 130/20 Moo 6, Haad Rin Nai, Sun Set, Leela (Seekantang) Beach
요금 디럭스 2880B~, 비치 프런트 풀빌라 6130B~
전화 077-375-368
홈피 www.cocohut.com
부속 코코헛 레스토랑(p.218), 코코헛 스파(p.224)

STAYING

V2 시게이트 힙 호텔
V2 Seagate Hip Hotel

풀문 파티가 열리는 핫 린녹과 인접한 곳으로 소규모 부티크 숙소이다. 총 10개의 객실은 여러 명이 함께 자는 도미토리와 디럭스로 나뉜다. 1층은 레스토랑 겸 바로 운영되고, 2층에 객실이 있다. 태국 모던 스타일의 객실은 밝고 경쾌한 분위기로 구조는 비슷하지만 월 포인트가 다르다. 레스토랑 외에 별다른 부대시설은 없고, 호텔 내에 무선 인터넷을 사용할 수 있다. 도보 2분 거리에 핫 린녹이 있고, 미스터 K 치킨 코너도 같은 골목에 있다.

지도 p.207-D
위치 핫 린녹
주소 157 Moo 6, Baan Tai, Haad Rin
요금 디럭스 1170B~
전화 081-979-1315

STAYING

토미 리조트
Tommy Resort

고급스럽거나 세련되지는 않지만 핫 린에서 오랜 시간 운영한 인기 숙소이다. 나무로 지어진 방갈로 스타일의 객실이 특히 인기가 좋다. 핫 린 입구에 해변과 바로 접하고 있어 외부로의 출입이 쉽고 접근성도 뛰어나다. 이 일대에서 규모가 큰 편에 속하는 직사각형의 수영장이 있다. 리조트 입구에 자리한 토미 빌리지에는 마사지 숍, 여행사, 커피숍 등의 편의 시설이 입점해 있다.

지도 p.207-D
위치 핫 린녹(선라이즈 비치)
주소 90/13 Moo 6, Haad Rin Nok
요금 스탠더드 2180B~, 슈피리어 방갈로 2770B~
전화 077-375-215
홈피 www.tommyresort.com

STAYING

팔리타 로지
Palita Lodge

핫 린의 북쪽에 자리해 비교적 조용하다. 정원을 사이에 두고 양쪽으로 총 40개의 객실이 있다. 그중 태국 모던 스타일의 스위트가 깨끗해 관심받고 있다. 스위트를 제외한 다른 객실은 그다지 크지 않은 편이다. 해변을 접한 레스토랑 이외의 다른 부대시설은 없고 서비스도 좋은 편은 아니니 큰 기대는 안하는 것이 좋다.

지도 p.207-D
위치 핫 린녹, 토미 리조트 옆
주소 119 Moo 6, Haad Rin Baan Tai
요금 스위트 3700B~
전화 077-375-170~2
홈피 www.palitalodge.com

STAYING

드롭 인 선셋 빌라스
Drop In Senset Villas

핫 린으로 진입하는 입구에 자리한다. 주로 유럽인 여행자가 선호하는 숙소로 실용적인 시설을 갖추었다. 태국 스타일의 객실과 작은 수영장, 레스토랑 등이 있다. 디럭스 객실이 수영장과 가장 가깝고 드롭 인 바는 리조트와 별도로 해변에 있다. 해변까지 거리가 멀고 리조트 시설 또한 오래되었으며 부지가 좁아 답답하게 느껴질 수 있으니 참고하자.

지도 p.207-C
위치 핫 린의 내륙 쪽
주소 154/1-10, Haad Rin Beach Baan Tai
요금 슈피리어 2250B~, 패밀리 3200B~
전화 077-375-444
홈피 www.dropinclubresort.com

PLUS AREA

Koh Tao
코타오

코사무이에서 북쪽으로 약 65km 떨어진 섬으로 타오는 거북을 뜻하는데, 섬 모양이 거북의 등을 닮았다 하여 붙은 이름이다. 약 21㎢ 크기의 이 작은 섬은 개발의 손길이 닿지 않은 자연 그대로의 아름다움을 간직하고 있다. 다이버의 메카라고 불릴 만큼 청정 다이빙 포인트가 많고 다이빙 입문에 관한 인프라가 상당히 잘 갖추어져 있다.

매핫(Mae Haad)은 선착장이 있는 섬의 관문이자 행정 중심지 역할을 한다. 코타오에서 가장 발달한 해변은 싸이리 비치(Sairee Beach)로 길이 2km 정도에 달하는 해변을 따라 여행자를 위한 편의 시설이 몰려 있다. 코타오 옆에는 삼각 해변으로 유명한 낭유안 섬이 있다.

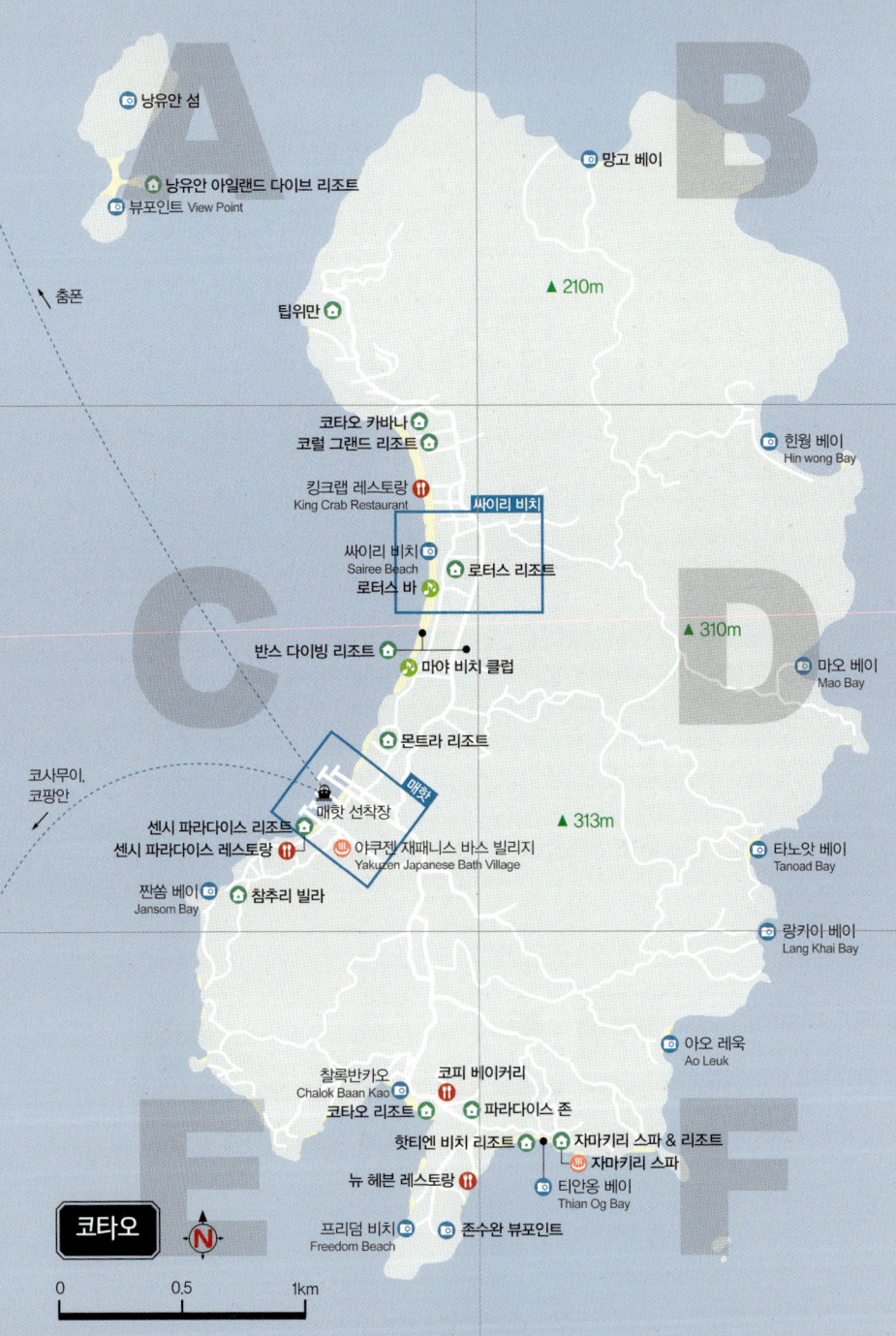

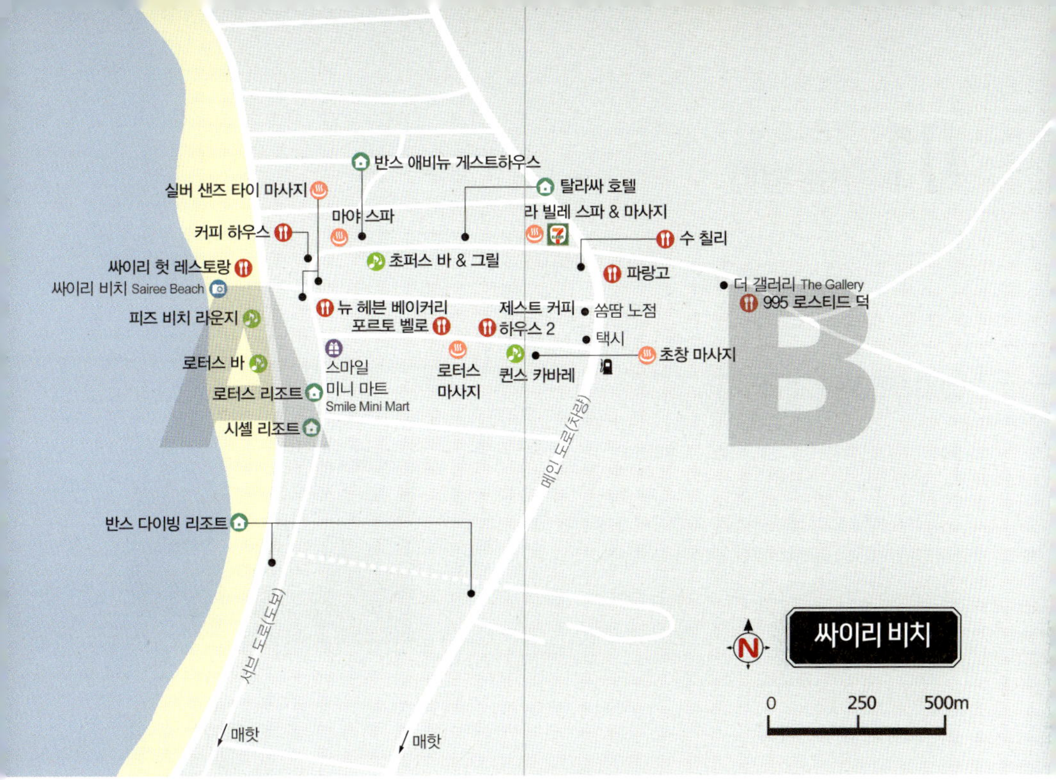
싸이리 비치
반스 애비뉴 게스트하우스
실버 샌즈 타이 마사지
탈라싸 호텔
마야 스파
라 빌레 스파 & 마사지
커피 하우스
수 칠리
초퍼스 바 & 그릴
싸이리 헛 레스토랑
파랑고
싸이리 비치 Sairee Beach
더 갤러리 The Gallery
995 로스티드 덕
뉴 헤븐 베이커리
제스트 커피
쏨땀 노점
피즈 비치 라운지
포르토 벨로
하우스 2
택시
스마일
로터스
초창 마사지
로터스 바
퀸스 카바레
마사지
로터스 리조트
미니 마트
Smile Mini Mart
시셸 리조트
메인 도로(차량)
반스 다이빙 리조트
시브 도로(도보)
매핫
매핫
0
250
500m
A
B

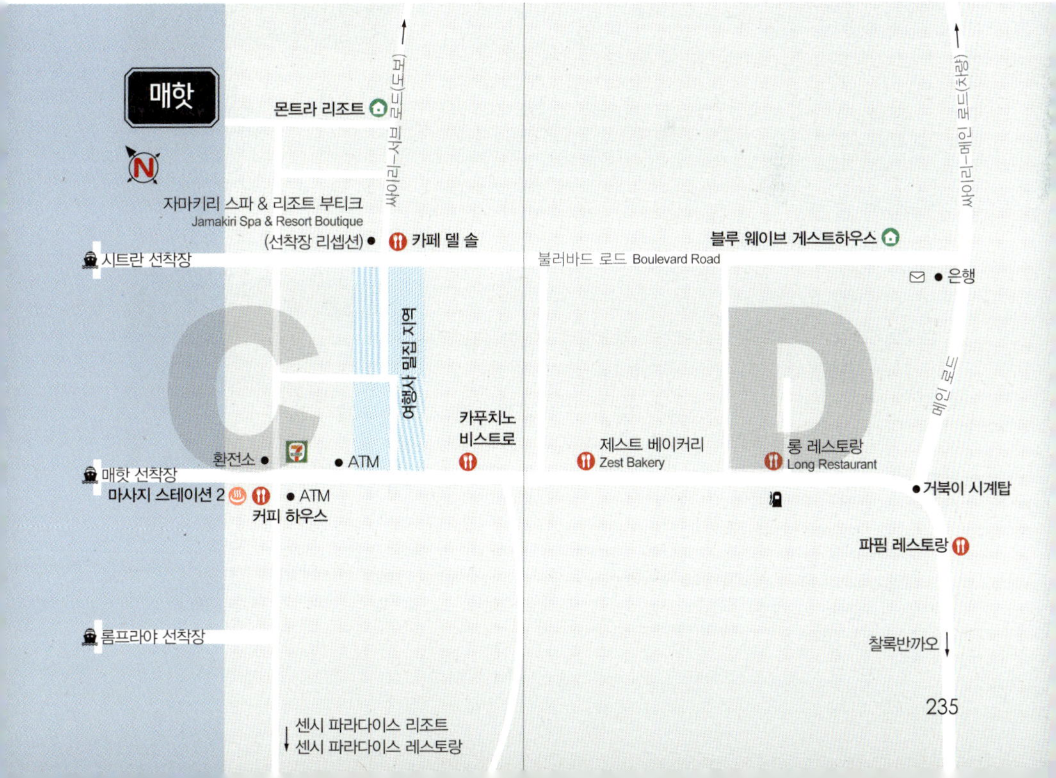
매핫
몬트라 리조트
싸이리-시브 로드(도보)
싸이리-메인 로드(차량)
자마키리 스파 & 리조트 부티크
Jamakiri Spa & Resort Boutique
(선착장 리셉션)
카페 델 솔
블루 웨이브 게스트하우스
시트란 선착장
불러바드 로드 Boulevard Road
은행
여행사 밀집 지역
메인 로드
카푸치노
비스트로
제스트 베이커리
Zest Bakery
롱 레스토랑
Long Restaurant
환전소
ATM
매핫 선착장
마사지 스테이션 2
ATM
거북이 시계탑
커피 하우스
파핌 레스토랑
롬프라야 선착장
찰록반까오
센시 파라다이스 리조트
센시 파라다이스 레스토랑
C
D

01 Plus Area Koh Tao
가는 방법

코사무이에서 출발하는 방법과 방콕에서 춤폰까지 버스를 타고 이동한 뒤 선박을 이용해 들어가는 방법으로 나눌 수 있다.

코사무이에서 출발

코사무이-코팡안-코타오의 순으로 연결하는 페리를 이용하는 것이 가장 편리하다. 가장 대표적인 회사로 시트란 디스커버리와 롬프라야가 있다. 보통 오전과 오후 하루 2회 출발하며, 코타오까지는 500B 정도이다. 왕복 티켓을 사면 조금 저렴하다. 시즌별로 출발, 도착 시간이 약간 달라질 수 있으니 홈페이지에서 자세한 스케줄을 참고하자.

- **시트란 디스커버리 Seatran Discovery**
전화 077-246-086~8
홈피 www.seatrandiscovery.com

- **롬프라야 Lomprayah**
전화 077-427-765~6
홈피 www.lomprayah.com

코사무이 — 20분 — 코팡안 — 1시간 15분 — 코타오

방콕에서 출발

방콕에서 춤폰을 경유해 코타오로 들어갈 수 있다. 버스와 선박을 연계한 여행사의 조인트 티켓을 많이 이용한다. 오후 9시경 카오산을 출발해 오전 6시경에 춤폰에 도착한 후 오전 9시 30분경에 도착한다. 요금은 900~1000B이다. 코사무이에서 코팡안-코타오-춤폰-방콕의 역순으로도 연결된다. 방콕에서는 롬프라야만 운행되며 카오산 람부트리 로드에 사무실이 있다. 그 외에 방콕 남부터미널에서 출발하는 버스를 이용할 수도 있다. 하루 4회(버스 A1번) 출발한다.

방콕 — 9시간 — 춤폰 — 3시간 30분 — 코타오

02 Plus Area Koh Tao
섬 내 교통

행정 구역상으로는 수랏타니에 속하지만 코타오와 가까운 육지는 춤폰이다. 춤폰을 비롯해 코사무이, 코팡안을 오가는 선박이 머무는 매핫은 섬 내 교통의 출발지이다. 매핫 북쪽에 있는 싸이리와 찰록반카오까지만 포장도로이고 나머지 길은 울퉁불퉁한 비포장도로이다. 일부 해변은 도로가 없어 롱테일 보트 등을 이용해야만 접근 가능하다.

🚕 택시

섬에서 돌아다닐 때는 주로 트럭을 개조한 택시를 탄다. 부분적으로 비포장도로가 많고 트럭 뒤에 탈 확률이 높아 쾌적한 승차감은 기대하기 힘들다. 매핫에서 싸이리나 찰록반카오까지 요금은 최소 2인당 300B 정도로 꽤 비싼 편이며, 1인 추가 시 100B를 더 지불한다. 1인 이용 금액은 다시 흥정해야 하는 번거로움이 있다.

👣 도보

매핫에서 싸이리로 넘어가는 도로는 차량이 다니는 큰 도로와 걸어다닐 수 있는 작은 길로 나뉜다. 매핫의 카페 델 솔 옆으로 난 골목 안으로 70m 정도 들어가면 몬트라 리조트 입구가 나온다. 이곳에서 오른쪽으로 난 작은 오솔길을 따라 싸이리로 걸어갈 수 있다. 싸이리 초입이라 할 수 있는 마야 비치 클럽까지 10~15분이 소요된다. 중간에 언덕이 있는 산길도 있고 늦은 시각에는 인적이 드물기 때문에 낮에만 이용하는 것이 좋다. 이 구간만 지나면 상점이나 사람을 구경하며 걷기에 좋은 도로가 나온다.

🏍 오토바이 렌트

오토바이는 하루 빌리는 데 보통 200~300B이며 노면이 좋지 않은 구간은 사고의 위험이 많아 주의해야 한다. 조그마한 긁힘에도 많은 금액의 수리비를 요구한다. 지형이 험하기 때문에 오토바이 대신 ATV를 타고 다니는 여행자도 상당히 많은 편이다.

03 Plus Area Koh Tao
코타오에서 해야 할 5가지

1 천혜의 자연환경을 가진 낭유안 섬 다녀오기

2 싸이리의 건강한 나이트라이프 즐기기
(특히 로터스 바의 불 쇼는 놓치지 말 것)

3 995 로스티드 덕에서
오리덮밥이나 국수 먹기

4 자마키리 스파 & 리조트에서
페이셜 마사지 받기
(예약 시 픽업 서비스 무료)

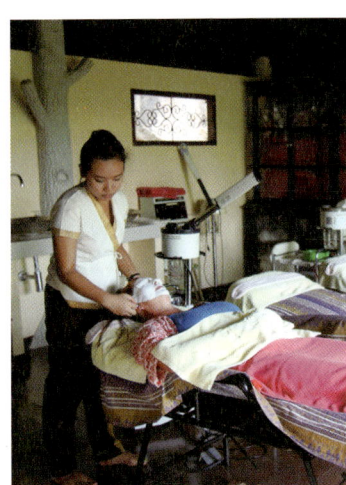

5 스쿠버다이빙 배우기
(스쿠버다이빙 관련 한국인 업소 6곳)

| SIGHTSEEING |

낭유안 섬
Nang Yuan Island

코타오와 함께 다이빙 포인트로 유명한데 이곳에서 더 유명한 것은 삼각 해변이다. 낭유안에는 3개의 작은 섬이 연결되어 세 갈래로 만들어진 매우 독특한 해변이 있고 그것을 삼각 해변이라 부른다. 모래가 눈이 부시도록 하얀 산호 해변은 에메랄드빛 바다와 대비되어 더욱 멋진 풍경을 선사한다. 삼각 해변은 남쪽에 있는 섬의 전망대에서 가장 멋진 경치를 즐길 수 있다. 전망대 바로 아래에 조금 올라가기 힘든 부분도 있지만 누구나 올라갈 수 있는 수준이다. 해변에서 'View Point'라 쓰여 있는 간판을 따라 올라가면 된다. 해변에서 전망대까지는 15분 정도 소요된다.

낭유안 섬을 방문하기 위해서는 코타오의 싸이리 비치에서 롱테일 보트를 타야 한다. 편도 요금으로 보통 300B 정도를 지불해야 한다. 왕복 요금은 약간의 절충도 가능하지만 10분 정도의 거리임을 감안할 때 상당히 비싼 편이다. 개별적으로 움직이는 것보다 여행사의 일일 투어를 이용하는 것도 좋다. 섬 주변의 아름다운 해변을 돌며 스노클링 투어를 진행하는데 대부분 낭유안 섬이 포함된다. 점심식사와 음료를 제공하며 요금은 700~800B이다. 낭유안 섬에서의 자유 시간도 충분히 주어진다.

ZOOM IN

| STAYING |

낭유안 아일랜드 다이브 리조트
Nang Yuan Island Dive Resort

1986년 이래 낭유안 섬에 자리한 유일한 숙소다. 코티지 스타일로 객실은 팬 룸과 에어컨 룸, 2-베드룸이 있는 패밀리 등 다양한 종류가 있으며 3개의 섬에 여기저기 퍼져 있다. 가격대는 1500B부터 시작한다. 방갈로 외에 선착장 근처에 식당과 바, 다이브 숍 등의 시설이 있다.

홈피 www.nangyuan.com

지도 p.234-A
위치 코타오에서 북서쪽으로 1km, 롱테일 보트로 10분

Tip

낭유안 섬 이용하기

❶ 시설 이용료 명목으로 1인당 100B의 입장료를 받는다. 선착장 입구에 매표소가 있다.
❷ 환경 보호 차원에서 음식물은 물론 플라스틱이나 캔 제품 등의 반입이 제한되고 산호를 보호하기 위해 스노클 핀을 사용할 수 없다. 모두 매표소에 맡기고 입장해야 한다(음식과 음료수 등은 섬 내의 식당이나 바를 이용할 수 있다).
❸ 삼각 해변은 산호 해변이다. 산호가 곱게 부서지지 않고 작은 조각으로 남아 있어 맨발로 걷기 힘드니 아쿠아 슈즈나 스포츠 샌들을 신는 것이 좋다.
❹ 스노클링 포인트는 선착장 주변 반대쪽의 바다인데 반대쪽은 해변 없이 바위로 되어 있어 헤엄쳐 나가야 하는 불편함이 있다.
❺ 의자와 파라솔은 150B를 내고 대여할 수 있다.

SIGHTSEEING

존 수완 뷰포인트
John-Suwan View Point

코 타오에서 가장 유명한 뷰포인트로, 존 수완은 이곳을 발견한 사람의 이름이다. 찰록반카오에서 남쪽으로 향하면 프리덤 비치와 방갈로가 나온다. 그 뒤로 난 산길을 따라 약 20분 정도 올라가면 멀리 찰록반카오 비치와 샤크 베이가 한눈에 들어오는 뷰포인트에 다다른다. 경치는 멋지고 가는 길이 거칠고 험한 편이다. 초입에 작은 이정표가 나무에 몇 개 붙어 있을 뿐이므로 올라가면서 사람들이 낸 길을 따라 찾는 수밖에 없다. 특히 일몰을 보기 위해 올라왔다가 어두워지기라도 하면 낭패이니 주의한다.

지도 p.234-E
위치 찰록반카오 비치와 샤크 베이 사이

SIGHTSEEING

망고 베이
Mango Bay

코타오의 가장 북쪽에 자리한 해변으로 태국어로 '아오 마무앙'이라고도 한다. 섬 내에서도 가장 아름다운 물빛을 자랑하는 곳으로 산호초가 있고 파도도 잔잔해 좋은 스노클링 포인트로 유명하다. 도로가 없고 험한 절벽으로 둘러싸여 있어 육로로는 이동할 수 없고 배를 타고 접근해야 한다. 싸이리나 매핫에서 움직이려면 최소한 800B의 요금을 지불해야 한다. 개별적으로 망고 베이만 둘러보는 것보다는 섬을 한 바퀴 도는 스노클링 투어 등을 이용하는 것이 좋다. 일일 투어에서 빠지지 않는 장소이다. 망고 베이 리조트와 아오 마무엉 리조트 2개가 있었으나 현재는 모두 문을 닫은 상태이다.

지도 p.234-B
위치 코타오 최북단

ACTIVITY

스쿠버다이빙
Scuba Diving

코타오를 한 마디로 정리하자면 다이버의, 다이버에 의한, 다이버를 위한 섬이라 할 수 있다. 숙소 어디에서나 교육에 열중하는 다이버를 비롯해 장비를 갖춘 다이버가 배를 타고 나가는 모습을 흔하게 볼 수 있다. 다이빙, 스노클링 등 있는 그대로의 바다를 즐기는 일이야말로 코타오에서 꼭 해야 할 일이다.

누구나 아무 곳에서나 쉽게 시도할 수 있는 스노클링과는 달리 본격적인 스쿠버다이빙을 위해서는 전문 교육 기관에서 실시하는 교육이 필요하고 시험도 거쳐야 한다. 코타오는 세계적인 다이빙의 메카인 만큼 좋은 다이빙 포인트도 유명하지만 다이빙 입문에 관련된 교육 기관도 유명하다. 그만큼 다이브 숍이 많고 경쟁도 치열하다. 체험 다이빙(Discovery Diving)은 전문 강사의 도움을 받아 바닷속을 하루 동안 체험해보는 코스로 보통 5000B 정도 한다.

3일에서 4일에 걸쳐 진행되는, 자격증을 위한 과정인 오픈 워터 코스(Open Water Course)는 1만 1000~1만2000B이다. 오픈 워터 코스 같은 본격적인 교육 과정에는 커뮤니케이션이 중요하기 때문에 한국인 여행자는 한국인 강사가 있는 다이브 숍을 이용하는 것이 좋다. 코타오 내에 총 7개의 한국인 다이빙 숍이 있다.

 Tip

스노클링 투어

배를 타고 섬 주변의 해변을 돌며 코타오의 맑은 바다 속을 체험할 수 있는 일일 투어로 대부분의 여행사에서 취급한다. 여행사에 따라 약간씩 차이가 있지만 주로 샤크 베이와 아오 레욱, 낭유안 섬 등이 포인트로 이용된다. 배 종류에 따라 700~800B로 스노클 장비와 숙소 픽업, 점심식사, 음료, 영어 가이드 등이 포함된다. 그 외에 낚시 투어도 인기가 좋은데 1800B 정도에 즐길 수 있다. 잡은 생선을 직접 요리해서 먹을 수 있다.

코타오 내 한국인 다이빙 숍

다이빙 스쿨(반스 다이빙 리조트)	087-266-6484	다이브 숍, 프로 양성, 리조트, 여행사
데니의 팀 코리아 다이브	086-277-6021	다이브 숍, 강사 교육, 리조트, 레스토랑
바다 소리들과 장터	084-850-5484	다이브 숍, 투어, 숙소 안내
부다뷰 다이브 & 린지 하우스	084-424-2212	다이브 숍, 리조트, 도미토리, 바, 식사, 여행사, 인터넷
시 프렌즈 다이빙	087-203-0002	스쿠버다이빙 코스, 강사 코스
제이크 샘샘디 다이빙	081-348-0830	다이빙 교육, 펀 다이빙, 체험 다이빙, 숙소 예약
홍익인간	081-382-0926	게스트하우스(싸이리), 도미토리, 식당

> RESTAURANTS

포르토 벨로
Porto Bello

싸이리 비치에 위치한 캐주얼 파인 다이닝 레스토랑이다. 2009년 문을 연 곳으로 코타오에서 가장 인기 있는 레스토랑으로 자리매김했다. 아직까지 시골스러운 코타오에서는 눈에 띌 만큼 내부가 상당히 세련되고 감각적으로 꾸며져 있다. 프렌치와 이탈리안 메뉴가 메인이며 프랑스 출신 운영자는 손님들의 테이블을 오가며 와인을 추천해주고, 음식 맛은 어떤지 세심하게 체크한다. 파스타는 S와 M 사이즈 중에 선택할 수 있다. 라비올리와 피자, 비프 필렛 등이 추천 메뉴다. 다국적 와인 리스트를 갖추었으며 하우스 와인도 판매한다. 한낮의 에너지를 뒤로하고 근사한 분위기에서 하루를 정리하면서 멋진 식사를 하고 싶다면, 추천 1순위의 레스토랑이다.

지도 p.235-A
위치 싸이리 비치, 싸이리 빌리지 로터스 마사지 바로 앞
주소 9/39 Moo 1, Sairee Beach
오픈 15:00~23:00
요금 파스타 120B~, 피자 170B~, 비프 필렛 350B, 하우스 와인 140B(TAX 7%)
전화 077-457-029
홈피 www.portobellokohtao.com

> RESTAURANTS

995 로스티드 덕
995 Roasted Duck

코타오 최고의 로컬 식당이라 할 수 있다. 화교가 운영하는 식당으로 이름처럼 '오리고기'를 베이스로 한 메뉴가 주를 이룬다. 역시 이곳에서 가장 인기 있는 메뉴는 슬라이스한 오리고기를 밥에 얹어 내는 '카오나뺏(Roasted Duck with Rice and Soy Bean Paste)'으로 야들야들한 오리고기와 생강 향이 가득한 간장 소스가 일품이다. 오리고기 대신 돼지고기 훈제(무댕)를 얹은 카오무댕도 있고 밥 없이 고기만 따로 주문할 수도 있다. 맛있는 국수 메뉴도 즐길 수 있는데, 국물이 있는 국수는 약간 기름진 편이지만 진하고 알싸한 마늘 향으로 뒷맛이 개운하다. 불 맛 제대로 나는 팟타이나 팟씨유도 추천 메뉴. 태국식 아이스티인 차옌도 별미이니 꼭 맛보도록 하자.

지도 p.235-B
위치 싸이리 타운, 브러더 레스토랑과 세븐일레븐이 있는 사거리에서 동쪽 방면(아시아 다이버스 리조트 방면)으로 100m, 갤러리 스파 바로 옆
주소 10/29 Moo 1, Sairee Town
오픈 09:00~21:00
요금 국수 70B, 오리덮밥 70B, 훈제오리 180B, 차옌 30B
전화 077-601-831

RESTAURANTS
싸이리 헛 레스토랑
Sairee Hut Restaurant

싸이리 비치에 해가 지고 어둠이 깔리기 시작하면 해산물 레스토랑이 하나 둘씩 그 모습을 드러낸다. 그중에서 해산물을 제대로 갖추고 좌석도 편안해서 가장 추천할 만한 레스토랑이다. 커다란 나무와 별처럼 반짝이는 조명 아래, 파도 소리를 벗 삼아 시푸드 만찬을 즐길 수 있다. 살아 있는 해산물은 아니지만 비교적 신선하고 가격 또한 부담 없는 편이다. 원하는 해산물을 골라 무게를 달고 좋아하는 요리 방식으로 주문하면 된다. 소고기와 돼지고기를 이용한 바비큐 요리도 선보인다.

지도 p.235-A
위치 싸이리 비치 북단
주소 14/45 Moo 1, North Sairee Beach
오픈 18:00~22:00
요금 팟타이 60B, 카레 70B, 콜라 40B, 싱하 80B
전화 077-456-000
홈피 www.bigbluediving.com

RESTAURANTS
수 칠리
Su Chili

태국 전통 모양의 지붕이 눈에 띄는 곳으로 서양인 여행자를 대상으로 하지만 제대로 된 태국 음식을 맛볼 수 있다. 카레류를 비롯해 다양한 종류의 태국 음식을 갖추고 있다. 더 자극적인 맛을 원한다면 주문 시 적당하게 조절할 수 있다. 영어 간판과 메뉴판이 있어 찾기도 쉽고 주문에도 어려움이 없다. 비교적 큰 규모로, 내부는 깔끔한 편이다.

지도 p.235-B
위치 싸이리 빌리지, 파랑고 맞은편
오픈 10:00~22:30
요금 태국 음식 75B~, 콜라 35B, 싱하 80B
전화 090-141-1577

`RESTAURANTS`

제스트 커피 하우스 2
Zest Coffee House 2

코타오에 장기 거주하는 외국인 여행자의 단골 밥집 겸 사랑방 같은 곳이다. 커피와 샐러드, 샌드위치, 버거 등이 저렴하면서 양도 많고 맛까지 훌륭하니 단골이 많은 것은 당연한 일. 샐러드는 기본적인 채소와 달걀, 햄, 치즈, 견과류 중 기호에 맞는 재료, 소스의 3단계로 나누어 주문한다. 샌드위치나 버거 등도 역시 다양한 빵과 속 재료를 선택할 수 있다. 커피나 주스 등도 제대로 맛을 내고 모든 메뉴와 커피는 테이크아웃이 가능하다. 무선 인터넷은 무료이고, 매핫에 첫 번째 지점이 있다.

지도 p.235-A
위치 싸이리 비치와 싸이리 빌리지 중간
주소 23/4 Moo 1, Sairee Village
오픈 07:00~17:00
요금 아침식사 55B~, 샌드위치 60B~, 샐러드 160B~, 커피 40B~
전화 077-456-177

`RESTAURANTS`

센시 파라다이스 레스토랑
Sensi Paradise Restaurant

투명한 에메랄드빛 바다와 이어져 탁월한 전망을 자랑한다. 투숙객 이외에는 이용하는 사람이 드물어 조용하고 여유롭다. 메뉴는 태국 음식부터 서양 음식까지 모두 있고 리조트에서 운영하는 레스토랑이지만 가격 부담이 없어 더욱 좋다. 저녁보다는 경치를 감상할 수 있는 점심에 꼭 한 번 들러서 식사할 것을 권한다.

지도 p.234-C
위치 센시 파라다이스 리조트 내
주소 27 Moo 2, Mae Haad Beach
오픈 11:00~22:00(마지막 주문 21:00)
요금 샌드위치 180~250B, 파스타 160~300B, 콜라 30B, 싱하 90B
전화 077-456-244
홈피 www.sensiparadise.com

RESTAURANTS

파핌 레스토랑
Pa Pim Restaurant

치킨라이스 마니아에겐 더없이 반가운 곳. 태국식 닭고기덮밥인 카오만까이를 전문으로 하는 작은 식당이지만 코타오 현지인이라면 모르는 사람이 없을 정도로 유명하다. 야들야들하고 담백한 닭고기 맛이 일품이다. 카오만까이를 주문하면 함께 나오는 육수도 시원하다. 돼지고기 족발덮밥인 카오카무도 먹을 만하다. 원래 문을 닫는 시간은 오후 3시지만 재료가 떨어지면 장사를 끝내니 늦지 않게 서두를 것. 바로 앞에는 태국 로컬 식당인 롱 레스토랑(Long Restaurant)이 있다.

지도 p.235-D
위치 매핫 피어 로드 끝 삼거리에서 찰록반카오 방면으로 우회전, 주유소 옆
주소 8/15, Mae Haad
오픈 07:00~15:00
요금 카오만까이 70~80B, 카오카무 70~80B
전화 077-456-129

RESTAURANTS

커피 하우스
Coffee House

반스 다이빙 리조트에서 운영하며, 선착장과 가까워 매핫을 오가는 여행자에게는 사랑방 같은 장소이다. 2층 건물로 되어 있는데, 천정이 높고 하얀 커튼이 드리워진 1층 오픈에어의 테라스 좌석은 차 한잔의 여유를 즐기려는 여행자에게 인기이다. 커피나 주스 등의 음료와 함께 곁들이면 좋은 조각 케이크와 와플 외에 내가 원하는 재료만 선택해서 카나페도 주문할 수 있다. 브렉퍼스트 세트에는 달걀, 토스트, 커피나 주스가 포함되며 가격은 120B이다. 싸이리 빌리지에도 있다.

지도 p.235-C
위치 매핫 선착장 바로 앞
오픈 07:00~22:30(베이커리 08:30~16:00)
요금 샌드위치 140B, 조각 케이크 60B, 커피 60B, 차 60B, 주스 70B
전화 077-456-638

RESTAURANTS

파랑고
Farango

10년 이상 코타오에서 인기를 누리고 있는 이탈리안 레스토랑이다. 새롭게 선보인 브렉퍼스트 메뉴는 09:30~14:00에 제공된다. 커피와 주스 그리고 홈메이드 빵 종류 외에 햄이나 소시지, 치즈 등으로 구성되어 있으며 늦은 아침을 즐기는 여행자에게 인기다. 특히나, 피자가 맛있기로 소문이 자자한데 기름기가 적고 쫄깃한 도우가 이집의 특징이다. 마르게리타 피자가 180B 정도이며 30가지가 넘는 토핑을 각자의 입맛에 맞게 주문할 수 있다. 그 외에 파스타와 뉴질랜드에서 수입한 소고기로 만든 스테이크도 490B에 즐길 수 있다.

지도 p.235-B
위치 싸이리 빌리지
주소 30/3 Moo 1, Sairee Village
오픈 09:30~23:00(마지막 주문 22:00)
요금 파스타 140~280B, 피자 150~330B, 콜라 45B, 싱하 80B
전화 077-456-205

RESTAURANTS

뉴 헤븐 베이커리
New Heaven Bakery

싸이리의 터줏대감 카페 겸 베이커리. 샌드위치와 버거 종류가 인기 있다. 곡물 식빵에 닭가슴살과 신선한 토마토를 넣은 클럽 샌드위치도 좋고 두툼한 모차렐라 치즈와 베이컨이 들어간 그릴 치즈 샌드위치도 맛있다. 직접 간 원두로 뽑아내는 커피 맛도 일품이다. 모두 테이크아웃이 가능해서 해변이나 숙소에서 먹어도 좋다. 내부는 여유롭고 쾌적하게 꾸며져 있고 책과 잡지 등도 많아 시간을 보내기에도 적당하다. 무선 인터넷도 무료로 사용 가능하다.

지도 p.235-A
위치 싸이리 빌리지, 실버 샌즈 타이 마사지 근처
오픈 07:30~20:00
요금 샌드위치 90~120B, 버거 140~180B, 주스 80B, 커피 50~90B
전화 077-456-554

RESTAURANTS

뉴 헤븐 레스토랑
New Heaven Restaurant

찰록반카오에서 존수완 뷰포인트 가는 길에 자리 잡고 있는 뉴 헤븐 방갈로(New Heaven Bungalow)의 부속 레스토랑이다. 샤크 베이와 자마키리 스파 & 리조트가 한눈에 보이는 시원한 전망 덕분에 찾아오는 사람이 많다. 나무로 만든 테라스 형태의 공간에 태국 삼각 방석을 놓은 좌석을 갖추고 있다. 전망만큼은 시원하지만 관리에 소홀해서 지저분한 편이며 모기도 꽤 있다. 점심보다 저녁 메뉴가 더 비싸고 메뉴도 달라진다. 식사보다는 간단히 음료수를 마시며 바다를 감상하고 쉬어가기 좋다.

지도 p.234-E
위치 찰록반카오에서 프리덤 비치 방면
주소 44 Moo 3, Thian Og Bay
오픈 08:30~21:30
요금 브렉퍼스트 세트 170~190B, 콜라 40B, 아이스커피 90B, 싱하 90B
전화 077-456-462
홈피 www.facebook.com/Blueheavenbynewheaven

RESTAURANTS

코피 베이커리
Koppee Bakery

코피는 필터로 걸러 향이 진하고 구수한 커피로 중국계 태국인이 많은 트랑(Trang)을 비롯한 태국 남부에서 주로 마신다. 이곳은 반탈레이 리조트의 부대시설로, 이곳의 코피는 전통적인 스타일이라기보다는 퓨전 스타일로 오리지널 코피보다는 맛이 순하다. 브라우니, 모카케이크 등의 케이크, 샌드위치 등도 판매한다. 인터넷 카페도 겸한다.

지도 p.234-E
위치 찰록반카오, 코타오 리조트 맞은편
주소 Baan Talay Resort, Ao Leuk
오픈 07:30~19:00
요금 샌드위치 80~110B, 커피 40B, 홍차 40B, 주스 80B
전화 077-456-587
홈피 www.baantalaykohtao.com

RESTAURANTS

카페 델 솔
Cafe Del Sol

레스토랑 겸 그릴로 매핫의 랜드마크 역할을 한다. 매핫에 온다면 수없이 이 앞을 지나치게 된다. 가벼운 아침식사부터 피자와 파스타, 스테이크 등을 선보이고 꽤 긴 와인 리스트를 갖추고 있다. 피자 등은 포장과 배달도 가능하고, 무선 인터넷도 무료다. 자마키리 스파 & 리조트 부티크(선착장 리셉션)와 카페 델 솔 사이에 있는 골목 안쪽은 싸이리 비치로 넘어가는 도로와 이어진다.

지도 p.235-C
위치 매핫, 불러바드 로드
주소 9/9 Moo 2, Mae Haad
오픈 08:00~22:00
요금 파스타 180~280B, 샌드위치 100B~, 스테이크 340B~, 콜라 40B, 싱하 90B
전화 077-456-578
홈피 www.cafedelsol.ws

RESTAURANTS

카푸치노 비스트로
Cappuccino Bistro

코타오에 사는 프랑스식 베이커리와 커피를 즐기는 외국인에게 특히 인기가 많다. 아침 일찍 영업을 시작해 아침식사를 하려는 여행자도 많이 찾는다. 브렉퍼스트 세트나 갈릭 브레드도 인기 있다. 한낮의 더위를 잠시 피하거나 테라스 좌석에 앉아 지나가는 사람들을 구경하기에도 딱 좋다. 매핫 피어 로드와 찰록반카오에도 지점이 있다.

지도 p.235-C
위치 매핫 피어 로드, 사파리 그릴 건너편
주소 6/9, Mae Had
오픈 07:00~18:00
요금 샌드위치 70B, 파스타 120~170B, 홍차 50B, 커피 60B
전화 077-456-870
홈피 www.cappuccino-frenchibistr.com

NIGHTLIFE

로터스 바
Lotus Bar

로터스 리조트에서 운영하며 싸이리 비치를 따라 늘어선 바 중 사람이 가장 많은 곳을 찾았다면 빙고! 건강한 맨발의 섬인 코타오에 해가 지고 어둠이 깔리면 사람들이 삼삼오오 모여드는 곳이다. 흥겨운 힙합 음악에 맞추어 매일 저녁 8시 30분부터 불 쇼가 시작된다. 피크 타임인 밤 10시경에는 빈 해변 좌석을 찾기 힘들 정도다. 해변에서 벌어지는 불 쇼는 태국에서 쉽게 볼 수 있는 장면이지만 한자리에서 정적으로 진행되는 것이 아니라 손님과 손님 사이를 넘나들며 묘기를 보여주기 때문에 지루할 틈이 없다. 돗자리를 깔고 삼각 방석을 놓은 좌석이 깔끔해서 주저 없이 해변의 좌석을 찾게 된다. 좌석 바로 앞에 모래를 동그랗게 파서 안에 촛불을 놓았는데 촛불이 꺼지지 않게 한 아이디어도 좋지만 로맨틱한 분위기를 연출해 낭만적이다.

지도 p.235-A
위치 싸이리 비치
주소 9/9 Moo 1, Sairee Beach
오픈 07:30~22:30
요금 상하 100B, 칵테일 220B
전화 077-456-628

NIGHTLIFE

피즈 비치 라운지
Fizz Beach Lounge

피즈는 '신선하다'라는 뜻으로 싸이리 비치를 걷다 보면 신선한 라임색의 좌식 소파가 놓인 바가 눈에 띈다. 오래 전 작은 바로 시작해서 지금은 레스토랑 겸 바로 성업 중이다. 바로 이웃한 로터스 바가 대중적이고 흥겨운 분위기라면 이곳은 좀 더 차분하고 도시적인 느낌이다. 호텔 라운지 스타일로 이른 저녁부터 일몰을 감상하며 식사와 술을 함께 즐기려는 사람들로 북적인다. 태국 음식이 저렴한 편이다. 식사 시간이 지나면 하우스 뮤직이 주를 이루고 매주 토요일에는 DJ가 믹싱하는 힙합이나 레게 등도 들을 수 있다.

지도 p.235-A
위치 싸이리 비치, 로터스 바 바로 옆
오픈 11:00~01:00
요금 샌드위치 80~100B, 버거 180B, 상하 90B, 칵테일 170B

`NIGHTLIFE`

마야 비치 클럽
Maya Beach Club

싸이리 중심가에서 조금 떨어져 있지만, 비치 클럽이라는 이름 답게 야자수로 둘러싸인 예쁜 해변에 멋진 비치 베드가 놓여 있다. 한낮에는 바다를 바라보며 휴식을 취하거나, 비치 베드에서 일광욕을 즐기다가 열기를 식히러 바다로 뛰어드는 손님이 주를 이룬다. 해변 앞에 패들 보트를 세워놓고 1시간에 250B로 빌려 주기도 한다. 저녁 무렵에는 본격적으로 라이브 공연과 인터내셔널 DJ가 믹싱하는 음악에 한잔 즐기러 온 여행자로 북적인다. 오후에 문을 열며 늦은 저녁까지 운영한다.

지도 p.234-C
위치 싸이리 비치의 남단
주소 25/72 Moo 2, Sairee Beach
오픈 12:00~24:00
요금 콜라 30B, 싱하 80B, 칵테일 140~200B
전화 081-894-4594

`NIGHTLIFE`

초퍼스 바 & 그릴
Choppers Bar & Grill

전형적인 영국 펍으로 해가 있을 때는 식당으로, 해가 지면 바로 변신한다. 2층으로 되어 있고, 1층 바 앞에 늘어선 테이블은 맥주 한잔하려는 사람들로 꽉꽉 들어찬다. 당구대에서 당구를 즐기거나 맥주를 마시며 커다란 스크린을 통해 축구 경기를 즐기는 사람도 많다. 매주 목요일은 레이디스 데이로 여성 고객에게 음식과 음료를 할인해준다.

지도 p.235-A
위치 싸이리 빌리지, 반스 애비뉴 게스트하우스 맞은편
주소 Moo 1, Sairee Village
오픈 09:00~24:00
요금 식사 140~240B, 싱하 80B, 하이네켄 90B, 칵테일 160~180B
전화 077-456-641
홈피 www.choppers-kohtao.com

`NIGHTLIFE`

퀸스 카바레
Queen's Cabaret

코타오에서도 카토이 쇼인 카바레 쇼를 볼 수 있다. 본격적인 쇼라기엔 규모도 작고 구성도 어설프지만 건전한 놀이터로서 정겨움이 묻어난다. 무대 위에 있는 사람이나 무대 아래에 있는 사람이나 모두 재밌게 즐기고 화기애애한 분위기로 가족적이고 열정적이다. 입장료는 따로 없고 맥주나 칵테일 등 음료를 마시면서 쇼를 감상하면 된다. 쇼는 밤 10시 30분에 시작해 문을 닫는 자정까지 계속된다.

지도 p.235-A
위치 싸이리 플라자 내
주소 Lotus Square, Sairee Village
오픈 22:20~24:00
요금 싱하 170B

| SPA |

자마키리 스파
Jamahkiri Spa

자마키리 스파 & 리조트 내에 자리한 스파이지만 외부에서 찾아오는 고객도 상당한 편이다. 원래 자마키리 스파 & 리조트는 자마키리 스파에서 출발했다. 벨기에가 고향인 운영자 루카스 씨는 테라피스트인 부인과 함께 2000년 자마키리 스파를 오픈하고 명성을 얻게 되자 2005년에 자마키리 스파 & 리조트를 오픈했다. 수영장과 함께 가장 전망이 좋은 곳에 자리 잡아 샤크 베이의 멋진 경치를 감상할 수 있다. 바위를 이용한 허브 스팀 사우나를 갖추었으며 스파 전후로 이용할 수 있다. 페이셜 마사지가 특히 인기 있으며 3~4시간 동안 진행되는 스파 패키지는 저렴해서 이용해볼 만하다.

예약하면 '자마키리 부티크(자마키리 스파 & 리조트 부티크)'라고 부르는 매핫의 오피스에서 픽업 서비스를 받을 수 있고, 500B의 추가 비용을 내면 수영장, 피트니스 센터 등의 부대시설도 이용할 수 있다.

지도 p.234-F
위치 자마키리 스파 & 리조트 내
주소 21/2 Moo 3, Shark Bay(Had Tien)
오픈 10:00~22:00
요금 타이 마사지 800B(1시간), 페이셜 마사지 950B(45분), 스파 패키지 1950B(3~4시간)~
전화 077-456-400
홈피 www.jamahkiri.com

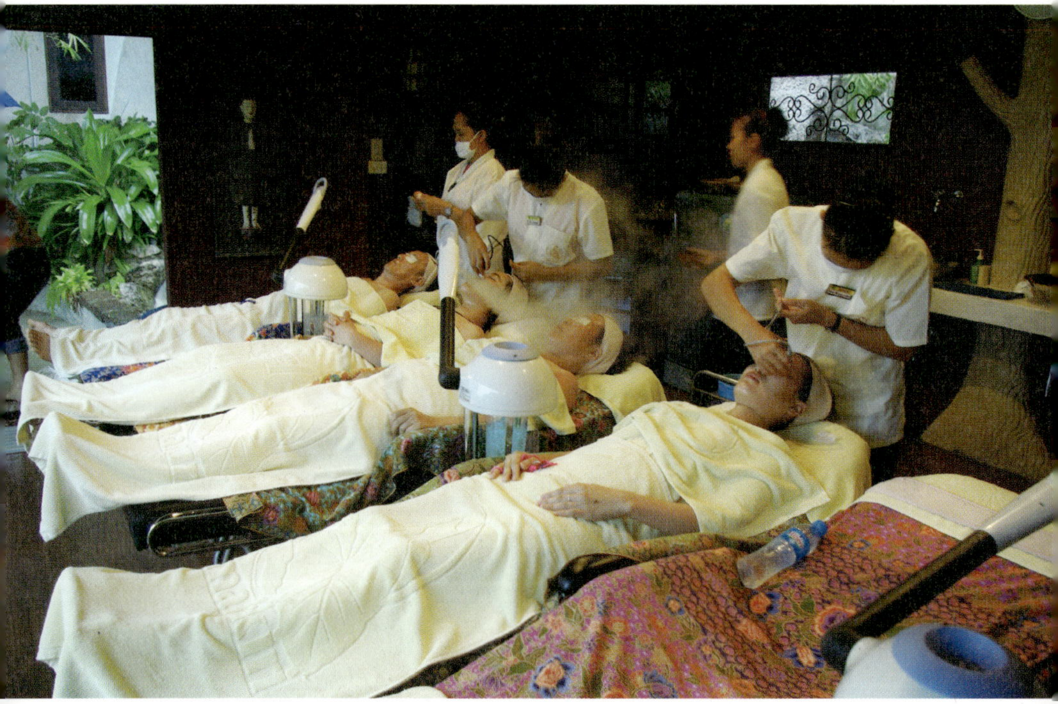

SPA
라빌레 스파 & 마사지
Laville Spa & Massage

지중해풍의 감각적인 인테리어와 시설을 갖춘 곳으로 제대로 된 스파 서비스를 받을 수 있다. 타이 마사지나 발 마사지보다는 아로마테라피 마사지 등의 메뉴가 결합된 스파 패키지를 추천한다. 아로마테라피에 사용하는 오일은 취향과 체질에 맞게 고를 수 있다. 여러 허브를 믹스해서 만든 허브 볼 마사지도 인기 프로그램. 스파 후에는 따뜻한 차를 서비스로 제공한다. 스파 트리트먼트 룸이 7개 정도로 기다리지 않고 스파를 받으려면 예약하고 가는 것이 좋다.

지도 p.235-B
위치 싸이리 빌리지, 반스 애비뉴 골목
주소 14/13 Moo 1, Sairee Village
오픈 11:00~23:00
요금 코코넛 오일 마사지 600B, 타이 마사지 400B(1시간 기준)
전화 087-056-1938

SPA
마야 스파
Mayya Spa

반스 애비뉴 게스트하우스 입구 옆에 자리한 뷰티 살롱 겸 스파이다. 1층에는 미용실 개념의 공간이 자리하고 2층에는 마사지용 베드가 있다. 뷰티 살롱에 집중하는 만큼 매니큐어나 페디큐어, 염색 등에 더 재능이 있다. 근육을 깊이 자극하는 스웨디시 마사지는 1시간에 600B 정도. 헤어 커트와 헤어 트리트먼트 서비스도 받을 수 있다.

지도 p.235-A
위치 초퍼스 바 & 그릴 맞은편
주소 14/33 Moo 1, Sairee Village
오픈 10:00~22:00
요금 헤어 커트 300~400B, 매니큐어 & 페디큐어 400B, 타이 마사지 300B(1시간)
전화 088-753-3678

SPA
실버 샌즈 타이 마사지
Silver Sands Thai Massage

실버 샌즈 리조트에서 운영하는 곳으로 인근 마사지 숍 중 타이 마사지 등은 단연 그 실력이 돋보인다. 어느 마사지 숍을 방문하느냐보다는 어느 마사지사를 만나느냐가 더 중요하지만, 마사지사의 실력이 어느 정도 평준화되어 비교적 안심하고 방문할 수 있다. 실버 샌즈 리조트 건물에 있지 않으며, 작은 도로를 사이에 두고 모두 2개의 지점이 있다.

지도 p.235-A
위치 싸이리 비치, 피즈 비치 라운지 근처
주소 14/102 Moo 2, Sairee Beach
오픈 10:00~23:00
요금 타이 마사지 300B, 발 마사지 300B(1시간 기준), 매니큐어 150B~
전화 077-456-606
홈피 www.silver-sands-resort.com

| SPA |

로터스 마사지
Lotus Massage

싸이리 비치에는 로터스 리조트가 크게 있으며 함께 운영하는 여행사, 바, 마사지 숍 등이 몰려 있다. 발 마사지 의자 5개, 타이 마사지 베드 7개를 갖춘 작은 마사지 숍으로 깨끗하게 관리한다. 로터스 레스토랑에서 해변 쪽으로 로터스 바 가는 길목에 로터스 스파라는 지점도 함께 운영 중이다. 로터스 리조트 체크인 고객에게는 이곳에서 서비스로 30분간 마사지를 제공한다.

지도 p.235-A
위치 싸이리의 로터스 스퀘어
주소 Lotus Square, Sairee Village
오픈 10:00~23:00
요금 타이 마사지 300B, 발 마사지 300B(1시간 기준)
전화 077-456-962

| SPA |

초창 마사지
Cho Chang Massage

코타오에서 오래된 마사지 숍으로 시설은 최근에 생긴 마사지 숍에 비해 다소 열악한 편이다. 싸이리에만 2개의 지점이 있고 인근의 마사지 숍 중에서도 꾸준하게 단골손님이 많은 곳이다. 직원들도 비교적 친절하고 마사지 실력도 좋은 편. 자정까지 영업한다.

지도 p.235-B
위치 싸이리의 로터스 스퀘어
주소 Lotus Square, Sairee Village
오픈 10:00~24:00
요금 타이 마사지 300B, 발 마사지 300B, 오일 마사지 350B(1시간 기준)
전화 077-457-052~3

 Tip
조금 더 깨끗한 시설을 원한다면 카페 델 솔 골목 안의 PC 마사지(PC Massage)를 추천한다. 초창 마사지보다 50~100B 정도 비싼 편이지만 내부가 상당히 쾌적하게 꾸며져 있다.

| SPA |

마사지 스테이션 2
Massage Station 2

매핫 피어 로드에만 2곳이 있으며, 선착장에 있는 곳이 2호점이다. 코타오에 도착하면 가장 먼저 눈에 띄는 위치라 찾기 쉽다. 하얀색 외벽의 2층 건물은 모두 마사지 시설로 이용되며, 1층은 주로 발 마사지를 위한 시설이다. 안쪽으로는 타이 마사지용 베드가 놓여 있다. 타이 마사지가 1시간에 300B 정도이며, 오일 마사지는 400B이다. 알로에나 왁싱도 가능하다.

지도 p.235-C
위치 매핫 선착장 앞, 커피 하우스 옆
오픈 10:00~22:00
요금 타이 마사지 300B, 발 마사지 300B(1시간 기준)
전화 096-751-5322

> STAYING

센시 파라다이스 리조트
Sensi Paradise Resort

하루에도 수많은 선박이 드나드는 매핫 선착장이 바로 옆에 있음에도 리조트 앞 해변은 평화롭고 조용하다. 해변을 단독으로 사용하는데 수심이 얕은 에메랄드빛 바다가 무척 아름답다. 한쪽에는 바위가 많아 스노클링 포인트가 되기도 한다.

리조트를 오픈한 지 30년 가까이 됐다는 것이 믿기지 않을 만큼 전반적인 시설은 관리가 잘된다. 총 52개인 객실은 모두 방갈로 타입으로 서로 간격이 넓어 조용하고 프라잇빗하다. 티크로 지어져 아기자기하면서 로맨틱한 느낌이 든다. 모든 객실에 테라스가 있고 쉴 수 있는 의자가 준비되어 있다. 넓은 부지에 잘 가꾼 정원이 한층 여유를 더해준다. 팬 룸부터 가족을 위한 2-베드룸까지 선택의 폭이 넓다.

나이트라이프를 즐기기보다는 조용한 휴식을 원하는 여행자, 가족여행객 등에게 적합한 리조트라 할 수 있다. 리조트 뒤로는 짠쏨 베이(Jan Som Bay)로 넘어가는 언덕이 있다. 배 시간에 맞춰 체크인, 체크아웃 시간을 조절해주기도 한다.

지도 p.234-C
위치 매핫 선착장에서 도보 10분
주소 27 Moo 2, Mae Haad
요금 슈피리어 2900B~, 로맨틱 스위트 5000B~
전화 077-456-244
홈피 www.sensiparadise.com
부속 센시 파라다이스 레스토랑(p.246)

STAYING

로터스 리조트
Lotus Resort

기존의 방갈로형 숙소 앞에 빌딩 타입의 숙소가 추가된 리조트로 싸이리에서 가장 중심에 자리한다. 빌딩에 위치한 객실은 상당히 큰 편이나 엘리베이터가 없기 때문에 짐을 옮길 때 다소 불편할 수 있다. 주변에는 레스토랑 등의 편의 시설이 많다. 특히 싸이리 플라자가 바로 지척에 있고, 로터스 로드라 불리는 작은 골목에는 이곳 리조트에서 운영하는 마사지 숍, 여행사 등이 있다. 함께 운영하는 바는 나이트라이프의 최전선에 있다. 기존의 로터스 방갈로 자리에 있는 수영장을 이용할 수 있으며, 예약 시 아침식사를 포함하면 숙소와 조금 떨어진 로터스 레스토랑에서 세트 메뉴를 제공한다.

지도 p.235-A
위치 싸이리 비치 중앙
주소 9/99 Moo 1, Sairee Beach
요금 슈피리어 1300B~, 디럭스 1500B~
전화 077-456-628
홈피 www.lotusresortkohtao.com
부속 로터스 바(p.250), 로터스 마사지(p.254)

STAYING

탈라싸 호텔
Thalassa Hotel

코타오에서는 보기 드물게 상당히 스타일리시하다. 그리스의 산토리니를 그대로 옮겨놓은 듯한 곳으로 지중해 바다를 닮은 푸른색이 객실을 감싸고 숙소 곳곳에서 싱그러운 터키 블루 컬러를 만날 수 있다. 해변을 접하지는 않지만 싸이리 빌리지에서도 가장 핫한 골목에 있어 위치가 일단 합격점이다. 3층 건물에 총 20여 개의 객실을 보유한다. 모든 객실에 TV가 있고 무선 인터넷을 무료로 사용할 수 있다. 16개의 스탠더드와 4개의 슈피리어로 나뉘고 일반 객실인 스탠더드는 20㎡로 단정하지만 다소 작은 느낌이다. 슈피리어는 스탠더드에 2~3인용 소파가 놓인 구조라 보면 무방하다.

지도 p.235-A
위치 싸이리 빌리지, 반스 애비뉴 내
주소 17/100 Moo 1, Sairee Village
요금 스탠더드 US$50~, 슈피리어 US$70~
전화 077-456-791
홈피 thalassakohtao.com

STAYING

자마키리 스파 & 리조트
Jamahkiri Spa & Resort

코타오에서 가장 고급 숙소에 속하는데 처음에는 스파에서 출발했다. 가끔씩 상어가 출몰한다 하여 붙여진 이름인 샤크 베이(Shark Bay)에 자리한다. 이 샤크 베이의 언덕을 따라 객실이 들어서 있는데 고도가 매우 가파르고 큰 바위가 많은 지형이다. 바위를 동굴처럼 감싸고 흰색 회벽칠을 하고 꽃과 조경을 이용해 아름답게 가꾸었다. 바닷가에 위치한 유럽의 어느 마을에 온 느낌이다. 수영장 주변이 아름답고 전망도 탁월하다. 리조트 곳곳이 뷰포인트라고 해도 될 만큼 다양한 전망을 즐길 수 있다. 하지만 계단이 많고 가파르기 때문에 체력적인 소비도 만만치 않은 단점이 있다. 홈페이지를 통해 예약하고, 배 시간을 알려주면 무료 픽업 서비스를 이용할 수 있다.

지도 p.234-F
위치 코타오 동남쪽, 샤크 베이
주소 21/2 Moo 3, Shark Bay
요금 디럭스 3760B~
전화 077-456-400
홈피 www.jamahkiri.com
부속 자마키리 스파(p.252)

STAYING

핫티엔 비치 리조트
Haadtien Beach Resort

샤크 베이라고도 불리는 핫티엔에 자리한 고급 숙소다. 휴양을 위한 완벽한 자연환경에 둘러싸여 있다. 에메랄드 빛을 품은 잔잔한 해변과 고운 모래, 숙소와 해변 사이에 마치 울타리처럼 쳐져 있는 키 작은 나무와 야자수는 리조트의 가치를 높이는 완벽한 환경이라 할 수 있다. 리조트 객실과 해변 사이에 있는 미니멀한 수영장은 도심의 고급 숙소가 떠오르는 세련된 디자인을 보여준다. 총 70여 개의 객실은 티크로 지어진 빌라 타입으로 일반 객실부터 풀빌라까지 종류가 다양하다. 하이드어웨이 빌라는 바다가 살짝 보이는 전망으로 해변으로부터 가장 멀리 떨어져 있는 객실이다. 겟어웨이 빌라는 하이드어웨이 빌라와 객실 크기는 같지만 창이 넓고 바다 전망이 좋다. 시내인 싸이리 빌리지까지 셔틀버스를 운행한다.

지도 p.234-F
위치 코타오 동남쪽, 샤크 베이
주소 19/9 Moo 3, Shark Bay(Had Tien)
요금 하이드어웨이 빌라 3630B~, 겟어웨이 빌라 4360B~
전화 077-456-580
홈피 www.haadtien.com

> STAYING

반스 다이빙 리조트
Ban's Diving Resort

1993년 다이빙 교육을 받는 수강생이 묵는 숙소에서 시작해 이제는 휴양을 위한 리조트의 모습을 갖추었다. 깔끔하고 쾌적하게 꾸며진 객실은 도로를 사이에 두고 나뉘는데, 각각 양쪽에 수영장이 별도로 있다. 바다와 거의 맞닿은 레스토랑은 저렴하고 맛있기로 소문나서 주변의 다른 숙소에 머무는 여행자에게도 인기가 좋다. 싸이리 비치가 본격적으로 시작되는 지점에 위치하고 주변에 마트, ATM 등의 편의 시설이 많아 편리하다. 다이빙 교육을 함께 받는 경우 30~50% 할인 혜택이 주어지고 한국인 다이브 숍이 입점해 있어 도움을 받을 수 있다.

지도 p.234-C
위치 싸이리 비치의 남쪽
주소 3/1 Moo 1, Sairee Beach
요금 디럭스 가든 뷰 2370B~, 스위트 가든 3790B~
전화 077-456-466
홈피 www.bansdivingresort.com

> STAYING

팁위만
Thipwimarn

코타오에서 손꼽히는 고급 숙소로 특히 객실만큼은 코타오 내 최고 수준이다. 높은 천장은 시원하게 느껴지고 캐노피 침대와 보랏빛 침구는 로맨틱한 분위기다. 싸이리 비치에서 차로 5분 정도 가야하는 언덕에 있어 전용 해변은 없지만 전망이 좋은 편이다. 직원들도 상당히 정중하고 친절해서 교통이 불편한 점만 고려한다면 좋은 선택이 될 수 있다. 주변에 다른 시설도 거의 없어 조용하고 한적하게 쉬기 좋다.

지도 p.234-A
위치 싸이리 비치의 북단 언덕
주소 16/7 Moo 1, Sairee Beach
요금 가든 빌라 1500B~, 부티크 2900B~
전화 077-456-409
홈피 www.thipwimarnresort.com

> STAYING

코타오 카바나
Koh Tao Cabana

싸이리 비치 북단은 바위가 많은 언덕으로 둘러싸여 있는데, 이 언덕을 포함한 넓은 부지에 자리 잡은 숙소다. 객실과 해변 사이의 넓은 녹지와 시원한 야자수는 이곳만의 여유로운 공간이다. 메인 수영장은 없지만 투숙객을 위해 해변에 선베드가 넉넉하게 준비되어 있다. 객실은 크게 화이트샌드 빌라와 코티지 빌라로 나뉘며 조개껍데기와 대나무로 꾸민 자연 친화적인 모습이다. 싸이리 비치가 한눈에 보이는 림 래(Rim Lae) 레스토랑은 밤에는 로맨틱한 분위기로 변모한다.

지도 p.234-C
위치 싸이리 비치 북단, 코럴 그랜드 리조트 옆
주소 16 Moo 1, Sairee Beach
요금 코티지 4050B~, 화이트샌드 4625B~
전화 077-456-504~5
홈피 www.kohtaocabana.com

[STAYING]

반스 애비뉴 게스트하우스
Ban's Avenue Guest House

위치가 좋고 깨끗한 객실을 찾는 여행자에게는 희소식이 될 만한 숙소다. 코타오에서 숙소, 식당, 다이빙 등 여러 비즈니스로 유명한 반스 그룹에서 운영하는 게스트하우스다. 노출 콘크리트 콘셉트로 도시적인 느낌을 강조한 스타일로 꾸며져 있다. 총 15개의 객실은 도미토리부터 2~3인실 등 다양하게 구성되어 있다. 맨발의 섬인 코타오답게 1층 리셉션에서 모두 신발을 벗고 객실로 올라가야 한다. 1층 상가에는 여러 가지 브랜드를 모아놓은 편집숍과 스파, 여행사 등이 자리한다.

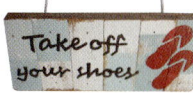

지도 p.235-A
위치 싸이리 빌리지, 반스 애비뉴 내
주소 Moo 1, Sairee Village
요금 슈피리어 1200B~
전화 077-456-466

[STAYING]

시셸 리조트
Seashell Resort

싸이리 비치 중앙에 위치해 편리한 입지가 돋보인다. 리조트 앞 해변에는 다이브 숍과 마사지 숍 등이 있고, 특히 바다 전망이 시원한 레스토랑이 인기 있다. 키가 큰 나무를 둘러싼 정자는 이곳의 트레이드마크로 싸이리 비치를 오가는 사람들의 쉼터가 되어주기도 한다. 객실은 기존의 방갈로 타입과 해변 쪽 건물에 자리한 객실로 나뉜다. 여유로운 정원에는 녹지가 많아 가슴이 탁 트이는 시원함과 함께 마음의 평화로움을 느낄 수 있다.

지도 p.235-A
위치 싸이리 비치 중앙
주소 9/1 Sairee Beach
요금 디럭스 가든 뷰 1750B~, 슈피리어 가든 뷰 1995B~
전화 077-456-299
홈피 www.seashell-kohtao.com

[STAYING]

코럴 그랜드 리조트
Coral Grand Resort

싸이리 비치의 인기 숙소로 야자수가 많은 넓은 정원이 있다. 총 75개의 객실은 모두 방갈로 타입이다. 티크를 많이 사용한 객실 내부는 아기자기하고 쾌적하다. 길게 난 창으로 정원을 감상할 수 있으며, 욕실은 돌과 나무 욕조 등으로 꾸며져 특이한 모습이다. 해변과 바로 접한 수영장과 그 옆의 레스토랑도 전망이 훌륭하다. 저녁에는 저렴한 가격에 해산물 바비큐를 즐길 수 있다.

지도 p.234-C
위치 싸이리 비치 북단
주소 15/4 Moo 1, Sairee Beach
요금 코티지 1600B~, 디럭스 비치 프런트 2500B~
전화 077-456-431
홈피 www.kohtaocoral.com

STAYING

코타오 리조트
Koh Tao Resort

코타오에서 싸이리 비치 다음으로 번화한 찰록반카오에 자리한다. 코타오에 자리 잡은 지 20년이 넘는 터줏대감으로 찰록반카오 일대에서는 가장 규모가 큰 리조트이기도 하다. 연륜이 느껴지는 곳으로 전반적인 관리나 직원들의 체계적인 서비스가 안정적이다. 아늑하고 아름다운 찰록반카오 비치를 바로 접한 수영장에서 바라보는 전망이 좋다. 싸이리 비치까지 셔틀버스(유료)를 이용할 수 있고 바로 앞에 코피 베이커리가 있어 커피를 마시며 인터넷을 하기에도 좋다. 코타오 리조트의 자매 호텔인 파라다이스 존이 가까이 위치한다.

지도 p.234-E
위치 찰록반카오 서쪽
주소 19/1 Moo 3, Chalok Baan Kao
요금 슈피리어 2100B~, 디럭스 2450B~
전화 077-456-133
홈피 www.kotaoresort.com

STAYING

파라다이스 존
Paradise Zone

코타오 리조트에서 새로 오픈한 리조트로 산 정상에 자리 잡고 있어 스펙터클한 전망을 즐길 수 있다. 특히 수영장에서는 바다로 향한 곳을 중심으로 찰록반카오 비치와 샤크 베이가 모두 보이는 절경을 자랑한다. 체리목과 화려한 자수를 사용한 객실은 슈피리어를 시작으로 총 7개의 다양한 등급으로 구성된다. 모든 객실에는 테라스가 있어 전망을 감상할 수 있다. 홈페이지에 각 객실 사진과 요금 안내가 잘 되어 있으니 참고하자.

지도 p.235-E
위치 찰록반카오 내륙 방면
주소 9/1 Moo 3, Chalok Baan Kao
요금 디럭스 2500B~, 1-베드룸 5500B~
전화 077-456-133
홈피 www.kotaoresort.com/paradise

STAYING

참추리 빌라
Charm Churee Villa

매핫에서 작은 산을 하나 넘어가면 나오는 짠쏨 베이(Jansom Bay)에 위치한다. 짠쏨은 이곳 운영자 이름으로 개인이 소유한 해변이다. 투숙객이 아닐 경우 100B의 입장료를 내야 한다. 바위로 둘러싸인 해변의 전경은 무척 시원하고 아름답다. 간단한 식사도 가능한 풀 바의 가격대가 적당해 리조트 내에서 시간을 보내기에는 좋으나 외부로의 출입은 불편하다. 객실은 다소 촌스럽고 투박하지만 바다 전망만큼은 백만불짜리다.

지도 p.234-C
위치 짠쏨 베이
주소 30/1 Moo 2, Jansom Bay
요금 슈피리어 2330B~, 선셋 코티지 4950B~
전화 077-456-393
홈피 www.charmchureevilla.com

STAYING

몬트라 리조트
Montra Resort

코럴 그랜드 리조트에서 2008년 오픈한 리조트다. 이 숙소가 문을 열면서 코타오 이제 휴양을 위한 장소로 이름을 다시 쓰는 계기가 되었다. ㄷ자 형태의 객실 건물이 수영장을 둘러싼 형태로 객실 내부는 현대적인 시설을 갖추고 있다. 성인 셋이 누워도 좋을 넓은 침대와 데이 베드에 수납공간도 충분하다. 깊이가 다른 2개의 수영장은 코타오 내에선 단연 시원한 사이즈를 자랑한다. 다이빙 숍과 스파 등의 부대시설도 갖추었다. 매핫에서 싸이리로 넘어가기 직전에 위치한다.

지도 p.234-C
위치 매핫의 카페 델 솔 레스토랑 골목 안 70m
주소 1/51 Moo 2, Mad Haad
요금 슈피리어 1850B~, 디럭스 2090B~
전화 077-457-057
홈피 www.kohtaomontra.com

Tip

숙소는 싸이리에 잡는 것이 유리해요!

코타오에 첫 방문이고 숙소를 어디에 잡아야 할지 모르겠다면 싸이리가 정답이다. 코타오는 대중교통(택시)이 상당히 비싼 편이고, 지형이 험해서 오토바이 렌트 등도 추천하기 어렵기 때문이다. 도로가 없는 일부 지역을 비롯해 도로가 있는 해변에 위치한 숙소도 주변에 편의 시설이 전무한 경우가 대부분이다. 특히 낮에는 다른 지역에 있더라도 밤에는 싸이리로 나오게 될 확률이 높다. 일정을 먼저 계획하고 일정에 따라 숙소를 정하는 것이 좋은데, 싸이리에 있는 숙소와 외진 곳에 있는 휴양형 숙소로 나누어 숙박하는 것도 고려해볼 수 있다.

STAYING

블루 웨이브 게스트하우스
Blue Wave Guest House

코타오에 숙소를 예약하지 않고 왔다면 이곳을 기억해두자. 깔끔하고 깨끗한 게스트하우스로 타일 바닥에 TV와 에어컨, 옷장, 넓은 테라스까지 있어 웬만한 리조트 부럽지 않다. 1kg에 40B 정도 하는 런드리 서비스도 수준급이라 안심하고 빨래를 맡길 수 있다. 게스트하우스는 2층 건물로 1층에는 24시간 운영하는 병원이 있다. 아침식사는 걸어서 5분 정도 거리에 있는 파핌 레스토랑에서 치킨라이스로 해결한다.

지도 p.235-D
위치 매핫 로드, 매핫 우체국 건너편
주소 Mad Haad Pier Road, Mad Haad
요금 2인 게스트룸 1170B~
전화 077-456-287

261

Travel Checkpoints
여권 만들기

여권은 해외에서도 자신의 국적과 신분을 확인하고 인정받을 수 있는 중요한 해외 신분증으로 해외여행을 계획한다면 가장 먼저 여권을 만들어야 한다. 여권 유효기간이 6개월 미만인 사람은 여권을 재발급받아야 한다.

여권종류

● **복수 여권**
횟수에 제한 없이 여행할 수 있는 여권으로 5년 혹은 10년의 유효기간이 부여된다.

● **단수 여권**
1회에 한하여 여행할 수 있는 여권. 출국했다가 한국으로 돌아오면 효력이 상실된다.

여권 발급 구비 서류

신분증(주민등록증, 운전면허증, 공무원증, 신분증, 유효한 여권), 여권용 컬러 사진 1매, 여권 발급 신청서 1매, 여권 인지대(복수 여권 1만5000~5만3000원, 단수 여권 2만 원)

알뜰 여권

48쪽이던 여권의 면수를 반으로 줄이고 수수료도 3000원 할인한 여권. 무비자 협정국이 늘어나며 비자를 붙이는 일이 줄어든 요즘, 웬만큼 해외여행이나 출장이 잦은 사람이 아니라면 이용할 만하다.

여권 발급처

전국 도청, 서울시청, 광역시청, 구청에 있는 여권과에서 신청하고 발급받을 수 있다. 여행 시즌에는 여권을 신청하려는 사람이 많으므로 인터넷으로 방문 예약하고 가면 편리하다. 여권 발급 신청서도 출력 가능하므로 미리 작성해서 가져갈 수도 있다.

※ 여권 발급처 조회 및 여권 접수 예약
passport.mofat.go.kr

Tip

25~30세 병역 미필자의 여권

25~30세 병역 미필자의 경우에는 5년간 유효한 복수 여권과 단수 여권으로만 발급받을 수 있다. 또한 병무청에서 발행하는 국외 여행 허가서도 필요한데 현재는 인터넷으로도 간단하게 발급받을 수 있으며, 2일 정도 소요된다. 발급받은 서류는 여권 발급 신청 시 제출하면 된다.

※ 병무청 국외 여행 허가서 신청 www.mma.go.kr

태국은 무비자 90일

한국인의 경우 태국에 1회 입국 시 무비자로 최대 90일까지 체류할 수 있다. 단, 반드시 여권 유효기간이 6개월 이상 남아 있어야 한다.

※ 주한 태국 대사관 www.thaiembassy.org/seoul/ko/home

D-day 40 Travel Checkpoints
항공권 예약하기

여행 날짜가 확정되었다면 항공권을 예약해야 한다. 항공권은 빨리 예약할수록 요금이 저렴하지만 변경이나 취소 시에는 수수료가 부과될 수 있으니 날짜를 신중하게 정한다.

코사무이로 가는 항공편

코사무이 항공 노선의 경우 직항이 없다. 일단 방콕이나 싱가포르 혹은 홍콩까지 가는 국제선을 이용한 후 경유편을 이용하게 된다. 싱가포르와 홍콩을 경유하는 항공편은 하루 1~2회 정도 있으며 상당히 비싼 편이다. 코사무이 여행자에게 가장 유리한 노선은 방콕-코사무이 구간이다.

방콕 경유 항공편

방콕까지는 대한항공과 아시아나항공, 타이항공 등이 직항편을 제공하며 경유편까지 합치면 훨씬 더 많아진다. 방콕-코사무이 구간 국내선으로는 방콕에어웨이(하루 15~17회)와 타이항공(하루 2회)이 운항 중이다. 좀 더 일정에 여유가 있다면 스톱오버로 방콕과 코사무이를 함께 여행하는 일석이조를 노릴 수 있다.

항공권 구입은 항공권 전문 여행사나 각 항공사 홈페이지를 참조하면 된다. 항공권 가격은 시기나 조건에 따라 달라지므로 평소 관심을 두고 지켜보면서 여행 시기를 조절하면 저렴한 항공권을 구하는 데 도움이 된다.

> **Tip**
>
> ### 주요 항공사
>
> 대한항공 www.koreanair.co.kr
> 아시아나항공 www.flyasiana.com
> 타이항공 www.thaiairways.com
> 방콕에어웨이 www.bangkokair.com
> 진에어 www.jinair.com
> 제주항공 www.jejuair.net
>
> ### 항공권 예약 사이트
>
> 인터파크투어 tour.interpark.com
> 투어익스프레스 www.tourexpress.com
> 온라인투어 www.onlinetour.co.kr
> 땡처리닷컴 www.072.com
> 탑항공 www.toptravel.co.kr
> 투어 캐빈 www.tourcabin.com
> 헬로타이 www.hellothai.net

D-day 30 Travel Checkpoints
숙소 & 투어 예약하기

여행사에 대한 의존도가 심한 태국 호텔의 특성상 직접 호텔에 예약하는 것보다 현지 여행사나 호텔 예약 사이트에서 예약하는 것이 더 저렴하다. 다음은 코사무이 여행에 유용한 숙소와 투어 예약 사이트이다.

현지 여행사

● 사무이 자유 투어

코사무이 현지에 자리한 한인 여행사이다. 자유 여행자를 위한 숙소와 투어, 차량 등 코사무이 여행에 관한 모든 것을 예약할 수 있다. 차웽 시내에 사무실이 있고, 한국인 직원이 상주하고 있어 현지에서 빠른 의사소통이 가능한 것이 큰 장점이다. 사무실은 차웽 로드 북쪽, 추라 사무이 리조트 맞은편에 있다.

오픈 10:00~19:00
전화 077-300-586
홈피 cafe.daum.net/samuijayoutour

● 타이 호텔 뱅크

방콕에 법인을 둔 한인 여행사이다. 코사무이뿐만 아니라 태국 내 거의 모든 숙소의 예약이 가능하다. 프로모션도 많고, 빠른 일 처리와 친절함이 커다란 장점이다. 현금 결제는 물론 카드 결제도 가능해 여행자들의 큰 호응을 얻고 있다.

홈피 www.thaihotelbank.com

호텔 예약 사이트

● 호텔 패스

전 세계 호텔 예약 전문 사이트로 시스템이 잘 갖추어져 편리하게 이용할 수 있다. 카드 결제와 현금 결제 중 선택할 수 있고 넉넉한 결제 시한도 큰 장점이다. 즉시 확정을 받을 수 있는 객실도 상당히 많은 편이다.

홈피 www.hotelpass.co.kr

● 아고다

전 세계 호텔을 취급하는 온라인 호텔 예약 전문 업체이다. 한국어가 지원되며 상담원과 실시간 상담으로 예약도 가능하다. 취급하는 호텔 요금에 세금과 봉사료가 별도로 추가된다. 취소 불가 상품도 많으므로 예약 조건을 잘 살펴보고 예약해야 한다.

홈피 www.agoda.co.kr

> **Tip**
>
> **기타 사이트**
>
> 호텔엔조이 www.hotelnjoy.com
> 호텔트래블닷컴 www.hoteltravel.com

D-day 20 Travel Checkpoints
여행 정보 수집하기

얼마나 알찬 여행이 되느냐의 관건은 필요한 여행 정보의 수집이다. 여행 정보 웹사이트에는 가이드북에 싣지 못하는 여행자의 따끈따끈한 현지 정보가 넘친다. 게다가 실시간으로 정보가 변경된다는 장점도 있다.

태국관광청 서울 사무소
www.tatsel.or.kr

다른 나라 관광청 홈페이지와 달리 실용적인 정보를 지속적으로 업데이트하고 있다. 여행 전에 접속해서 태국의 최신 뉴스나 이벤트를 둘러보면 좋다. 태국관광청에서 배포하는 가이드북은 서점에서 판매하는 가이드북 수준 못지않은 질과 양을 자랑한다.

태사랑
www.thailove.net

태국을 포함한 동남아시아 정보가 알찬 배낭여행 관련 웹사이트이다. 여행자의 정보가 시시각각 업데이트된다. 태국 내 지역의 지도도 무료로 다운받을 수 있다.

트래블레시피
cafe.naver.com/travelrecipe

여행 작가들이 운영하는 커뮤니티. 동남아시아와 하와이 정보가 많고, 특히 코사무이 정보가 활성화되어 있다. 코사무이의 고급 숙소 리뷰가 많아 커플 여행자에게 유용하다.

태초의 태국 정보
cafe.naver.com/thaiinfo

태국 정보 커뮤니티. 호텔과 식당 등의 정보가 다양하고, 여행자들의 후기가 많다. 빠른 업데이트도 장점이다.

트립 어드바이저
www.tripadvisor.com

전 세계 여행자들이 가장 많이 이용하는 리뷰 사이트. 리조트 선택에 도움이 된다.

D-day 7 Travel Checkpoints
면세점 쇼핑하기

해외여행을 나갈 때만 이용할 수 있는 것이 바로 면세점 쇼핑. 세금이 면제된 상품을 구입할 수 있는 면세점은 시중가보다 20~30% 낮은 가격에, 각종 할인 쿠폰 등이 적용되어 저렴하게 구입할 수 있다.

면세점 종류

● 도심 면세점
시내에 위치한 면세점으로 직접 방문해서 쇼핑한다. 실물을 보면서 쇼핑할 수 있어 편리하다. 출국 당일 공항 면세점을 이용하는 것보다 한결 여유 있다. 대부분 영업시간은 오후 9시까지.

● 온라인 면세점
온라인 면세점 쇼핑은 시간과 장소에 구애받지 않는 게 장점. 여행 준비에 쫓겨 시간이 부족한 여행자나 지방 거주 여행자에게 유리하다. 면세점 홈페이지에 회원 가입하면 곧바로 사용할 수 있는 할인 쿠폰도 따라온다. 면세점에 따라 출국 30~60일 전부터 구매 가능하며 온라인상에서 구입한 물건은 출국 시 공항 면세점 인도장에서 받으면 된다.

● 공항 면세점
출국 심사를 마치고 난 다음부터는 공항 면세점 구역이다. 도심 면세점이나 온라인 면세점을 이용하지 못했다면 이곳에서 원하는 상품을 찾아보자. 그 자리에서 바로 구입하고 물품을 인도받는다.

● 기내 면세점
항공사에서 운영하는 면세점으로 비행기 탑승 후 비치된 책자를 보고 주문한 뒤 돌아오는 비행기에서 수령 가능하다. 기내 면세점은 깨지기 쉽거나 부피가 있는 물건을 여행 내내 들고 다니지 않아도 된다는 장점이 있다. 반면, 다른 면세점보다 물품의 종류가 다양하지 않아 선택의 폭이 좁다.

> **Tip**
>
> **면세점 구매 한도**
>
> 출국 시 구입 한도는 1인당 US$3000까지이나 국내로 가져올 수 있는 반입 한도는 1인당 US$600까지이다. 면세점에서 구입한 물품과 해외에서 구입해 가져오는 물품을 포함하며, 액수를 초과하는 물품에 대해서는 입국 시 자진 신고하고 세금을 납부해야 한다. 그러나 주류, 담배, 향수의 경우 일정 수량은 무조건 면세되어 1인당 면세 금액인 US$600에 포함되지 않는다. 자세한 사항은 인천공항세관 홈페이지(airport.customs.go.kr) 참고.
>
> **태국 입국 시, 반입 한도**
>
> 태국에 입국할 때 1인당 술 1ℓ, 현금 1만 바트(Baht), 담배 200개비까지 반입할 수 있다. 담배는 2인일 경우 400개비, 즉 2보루까지 가능하다. 하지만 한 사람이 모두 갖고 나오면 문제가 생길 수 있으니 꼭 나누어 갖도록 하자. 상당히 엄격하고 벌금도 꽤 높으니 반드시 주의를 기울여야 한다.

D-day 3 · Travel Checkpoints
환전하기

태국(코사무이)에서는 달러보다 태국 화폐인 바트(Baht)를 주로 사용한다. 1주일 미만의 기간이 짧은 여행이라면 바트와 비상금 용도의 달러를 섞어서 환전하는 것이 좋다. 달러는 현지의 환전소나 은행에서 바트로 환전해서 사용하면 된다. 혹시라도 여행 중 비용이 부족하면 ATM(현금인출기)을 통한 현금 인출도 가능하다.

인터넷 환전

거래 은행의 인터넷 뱅킹으로 환전하면 시간도 절약될 뿐만 아니라 환전 우대를 받을 수 있다. 환전한 금액은 원하는 지점이나 해당 은행의 공항 지점에서 수령이 가능하다. 단, 반드시 통장에 잔고가 있어야 한다.

> **Tip**
> 환전 수수료를 절약하려면 위비뱅크(우리은행), 올원뱅크(농협) 등 은행의 환전 어플을 이용하자. 최대 60% 정도까지 환율 수수료를 우대받을 수 있다. 미리 예약하면 원하는 날짜에 원하는 지점에서 환전 화폐를 찾을 수 있다.

국제현금카드 만들기

씨티은행 국제체크카드나 하나은행의 비바체크카드는 가까운 은행에서 통장을 만들고 발급받을 수 있는 체크카드로 국내 예금을 전 세계 어디서나 편리하게 현지 통화로 찾을 수 있다. 더군다나 인출 시 수수료도 적어서 현금이 부족할 때 굉장히 유용하다. 코사무이 시내 곳곳에 ATM이 위치해 있으니 필요할 때 언제든 쉽게 현금을 인출할 수 있다.

현지에서 ATM 이용하기

ATM은 코사무이 시내 곳곳에 있어 편리하게 이용할 수 있다. 전 세계 어디를 가도 ATM(Automated Teller Machine)이라는 영어는 공통적으로 사용한다. ATM은 신용카드 또는 국제현금카드를 이용해 현지 통화를 바로 인출할 수 있다. 단, 여행을 가기 전 해당 카드사에 자신이 보유한 카드가 해외 사용이 가능한지 확인을 해야 한다. ATM에는 사용 가능한 카드의 종류(VISA, MASTER, PLUS 등)가 명시되어 있다.

1. Please insert your card 카드 투입
2. Please select language 언어 선택 → English 영어
3. Enter your pin code 비밀번호 입력
4. Withdrawal Cash 현금 인출 (Balance Inquiry 계좌 조회, Account Balance 잔액 확인)
5. 현금 수령 후 영수증과 카드 챙기기

D-day 2 — Travel Checkpoints
짐 꾸리기

출국 전 마지막 단계인 짐 꾸리기. 아래 목록을 보고 빠진 것이 없는지 다시 한번 확인하자. 특히 여권, 항공권, 각종 바우처, 현금 등 필수 품목은 미리미리 챙겨두는 것이 안전하다.

종류	세부 항목	체크	비고
여권과 경비	여권		● 여권 분실에 대비해 여권 사본과 여권용 사진을 준비한다. ● 항공권과 여권의 영문 이름은 반드시 동일해야 한다. ● 신용카드는 해외 사용이 가능한지 체크해둔다.
	여권 사본과 여권 사진		
	항공권(항공권 사본)		
	여행 경비		
	해외 사용 가능 신용카드(체크카드)		
	여행자 보험		
의류	긴 바지		● 과도한 냉방에 대비해서 긴 소매 상의을 가져가자. ● 식염수는 구하기도 힘들고 현지 구매 시 우리나라보다 3~4배 비싸니 꼭 준비해가는 것이 좋다.
	긴 소매 상의		
	반바지		
	반소매 상의		
	속옷		
	양말		
	수영복		
	모자		
	선글라스		
	안경 및 렌즈 관련 용품		
세면도구와 화장품	치약 & 칫솔		● 저렴한 숙소의 경우 치약과 칫솔이 구비되지 않은 곳이 많으므로 준비해가는 것이 안전하다. ● 강한 자외선에 대비해서 자외선차단제는 꼭 준비해야 한다. ● 여행 시 의외로 없으면 불편한 것이 바로 빗(롤빗)과 손톱깎이이다.
	세안제 & 샤워타올		
	샴푸 & 린스		
	면도기		
	빗		
	손톱깎이		
	화장품(자외선차단제 등)		
	물티슈		
의약품	모기퇴치제		● 냉방으로 인한 실내외 온도 차이 때문에 감기에 걸리기 쉬우므로 조심한다. ● 물로 인한 배탈에 대비해 지사제를 꼭 준비한다. ● 스프레이나 롤 타입의 모기퇴치제를 준비하는 것이 좋다.
	물파스		
	지사제		
	소화제		
	감기약		
	전자모기향		
	반창고		
카메라와 노트북	카메라		● 여행의 추억을 간직해줄 카메라와 기간에 맞는 메모리와 충전기 등도 챙긴다.
	노트북		
	충전기와 액세서리		
기타	필기구와 수첩		● 젖은 빨래 등을 보관할 수 있는 지퍼백, 비닐백은 유용한 아이템이다.
	휴대용 우산		
	보조 가방		
	지퍼백		
	기호 식품		

Travel Checkpoints
D-day 출국하기

국제선에 탑승하기 위해 공항에 갈 때는 시간적 여유를 두고 일찍 출발하는 것이 좋다. 일반적으로 출발 2~3시간 전에 도착해야 공항에서 필요한 절차를 무리 없이 처리할 수 있다.

인천 공항

인천광역시 중구에 위치한 국제공항으로 2001년 3월 29일 개항했다. 공항이 워낙 크고 많은 노선이 있기 때문에 인천 공항을 이용하는 여행자들은 최소한 3시간 전에 도착해야 여유 있게 출국 심사를 받고 면세점에서 쇼핑도 즐길 수 있다.
2018년 제2여객터미널이 생기면서 대한항공, 델타항공, 에어프랑스, 네덜란드 항공사는 제2여객터미널에서 출입국을 위한 모든 절차를 진행한다. 자세한 내용은 인천 공항 홈페이지를 참고하자.
주소 인천광역시 중구 공항로 272
홈피 www.airport.kr

인천 공항으로 가는 교통편

한국 최대의 공항인 인천 공항으로 가는 가장 일반적인 방법은 공항버스나 공항철도를 이용하는 것이다.

● **공항버스**
가장 보편적으로 이용하는 교통수단으로 일반 공항 리무진버스부터 고급 리무진버스, 시내버스, 시외버스 등을 이용해 인천 공항으로 갈 수 있다. 인천 공항 홈페이지(www.iiac.co.kr/airport/traffic/bus/busList.iia)를 참고하면 지역별 버스 노선과 요금을 확인할 수 있다. 지방행 버스는 인터넷 예매(www.airportbus.or.kr)가 가능하니 미리 웹사이트를 통해 체크하자.

● **공항철도**
비교적 저렴한 요금으로 지하철과 서울역을 연계해 이용하기 편리하다. 일반열차로는 약 53분, 직통열차로는 약 43분 소요된다. 아시아나항공·대한항공 이용객은 서울역에 위치한 도심공항터미널에서 탑승 수속이 가능하다. 자세한 사항은 코레일 공항철도 홈페이지(www.arex.or.kr)를 확인하자.

● **자가용**
이동 시 인천 공항 고속도로를 이용하며 고속도로 통행 요금을 지불해야 한다. 공항 주차 관련 요금은 인천 공항 홈페이지(www.airport.kr)를 참고하면 된다.

인천 공항의 긴급 여권 발급 서비스

여권 재봉선이 분리되거나 신원 정보지가 이탈되는 등 여권의 자체 결함이 있거나 여권 사무 기관의 행정 착오로 여권이 잘못 발급된 사실을 출국 당시에 발견한 경우, 또는 국외의 가족 또는 친인척의 사건·사고로 긴급히 출국해야 하거나 기타 인도적·사업적 사유가 인정되는 경우에는 긴급 여권 발급 서비스를 이용할 수 있다.
여권 발급 신청서와 신분증, 여권용 사진 2매, 최근 여권, 신청 사유서, 당일 항공권, 긴급성 증빙 서류, 수수료 등의 제출 서류가 필요하다. 1년 유효기간의 긴급 단수 여권이 발급되며 발급 시간은 1시간 30분 정도가 소요된다.

• **외교부의 인천 공항 영사 민원 서비스 센터**
위치 인천 공항 국제선 3층 출국장 F카운터 쪽
오픈 09:00~18:00, 법정 공휴일 휴무
전화 032-740-2777~8

출국 절차

● 카운터 확인
항공사별로 알파벳으로 구분된 탑승 수속 카운터 (A~M)를 확인하고 해당 카운터로 이동한다.

● 탑승 수속 & 짐 부치기
카운터에서 여권과 예약 항공권(혹은 전자 티켓)을 제시하면 탑승 게이트와 좌석이 적혀 있는 탑승권 (Boarding Pass)을 받는다. 짐을 부치면 수하물 증명서(Baggage Claim Tag)를 받는다. 짐이 없어졌을 때 유일한 단서가 되니 짐을 찾을 때까지 잘 보관하자.

● 세관 신고
미화 1만 달러 이상을 소지했다면 출국하기 전 세관 외환 신고대에 신고하는 것이 원칙이다. 여행 시 사용하고 다시 가져올 고가품을 소지했다면 '휴대 물품 반출 신고(확인)서'를 받아두는 것이 안전하다. 세관 신고할 물품이 없으면 곧장 국제선 출국장으로 이동한다.

● 보안 검색
가까운 국제선 출국장으로 들어가 보안 검색을 받는다. 이때 여권과 탑승권을 제시해야 하며 검색대를 통과할 때는 모자를 벗고 주머니를 모두 비우고 가방 등을 엑스레이로 투시하며 통과하게 된다. 화장품이나 음료수 등의 액체나 젤, 칼 등의 물품은 압수당할 수 있으니 주의해야 한다.

● 출국 심사
보안 검색대를 통과하면 바로 출입국 심사대가 나온다. 여권과 탑승권을 제시하고 출국 심사를 받은 뒤 통과하면 된다.

● 면세 구역
출국 심사가 끝나면 세금을 내지 않고 쇼핑할 수 있는 면세 구역에 들어선다. 한국에 들어올 때는 이용하지 못하는 면세점이니 필요한 물건은 여기서 사두자. 또 시내 면세점이나 인터넷 면세점을 통해 구입한 물건이 있다면 면세 구역 내의 면세점 인도장에서 전달받는다.

● 출발 게이트 이동
항공기가 대기하는 탑승구(Gate)에 적어도 출발 시간 30분 전까지 도착해야 한다. 특히 외국 항공사를 이용한다면 셔틀 트레인을 타고 이동해 별도의 청사에서 보딩하기 때문에 탑승구까지의 이동 시간을 여유 있게 잡아야 한다.

여행자 보험 가입 팁

인천 공항 국제선의 여행자 보험 창구에서 즉시 가입 할 수 있지만 비슷한 보장 조건에 비해 가격이 다소 비싼 편. 출발 당일 온라인을 통해 간편하게 가입할 수 있는 상품도 있으니 살펴보자. 환전 시 이벤트로 제공되는 무료 여행자 보험 또한 유용하게 사용할 수 있다. 여행 중 휴대품 도난 시에는 현지 경찰서에서 도난신고서(Police Report)를 작성해 제출해야 하며, 병원 치료를 받았을 경우에는 진단서와 영수증을 챙겨야 귀국 후 여행자보험에 따른 보상을 받을 수 있다. 파손의 경우 함께 있었던 주변인의 확인서가 필요하다.

• **여행자보험 전문 중개 사이트**
트래블로버 홈피 www.travelover.co.kr

기내 반입 금지

100ml 이상의 액체류, 스프레이, 치약 등은 기내에 가지고 탈 수 없으며, 100ml 이하 액체류는 사방 20cm 지퍼백에 넣어 가지고 탈 수 있다. 100ml가 넘는 화장품, 젤류, 칼, 가위 등 규정 외 물품은 압수당할 수 있으니 미리 수하물로 부쳐야 한다.

알아두면 편리한
태국어

생존 단어

- 공항 사남빈
- 에어컨 에
- 돈 응언
- 영수증 바이셋
- 두통 무앗 후아
- 은행 타나깐
- 병원 롱 파야반
- 전화 토라삽
- 선풍기 팬
- 태국 타이
- 설사 텅 씨아
- 태국어 파사타이
- 수건 파첸뚜어
- 한국 까올리
- 식당 란 아한
- 호텔 롱램
- 약국 란 카이야
- 환전소 랙 응언

기본 회화

- 안녕하세요. 사와디
- 잘 가세요. 라 곤
- 이해를 못하겠어요. 마이 카오짜이
- 천천히 말씀해주세요. 가루나 풋 차차
- 영어를 할 줄 아세요?
  쿤 풋 타사 앙끄릿 다이마이
- 고맙습니다. 콥 쿤
- 미안합니다. 커 톳
- 천만에요. 마이 뺀 라이

식당

- 메뉴 메누
- 계산서 쳭빈
- 영수증 바이셋
- 젓가락 따끼얍
- 포크 썸
- 접시 짠
- 물 남
- 얼음 남캥
- 커피 카페
- 맥주 비야

쇼핑

- 얼마예요? 타올라이 캅(크랍)?
- 저한테는 너무 크군요. 야이 껀 빠이
- 너무 작아요. 렉 껀 빠이
- 싫어요, 별로예요. 메이 아오
- 너무 비싸요. 팽 큰 빠이
- 디스카운트해주세요. 롯 다이마이
- 300B에 하죠? 삼러이 다이마이

스파

- 강하게 받길 원할 때 아오 낙낙
- 약하게 받길 원할 때 바우바우
- 좋아요, 시원해요. 사바이
- 아파요. 쨉
- 등을 많이 해주세요. 아오 랑 여
- 추워요. 나우

많이 사용하는
영어 표현

출입국 사무소

직원 | 여권 좀 보여주시겠습니까?
May I have your passport, please?

고객 | 여기 있습니다.
Here you are.

직원 | 얼마나 머물 예정입니까
How long are you going to stay?

고객 | 7일 동안 머물 겁니다.
For 7 days.

직원 | 방문 목적은 무엇입니까?
What is the purpose of your visit?

고객 | 휴가 / 관광 / 사업 때문입니다.
On holidays / sightseeing / business.

직원 | 어디서 묵으실 건가요?
Where are you going to stay?

고객 | 홀리데이 인 호텔에서 묵을 예정입니다.
At the Holiday inn hotel.

직원 | 귀국 항공편 티켓은 있습니까?
Do you have a return ticket to Korea?

레스토랑

- 7시에 3인용 좌석을 예약하고 싶은데요.
  I'd like to book a table for three at seven.

- 메뉴판 주세요.
  Menu, please.

- 이 레스토랑의 추천 메뉴는 무엇입니까?
  What are the signature dishes of this restaurant?

- 무엇이 좋은지 추천해주시겠습니까?
  What would you recommend?

세관

직원 | 신고할 물건이 있습니까?
Do you have anything to declare?

고객 | 아니오, 없습니다.
No I don't. / Nothing.

직원 | 신고서를 주십시오.
Please hand me the customs declaration form.

고객 | 여기 있습니다.
Here it is.

직원 | 녹색 통로로 나가십시오.
You can go out through green line.

환전

- 환전소가 어디에 있나요?
  Where can I change money?

- 달러를 타이 바트로 교환해주시겠어요?
  Can you exchange dollar for Thai Baht, please?

- 환율은 어떻게 되나요?
  What's the exchange rate?

- 10달러짜리 5장과 20달러짜리 10장 그리고 나머지는 동전으로 부탁합니다.
  Five tens, ten twenties and the rest in coins, please.

- 잔돈으로 바꾸어주시겠습니까?
  Would you break this, please?

숙소

고객 | 체크인을 하려고 합니다.
I'd like to checkin, please.

직원 | 예약은 하셨습니까?
Do you have a reservation?

고객 | 홍길동 이름으로 3일 예약했습니다.
I have a reservation for three nights under the name of Hong Gil Dong.

직원 | 어떤 방으로 드릴까요?
What kind of room would you like?

고객 | 더블베드 / 금연 룸으로 주세요.
Double bed room / non-smoking, please.

- 조식은 포함입니까?
  Does it include breakfast?

- 체크아웃 시간은 몇 시입니까?
  When is check out time?

- 체크아웃하고 싶습니다.
  I'd like to checkout now.

- 신용카드로 지불해도 되나요?
  Do you accept credit card?

- 제 짐을 5시까지 맡아주시겠습니까?
  Would you keep my baggage until 5 o'clock?

- 맡긴 짐을 찾고 싶습니다.
  May I have my baggage back?

- 택시를 불러주시겠습니까?
  Would you call a taxi for me?

- 내일 아침 6시에 모닝콜 부탁합니다.
  Wake-up call, tomorrow morning at 6 o'clock.

- 키를 방에 두고 나왔어요.
  I left my key in my room.

- 룸 키를 잃어버렸습니다.
  I lost my room key.

쇼핑

- 그냥 구경을 좀 하려고 합니다.
  I'm just looking around.

- 신발을 찾고 있어요.
  I'm looking for some shoes.

- 저것 좀 보여주시겠어요?
  Would you show me that one?

- 이것을 입어봐도 되나요?
  May I try these on?

- 좀 더 작은 것 / 큰 것 있나요?
  Do you have a smaller / bigger one?

- 이것으로 하겠습니다.
  I'll take it.

- 죄송하지만 좀 더 둘러볼게요.
  Sorry, but I think I'll look around some more.

- 얼마입니까?
  How much is it?

- 너무 비싸네요.
  It's too expensive.

- 깎아주시겠어요?
  Can you give me a discount?

- 더 싼 것 있나요?
  Do you have a cheaper one?

- 신용카드 받나요?
  Do you accept credit card?

- 영수증 부탁합니다.
  A receipt. please.

- 교환하고 싶습니다.
  I'd like to exchange this.

- 환불받을 수 있을까요?
  Can I get a refund on this?

INDEX

코사무이

KC 리조트 & 오버 워터 빌라스	130
KC 비치 클럽 호텔 & 풀빌라스	130
MK 수키(빅 C)	151
MK 수키(센트럴 페스티벌 사무이)	100
W 리트리트 사무이	161
X2 사무이 리조트	202
고카트	144
구루	107
구스토	151
깐다 레지던스	128
깨우끄롱	104
나무앙 폭포	195
나톤 야시장	198
나톤	196
노라 레이크뷰 호텔	134
노라 부리	135
노라 비치 리조트 & 스파	132
노라 차웽 호텔	134
노보텔 칸다부리	135
누리 인디아	111
뉴 스타 비치 리조트	129
니키 비치 리조트	202
다라 사무이 비치 리조트 & 스파	126
다라 세렌	107
다이닝 온 더 록	152
더 라이브러리	125
더 사란	135
더 스파	183
더 시 코사무이 리조트	167
더 시사이드	153
더 클리프 바 & 그릴	177
더 키친	179
더 통사이 베이	165
더 패시지 사무이	167
더 페이지	108
더 프로그 & 게코 펍	155
데바 사무이 리조트 & 스파	167
돈 한국 식당	153
두지타 스파	122
드링크 갤러리	102
디 아일랜더	115
디 에메랄드	155
디스 스파(차웽)	123
디스 스파(피셔맨스 빌리지)	158
라 타베르나	106
라 파브리크	177
라마이 먹거리 야시장	180
라마이 야시장	175
라마이 완타 리조트	189
라마이 워킹 스트리트	174
라야 스파	121
레드 스내퍼	108
레츠 릴랙스	157
로열 무앙 사무이 빌라스	167
로키스 부티크 리조트	201
로터스(라마이)	175
로터스(차웽)	101
록 풀	106
루마나 부티크 리조트	187
르 메르디앙 코사무이 리조트 & 스파	184
르 파라다이스 리조트 빌라스 & 스파	133
르 하시엔다	164
르네상스 리조트	186
리츠칼튼 코사무이	163
링크	149
마나타이 리조트	186
마이 사무이 비치 리조트 & 스파	167
마이 프렌드 타이 마사지	119
만트라 사무이 리조트	166
매직 가든	194
머큐어 사무이 차웽 타나	131
머큐어 코사무이 비치 리조트	187
멜라티 비치 리조트 & 스파	165
무슬림 마을	194
무앙 사무이 스파 리조트	127
미스터 당 & 낭	179

미스터 뿌스	179
미스터 크랩	111
밋 사무이	105
바 바게트	148
바나 벨	124
바나나 팬 시 리조트	128
바치	107
반 핫 응암 리조트	129
반다라 리조트	165
반다라 스파	157
반부리 리조트	202
반얀 트리 사무이	185
번지점프	096
벨몬드 나파사이	162
보풋 리조트 & 스파	162
본다이(라마이)	181
본다이(차웽)	114
부리 라사 빌리지	128
부츠	099
분다리 스파 리조트 & 빌라스	135
뷰포인트(라마이)	173
뷰포인트(차웽)	093
블루 바닐라	145
비아 바이	110
비치 리퍼블릭	185
빅 C	145
빅 부다	143
빌라 나린나다	201
사리라야 차웽 비치 사무이	133
사마야 부라	186
사무이 리조텔 비치 리조트	130
사무이 버티 컬러	129
사무이 보트 라군	167
사무이 아쿠아리움	194
사무이 클리프 뷰 리조트	187
사무이 팜 비치 리조트	163
사무이 포테이토 비치 클럽	178
사비앙래(라마이)	176
사비앙래(피셔맨스 빌리지)	148
사오나	145
산티부리 사무이	162
산티부리 골프 클럽	144

살라 사무이	166
샤사 리조트 & 레지던시스	200
샴록 아이리시 펍	181
센시마 리조트 & 스파 코사무이	163
센타라 그랜드 비치 리조트 사무이	126
센타라 빌라스 사무이	201
센트럴 페스티벌 사무이	097
솔로 바	112
스타즈 카바레	114
스타피시 앤드 커피	150
스파고	109
시안 스파	158
식스 센스 하이드어웨이 사무이	159
실라롬 스파	120
실라바디 리조트	189
싯카	096
쌥	100
쏘이 그린 망고	112
아난타라 라와나 스파	121
아난타라 라와나	125
아난타라 리조트	161
아러이 디	152
아마리 팜 리프 리조트	127
아웃렛 빌리지 사무이	101
아웃리거 코사무이 비치 리조트	166
아이스 바	115
아이야라 비치 호텔	133
아콰 게스트하우스	135
아크 바	113
아트 오브 라이프	153
알스 램손 리조트	132
알스 리조트	134
암라타라 푸라	188
에란다 허벌 스파	118
오조 차웽 사무이 호텔	131
올리비오	108
와인 커넥션	100
왓 쁠라이 램	143
왓 실라누	195
왓 쿠나람	195
웍	180
원숭이 쇼	197

277

윌 웨이트	106
이스트 바이 사우스	122
이아니크	158
이팅 타임	178
인터콘티넨탈 사무이 반딸링암 리조트	199
임차이	178
자젠 부티크 리조트	164
정글 클럽	104
젠세 스파	123
짐 톰슨	098
징	110
짠 홈	147
차바 사무이	135
차웽 리전트 비치 리조트	131
차웽 비치	092
차웽 센터 버짓 호텔	135
차웽 야시장	111
차웽 워킹 스트리트	093
창 사바이	121
창창	120
추라 사무이	127
카마 수트라	147
카오산	103
칵테일 바이 픽	181
커피 클럽	150
케이블 라이드	197
코끼리 트레킹	197
코코 탐스	154
콘래드 코사무이	200
쿤 차웽	135
크라오 차오반	198
크록마이	103
크루아 반카우	149
크림 카페	109
타르어 사무이 시푸드	180
타마린드 스프링스 스파	182
타이 익스프레스	109
타이 하우스 비치 리조트	188
탄	101
톱스 마켓	098
통타키안 비치	173
트로피컬 머피스	114

파빌리온 사무이 부티크 리조트	188
파이브 아일랜즈 레스토랑	198
퍼스트 레지던스 호텔	132
페레라	099
포시즌스	161
푸드 파크	100
풀 문	146
프레고	105
피셔맨스 레스토랑	152
피셔맨스 빌리지 워킹 스트리트	142
피셔맨스 빌리지	141
피셔멘 팬츠	175
피스 리조트	160
피스 트로피컬 스파	156
피자 컴퍼니	110
하드 록 카페	115
한	099
한사르 사무이	160
해피 엘리펀트 바	155
해피 엘리펀트	151
허브스 마사지(차웽)	122
허브스 마사지(라마이)	183
호랑이 동물원	194
호텔 이비스 보풋 사무이	164
홀리데이 파크	189
후터스	115
힌 따 & 힌 야이	172

코팡안

V2 시게이트 힙 호텔	230
고요고	218
꾸푸꾸푸 팡안 비치 빌라스 & 스파	227
네이처 아트 갤러리	215
니라스 홈 베이커리	216
다이빙 & 스노클링 투어	214
더 록	218
더 코스트 리조트	227
드롭 인 선셋 빌라스	231
로터스	215
릴라 비치	213
마 섬	213

마마스 슈니첼	216
미스터 K 치킨 코너	217
미스터 K 핫 린 시푸드	219
밀키 베이 리조트	229
반 카라분	224
부리 라사 빌리지 코팡안	226
부리 비치 리조트	228
블랙문 파티	223
빅 C	215
사라이 스파	225
사리칸탕 리조트 & 스파	230
사파리 보트 투어	214
산티야 코팡안 리조트 & 스파	228
서울 바이브	217
선라이즈 리조트	229
세임세임 레스토랑	219
씨암 스파야	225
아난타라 라사난다 코팡안 빌라스	228
아티마	215
치다라야 스파	225
카사노스트라	219
코끼리 트레킹	214
코코헛 레스토랑	218
코코헛 비치 리조트 & 스파	230
코코헛 스파	224
토미 리조트	231
통살라	209
판비만 코팡안	226
팔리타 로지	231
팡안 유토피아 리조트	229
풀문 파티	220
하프문 파티	223
핫 린	212

코타오

995 로스티드 덕	244
낭유안 섬	240
낭유안 아일랜드 다이브 리조트	240
뉴 헤븐 레스토랑	248
뉴 헤븐 베이커리	248
라빌레 스파 & 마사지	253

로터스 리조트	256
로터스 마사지	254
로터스 바	250
마사지 스테이션 2	254
마야 비치 클럽	251
마야 스파	253
망고 베이	242
몬트라 리조트	261
반스 다이빙 리조트	258
반스 애비뉴 게스트하우스	259
블루 웨이브 게스트하우스	261
센시 파라다이스 레스토랑	246
센시 파라다이스 리조트	255
수 칠리	245
스쿠버다이빙	243
시셸 리조트	259
실버 샌즈 타이 마사지	253
싸이리 헛 레스토랑	245
자마키리 스파 & 리조트	257
자마키리 스파	252
제스트 커피 하우스 2	246
존수완 뷰포인트	242
참추리 빌라	260
초창 마사지	254
초퍼스 바 & 그릴	251
카페 델 솔	249
카푸치노 비스트로	249
커피 하우스	247
코럴 그랜드 리조트	259
코타오 리조트	260
코타오 카바나	258
코피 베이커리	249
퀸스 카바레	251
탈라싸 호텔	256
팁위만	258
파라다이스 존	260
파랑고	248
파핌 레스토랑	247
포르토 벨로	244
피즈 비치 라운지	250
핫티엔 비치 리조트	257

코사무이 100배 즐기기

개정 1판 1쇄 2018년 6월 28일

지은이 김정숙 · 임서연

발행인 양원석
본부장 김순미
편집장 고현진
책임편집 김윤화
디자인 RHK 디자인팀 강소정, 이경민
해외저작권 황지현
제작 문태일
영업마케팅 최창규, 김용환, 정주호, 양정길, 이은혜, 신우섭, 유가형, 김유정, 김양석, 임도진, 우정아, 정문희

펴낸 곳 (주)알에이치코리아
주소 서울시 금천구 가산디지털2로 53 한라시그마밸리 20층
편집 문의 02-6443-8931 **구입 문의** 02-6443-8838
홈페이지 http://rhk.co.kr
등록 2004년 1월 15일 제2-3726호

ⓒ 김정숙 · 임서연 2018

ISBN 978-89-255-6417-3(13980)

※이 책은 (주)알에이치코리아가 저작권자와의 계약에 따라 발행한 것이므로
   본사의 서면 동의 없이는 책의 내용을 어떠한 형태나 수단으로도 이용하지 못합니다.
※잘못된 책은 구입하신 서점에서 바꾸어 드립니다.
※이 책의 정가는 뒤표지에 있습니다.